吕荧全集

著作卷/上

许振轩 编

时代出版传媒股份有限公司
安徽教育出版社

图书在版编目（CIP）数据

吕荧全集 / 吕荧著；许振轩编． —合肥：安徽教育出版社，2021.6
 ISBN 978-7-5336-9285-8

Ⅰ.①吕… Ⅱ.①吕…②许… Ⅲ.①社会科学－文集 Ⅳ.①C53

中国版本图书馆CIP数据核字（2021）第007851号

吕荧全集
LÜ YING QUANJI

出 版 人：费世平
策划编辑：姚　莉
统筹编辑：徐　鹏　邰　旻
责任编辑：姚　莉　邰　旻　陶忠娣　江　舟　付　静　徐　鹏
　　　　　吉　利　钱叶琴　黄大灿　章慧敏　吴晓东
装帧设计：张鑫坤
责任印制：陈善军

出版发行：时代出版传媒股份有限公司　安徽教育出版社
地　　址：合肥市经开区繁华大道西路398号　邮编：230601
网　　址：http://www.ahep.com.cn
营销电话：(0551)63683012,63683013
排　　版：安徽时代华印出版服务有限责任公司
印　　刷：安徽新华印刷股份有限公司

开　　本：710 mm×1010 mm　1/16
印　　张：137.75
字　　数：1600千字
版　　次：2021年6月第1版　2021年6月第1次印刷
定　　价：598.00元

（如发现印装质量问题，影响阅读，请与本社营销部联系调换）

(1915—1969)

1935年,吕荧在北大校园与同学合影。后排左三为吕荧。

1945年10月29日,吕荧与涪陵中学部分师生合影。第一排左三为潘俊德,左四为吕荧。

1947年7月,吕荧赴台湾任教之前回乡探亲,四兄弟合影。前排左一为长兄何俊,左二为吕荧(何佶),后排左一为三弟何倬,左二为四弟何倜。

1949年4月,吕荧离开台湾经香港受邀到北平参加中华全国文学艺术工作者第一次代表大会,在香港返回内地的船上与骆宾基合影。左为吕荧,右为骆宾基。

吕荧在大连作协与大连文联编辑张琳合影。左为张琳，右为吕荧。

1953年夏，吕荧与友人萧军、方未艾等在青岛海边合影。右一为方未艾，右二为吕荧，右三为萧军。

20世纪50年代，吕荧写给友人孔另境的书信。

出版说明

吕荧（1915—1969），原名何佶，安徽天长人，现代美学家、文艺理论家、翻译家。1935年考入北京大学史学系，1941年毕业于西南联大。1949年至1952年先后执教于贵州大学、台湾师范学院、山东大学，1950年任山东大学中文系主任。1952年起任人民文学出版社特约翻译、编辑，并兼任《人民日报》文艺部顾问。

吕荧先生是美学主观论的代表人物之一，在20世纪50年代，吕荧先生参与了国内第一次"美学大讨论"，留名美学史。吕荧先生坚持现实主义文艺理想，自学并精通俄语、英语，在文艺学理论领域著译颇丰。吕荧先生至真至纯的人格精神、独树一帜的美学探求，是学术薪火相传中一份重要的思想遗产。

《吕荧全集》搜集、整理、出版历时十余载，收录吕荧先生1943年至1959年出版的著译作品，其中第一、二卷为著作卷，包括诗歌、小说，美学及文艺理论研究，与友人通信，工人文艺作品评介等；第三、四、五卷为译作卷，包括文学作品、文艺理论等。辑录散佚文章共16篇，其中15篇依内容收于"著作卷/下""译作卷/上"卷末，《我的小传》一篇作全集代序。收录并首次公开由学者吴腾凰与吕荧后人合力考据后撰著的《吕荧年谱简编》。

吕荧先生的著译作品，因年代不同，有竖排繁体，有横排简体，全集一律横排简体，保留原有的集名和编排。出于保存历史文献考虑，全集对作品内容一律不作删改。除"普希金""普列汉诺夫"外，人名、地名、书名、术语与现行译法不一致的，不作改动，保存原译。同一译名在不同卷中相异者，原样保留。

为尊重、保存吕荧先生著译原貌，当时用语，即使不甚规范，一般不予修改和润饰。如确为错讹、笔误、排印错误、外文拼写错误等，则予径改。

底本原书篇后注移作脚注，文献著录从旧。编者所出的注释，以"编者注"标明。原书因字迹模糊或残缺等原因，无法辨认者，据所缺字数用"□"表示。

安徽教育出版社从 20 世纪 80 年代始，陆续出版了《朱光潜全集》《宗白华全集》《邓以蛰全集》等皖籍美学家文集、全集，得到了美学界的关注。此次出版吕荧先生的全集，备受美学界关切与支持，还得到吕荧先生后人潘怡、潘悦的信任与帮助，在此特别致谢。

出版《吕荧全集》是一项艰巨的工作，限于资料与学力，《吕荧全集》的编辑工作难免有疏误，诚盼读者指正。

安徽教育出版社

二〇二一年六月

本卷说明

本卷收录吕荧先生 1944 年至 1950 年出版的著作，分别为《火的云霞》（1944 年，峨嵋出版社出版），《人的花朵》（1948 年，上海新新出版社出版），《文学的倾向》（1950 年，上海书报杂志联合发行所出版）。

目录

我的小传（全集代序） 001

第一集　火的云霞

污暗的春天　004
冬天的田野　006
北风　008
五月的花　010
火的云霞　011

第二集　祝福

祝福　014
黯淡的花束　017
紫色的十四行　019
怀感　020
燕　021

第三集　夜的歌

祖国的夜　023

黄河渡口 025
夜的歌 027
温暖 028
祭鲁迅先生 030

第四集　山中
生命的歌 033
路 036
山中 038
素描 041

第五集　风景
风景 044
江边 046
欢欣 048
秋天 052
夜宿 055

序 059
人的花朵 061
鲁迅的艺术方法 099
曹禺的道路 133
论《战争与和平》的艺术、历史、哲学 184
普列汉诺夫的《普希金为艺术而艺术论》辩正 205

人的花朵

文学的倾向

序　221

一

谈"深广"　226
"永恒的主题"　228
根本的问题　232

二

艺术与政治　236
关于"客观主义"的通信　242
突破自然主义　264
再谈突破自然主义　269
论现实主义　278
"出神入化"之类
——三谈突破自然主义　312
释"自然主义"　318

三

诗与真
——贵阳《时代周报》闻一多先生诗辑小引　324
"诗"与现实　326
诗的气质　329
诗的真实　334
火花
——读高尔基的《夏天》　339

旗

——读法捷耶夫的《青年近卫军》 343

四

坚持"脚踏实地"的战斗 364
台湾文学的方向 372

我的小传（全集代序）

我在一九一五年十月十九日（阴历）生在安徽省天长县，原名何佶。我的家在乡下，是个地主家庭；因此，从小孩子的时候起，就热爱自然和田野，并且很奇怪为什么农民和地主过完全不同的生活，同情农民的贫困和劳苦。

起初我在家里读私塾，一九二八年父亲送我到南京去读小学，第二年进了南京中学。在中学的时候，我就爱好文学，学习写诗和散文，这时读了鲁迅的作品和苏联的小说，还读了一些革命文学理论书籍，结合我在乡间看到的农民生活的困苦，开始有了无产阶级革命思想。

一九三五年中学毕业，考取北京大学，读史学系。这时候参加了一二·九学生运动，和国民党反动派作尖锐的斗争，一九三六年加入中共领导的"民族解放先锋队"（简称"民先"）。在政治运动的洪流中，我读了许多马克思、恩格斯、列宁的著作，开始形成马克思主义的世界观和人生观，同时也发展了我的文学观点，决心做一个革命文艺战线上的兵士，这时和思想进步的朋友们合办文艺刊物《浪花》。

一九三七年发生七七事变，我放弃大学，参加抗战工作；曾经想到延安去，已经到西安，但是国民党封锁了道路，只好到山西临汾"民先"去工作。一九三八年因为生病，到四川成都休养，病势一天天严重，终于卧床不起，直到今天没有恢复。

困病的结果，到解放区去是不可能了。一九三九年我又重到昆明去读北京大学（这时改称西南联合大学），一面养病，一面从事写作，想尽可能地为革命文艺尽微弱的力量。用吕荧做笔名，也是取其"有一分热，发一分光"的意思。

一九四一年大学毕业，开始社会生活。因为深恶国民党政府的反动和腐败，我选择了教员的职业，尽量利用课余的时间写作。一九四二——一九四五年在四川的中学里任教，一九四五——一九四七年在贵州大学任教，一九四七——一九四九年在台湾师范学院任教，这时期写成《人的花朵》《文学的倾向》《火的云霞》，译了《奥涅金》《仲夏夜的梦》等书。

一九四九年初，解放军大军南下，国民党准备把台湾布置成最后的根据地，大肆逮捕，情势一天天恶化，于是在四月出走香港，五月抵达北京，从此离开了反动的国民党的统治。

一九四九年十月去大连了解工人文艺，工作告一结束后，一九五〇年去青岛山东大学任教，一九五二年冬到北京人民文学出版社工作，一直到现在。这时期写成《关于工人文艺》《美学问题》，辑译《列宁论作家》，校改《奥涅金》，并且进行关于美学的研究。

十多年来，病困累着我，使我不能如愿地工作；但是我将尽一切的力量做我所能够做的事，为建设新中国的人民文艺搬砖运瓦，铺平道路。

吕　荧

一九五四年三月

（原载于《新文学史料》一九八二年八月刊）

火的云霞

第一集　火的云霞

污暗的春天

是在春天里了:
那在太阳里溶解了冰的封锁,欢欣地奔流过田野的金色的小河,
那温暖了的,从雪堆里苏醒过来的广阔的田野;
然而你能另外再找一些吗?
从那——满田野里,饥饿,愁苦的农人们底脸上?

是在春天里了:
那市镇头上,在新年里粉刷过了的破旧的古庙,
那每天走过多少牛羊,土车,客商,浴着春雨的,街心;
然而你能另外再找一些吗?
从那——拥挤在市集和空场上面,
忧郁地带着牲畜和谷粮
褴褛的人们底失望的叹息里?

是在春天里了:
那一群一群从麦田飞到稻场上,大声喧嚷着的乌鸦和喜鹊,
那匹伸着舌头,贪婪地咀嚼着野草的,秃了角的老牛;
然而你能另外再找一些吗?
从那——黧黑的农人们底艰苦的,力的挣扎的喘息里?

——那像泥土一般枯褐而沉重

交流着生命底苦难的喘息,

交流着生活的污暗和残酷,交流着血和汗的喘息……

是在春天里了。

然而,

是在什么时候呢?

是在什么地方呢?

弟兄们,

来吧,

把生活上一切脏污的东西打扫干净,

让春天光明起来!

一九三四年四月南京

冬天的田野

正像做完一天庄稼的辛苦的农人,
没头没脸地盖着大雪的被,
冬天的田野憩憩地睡熟了。

田野的小偷——
灰褐色的田老鼠和野兔,
在太阳沉落下去的时候,
偷偷地溜出来,
在菜园和谷仓的雪路上,
留下点点的稀疏的足迹。

寒冷的田野赤裸了,
树林光秃而又凄苦,
歌唱田野的声音的小河,
冻结得像一条带子,
那是一条僵直的失去了生命的冰的带子。

当黎明还没有醒来的时候,
一个别离家乡的农人,

背上背着他的孩子,

背着家乡的饥饿,寒冷,

背着一生的辛苦,悲痛和飘零;

走过田野的大路。

广大赤裸的雪的田野上,

刺骨的北风吹起来了;

他停住脚步,

伸出瘦棱棱的抖颤的手,

摸着背上的孩子;

两颗泪珠从他眼睛里流淌出来,

两颗大的热的父亲的泪珠,

田野的儿子的泪珠。……

一九三六年五月北平

北　风

北风吹起来了，
像一个黑色羽翼的巨人，
奔驰过漠漠的北方的大野。

生长在北方的人们永远不会忘记：
每年每年，
在十月，
老爷们收租的驼铃响了，
一车车，一驼驼载去了小米，高粱，玉蜀黍……
载去农人们一年的辛苦和希望，
这时候，
北风开始吹起来了。

北风，
一个乡下的粗野的母亲，
她不懂得温柔的语言；
她只默默地用粗暴的大手，
抚爱着农人的愁苦的脸，
抚爱着低矮的土屋，

抚爱着萧萧低语的白杨。

每年每年,

在十月,

当农人流过血汗又流眼泪的时候,

北风吹起来了……

一九三六年六月北平

五月的花

我们走来了,
在五月。

在五月,
金色的太阳在欢笑,
云明亮得像是银的碎片,
风回舞着轻快的羽翼,
飞过蓝色的天的大海……

我们走来了,
交映着红的,紫的,白的,黄的……彩色,
辉耀着春底华光,
绚烂着生根在泥土里的生命,
在五月,
我们从冬的世界走进中国的田野。

我们哗笑了,
我们是——五月的花。

一九三六年六月北平

火的云霞

黑暗,薄黯,

黎明……

我们上路了,

这时天边升起火的云霞。

苍茫的原野像海,

在苍茫的海的深处,

闪烁着碧蓝和明红的彩色的交溶,

透明的光的彩焰,

如火,

耀遍全部远天;

地上的山峦像起伏的巨波,

朵朵彩云仿佛浪花的飞沫,

溅上青苍的天涯……

来吧——黎明的海上的行人,

以全心的欢欣,

让我们走这灿烂的道路:

在天与地的海里,

没有力量,没有暗礁,没有风暴,

阻挡得住我们;

我们前去的国土,

是光,是爱,是自由和诗。

火的云霞,

火的云霞呵,

太阳在升起的时候,

燃烧着它,

开始新的世界的历程。

一九三六年六月北平

第二集　祝福

祝　　福

你写在一个棕栗色的小本子上，
写在用深蓝色纸花围着的
你底照相的下边；
单纯而且诚挚的诗句呵！
你写着——
"把生命耗丧在永不能尽的互相的疑猜？
人类为什么要遗弃那份最珍贵的天真？
悲哀的是：
铸就了在年月上爬行的悲哀，
给许多殷红的记忆。"

朋友，你知道么：
这里写着一颗黄金的心，
这里写着真实的沉思的语言，
这里写下了一个人的爱者底
纯挚和愤悲，善和忧郁，
全个的灵魂……
这灵魂，
为了人的黑暗和愚蒙，

为了人的"悲哀"和"殷红的记忆"下泪,
于是勇敢地伸出搏斗的手,
期待人的美和人的天真,
和春天一起
重新降临到这世界。

这春天,
朋友,
不是只有她,
才是在你的心里温暖着,
并且为你所热爱,
比什么都更热爱的么?
不是为了春天——
你才在那个可纪念的日子,
走在战斗队伍的前列,
冲过大刀和枪刺的攻击,
血流下你的面颊,
而你坚挺着被砍断了的背脊,
向前,向前
行进?……
不是为了春天——
我才离开了温暖的家,
先在寒冷的古老的都城,
后在这冬天的江上,
和你认识的么?

不是为了春天,朋友,

你才燃烧着你的紫色的微笑,

年青的春的花朵的么?

这微笑,

一如大智慧者的欢欣,

静肃,凝默,沉深;

这是意志的赤铁,

在铁锤的猛击下迸放的火花,

这火花

如此的强,烈,灼热,

她使所有的人燃烧,

而她也燃烧着自己;

而在这之后,

铁于是成钢,成剑……

祝福你呵,

真挚的朋友!

一九三七年十二月汉口初稿

黯淡的花束

淡白的云霭浮过广阔的蓝天,
别了,朋友,
相见是无期的……
淡白的遥远的记忆呵,
是鲜艳的花朵,
还是褪了色和香的残花?……

不论是在柔和的风飘荡着,多花卉的春的季节,
不论是在大地上,呼啸着强暴的风雪的冬天,
这春天般的微笑,
这深藏着幽静的灵魂的
诗的热情和气息,
在这火和血的日子,
将要永远地,
和永远的记忆一同,
燃烧着我……

铁的列车载着你向南去了,
它也将载着我,

驰向北方。
——这是对的：
第一颗晨星升起的时候，
人的爱者应该起来，
去赶黎明的路程……

用最大的坚强我伸出手来了。
让记忆溶和着心的欢欣，
也溶和着人的苦难；
让生命，
开放出铁的火花……
只是呵，朋友
你会忘掉这个默默的友人？
还是你不？

一九三七年十二月武昌

紫色的十四行

紫色的云,星,光,拥围着你,
在一片广漠的昏暗的原野
你向着我们这地方走来。

在你的前面有两条道路:
一条,素白色的花和诗的路,
另外一条,火的云霞的路;
你向着这条路走去了。

你说:这条路上有你喜欢的烈烈的太阳,
你说:你喜欢那燃烧的火和战斗的声音,
你并且说:走过了这条路,
你一定会更喜欢我们这地方。

于是踏着火和云霞,
你底紫色的微笑煊耀着光,
向着我们走来了。

一九三九年四月成都

感　怀

深沉的夜。

沿着湖边，
我悄悄地走着。
我怕冬天的江上的梦，
我怕会花和诗的幽灵。

呵，天上的和心上的云色，
竟是这样的阴霾……

一九四〇年十二月昆明

燕

仿佛紫色的花，
穿破绛红的霞光，
你飞来了；
羽翼斑染着桃花的粉和柳的新绿，
呢喃的声音里蕴含着
温暖的春的和柔。

春的鸟呵，
飞下来吧，飞下来，
到地上来，
到战斗的人间来，
你爱云和风的天野美丽，
然而大地笼罩着风暴，
不走过火的云霞的路呵，
没有人能飞到花和诗的国土。

一九四一年十二月昆明

第三集　夜的歌

祖国的夜

八月的风，

从自由的海上吹来，

激荡着黑暗的夜，

和黑暗中汹涌奔流的波涛。

我们守在万国桥外[1]，

在祖国的河流的岸边，

默默地

等待着黎明。

远方的天际闪烁雷电的银光，

风疾驶过夜空，呼啸着，

仿佛歌唱的云雀；

在大野上，

有血的战斗正在进行……

---

[1] 一九三七年八月初，日军占领平津，遂由北平到天津，拟由海道南下。车到过晚，已经入夜，法租界戒严，不许过万国桥，据说要天明才开门放行。于是在桥外海河岸上，日军占领区内，坐待黎明。

不远的地方，
忽然：
军刀响着锵锵的杀声，
日本的哨兵
凶猛地在呼叱；
一粒枪弹，
嘶——的飞射过去……

我们惊醒了，
抬起沉重的头——
仍然是夜，
黑暗包围着我们。

呵呵，你，
东方的混沌古老的长夜，
祖国的夜呵，
你为什么还不黎明？

一九三七年八月十二日天津

黄河渡口

深黑的夜，
在黄河上，
在汹涌的冰的寒流上，
冻结着……

渐渐地，天边黑夜浅淡，
云雾迷黯里，
一线明亮的光，
开始流在河上。

笨重的，稳实的，
方头的，渡河的船，
启了舵……
借铁索的力，用舵，
驶过冰流；
岸旁山岭上，
驶行一队人马，
路转了弯，
隐进雾和山的深处。

"如果是我们的,
那多好呵!"
眺望着无尽绵延的
起伏的群山,
凝思着:
"渡过了夜,
也渡过了河,
我也去到战斗的原野上,
去过火的日子……"

一九三八年一月风陵渡

夜的歌

夜呵,
降下……
风和雨雪,
交奏着原野的歌,
养育着我们的苦难,坚强,
生长……

夜呵——
在这寒冷的风和雪的夜,
在这广大而又无边,
深黑而又深黑的祖国的原野。

"上马!
弟兄们!"

一九三八年一月临汾

温　　暖

　　原野上，
　　奔驰着风雪的夜。
　　大风，
　　绞着雪花和寒冷，
　　白色的大雪，
　　像鹅毛，
　　密密地，无声地，
　　降落。

　　山中，
　　夜更深，
　　猛烈的雪风，
　　逆袭着人，
　　严寒暴烈地割裂脸和手；
　　比夜更黑更浓的寒冷，
　　在茫茫的夜空浮动……

　　突然，
　　明亮得，像火，

在我的眼前隐隐地浮起

我们离开的那家茅屋：

它的低矮的屋檐，

屋里昏暗而微弱的灯光，

它的缩做一团

在寒冷中战栗的黑影……

它的那个老妈妈，

蓬松着白发，

颤巍巍地，

在门口，

将两个馍馍塞进我的口袋：

"这个带住，怕路上，

饿……

我有个儿子，

上个月也加入在你们的里头……"

风雪，奔驶着……

但是，

夜，

燃烧起来……

         一九三八年一月临汾

祭鲁迅先生

你——真的勇者,
从黑暗的原野上走出来,
持着太阳的投枪,
将曙光的云霭布在天上,
呐喊黎明的声音。

你献出血,生命,
献出傲骨嶙嶙的手和正义洋溢的心;
凝放智慧的火花,
燃烧,飞腾,
将温暖和爱给与被损害的魂灵……

你安息在中国的冬季,
在严酷的夜的途程;
然而——
在无边的原野上
走出了祥林嫂,闰土,阿 Q,王胡……

他们,前进了,

在你倒下的大野，
他们森林一般地举起
粗糙的泥手和抗战的旗，
在暴风雨中迎接黎明……

他们呵，
学你——
真理的战士，人和诗的光荣，
创作质朴无华的诗，
——历史！

一九三九年八月成都

第四集　山中

生命的歌

透明的云,
在空中飘荡。
天的原野是灰色的,
无声,空漠,
高远,无限,
正如天的生命。
年青的他,
憧憬着火和光的世界,
于是驶向永恒的太阳。
但是一阵飓风攫住了他,
寒冷侵透了他的心,
抖瑟着,
紧缩作一团;
失去了飞升的力量,
降落下来……

这是地,
透明的水立刻成了混浊的流;
黄色的泥土,褐色的渣质,黑色的污垢……

渗进了他的生命,
他窒息,恐惧,忿怒,
于是奔流,奔流,
而地——
土,木,石,金的集体,
拘囚住了他。
他以自然与原始的力,
冲出生的道路,
激荡,呼吼,回旋,涌流,
从田野到溪谷,到小河,到江,
终于达到了大海。

而大海,
地的洼穴;
四周矗立着山脉和陆地,
无数的水拥集着,争执着,彼此挤压,
甚至失去了呼吸;
世界失去了光,
也失去了自由。
许多的水哭泣,
海于是汹涌着,
海于是咸苦了……
无法中向天伸出呼吁的手,
而天——
高远,透明,清寂,

闪烁着永恒的蔚蓝；
那地方，
只有在火和光里再一度升华，
方才能够达到；
而在那时候，
将要开始一个新的生命……

一九四三年八月

路

早晨,
我到河边打听船的消息,
走过一条崎岖的道路。

"你们这里有没有别的路,
平坦一点的路上船?"
我问船上的舵工。

"没有,"他回答,
"只有这条岩石垒叠的路,
这是唯一的路。"

"能不走路就去到河么?
比如,
从一个水边的岩滩……"

"——不能,
河上的船泊在这里,
你必得走这条路。"

"如果自己造一只船呢?"
"还是要泊在这里,
还是要走这条路上船。"

每个人都到生活的河上航行,
但是路是决定了的,
只有善者的路向着太阳。

在路上,
必须步过无数的坎坷和踬跌,
才能走得到河。

而在路上,在有泥土的地方,
在践踏和尘埃中,
生长着一种矮小顽强的草。

这小草伸出它们结实的手臂,
连环而又连环,
将绿色接到无尽的天边。

行路的人呵,
让我们也来手臂扣着手臂,
将绿色接到生活的河。

一九四三年八月

山　　中

无尽的山，
无尽的云，
这是山中的山中。

迷漫着太阳的光和天的影，
朦胧着银绿色的雾，
在周围，
山峦庄严地绵延，环列，拱立，
无尽无尽，
直到蓝天镶着红色碧玉的地方。

山的国，山的灏海，
统治着山的静寂。
在庞巨的山脊上，
荒漠的红土，砂粒，层岩，
闪烁着自然和山的原生的粗野；
丛生的野花和野草，
发着浓烈的野的气息，
松柏和栎树的林，

在早晨的阳光中端默凝立,

枝叶上晶莹着透明的雨珠。

而深深的,

在山的谷底:

一片密绿的田禾,

在浓绿中有粉红的荞麦的繁花开放,

微笑着,散出幽香……

远处,有樵夫伐木,

斧声响着:丁,丁,丁,丁……

但是立刻就沉寂了。

一切,天与山野,复归于静寂,

这复来的静寂,

忽然如此的和谐,神秘,深远,

仿佛随着天风,

飞升凌虚的太空;

在那里,

驶行着星,月,太阳。

无尽的山,

无尽的云,

无尽的静寂……

在无尽的山野的高阔里,

一个窒息历史的血污和夜的黑暗,

从霉烂的屋宇中走来的人,

他深深地感觉生命的存在,

深深地感觉到诗。

一九四二年八月川滇道中

素　描

不思念力的撒野，

不思念欢欣的狂流，

不思念奔放，激跃，高呼……

生活像灰色的天空，

没有一点诗，

没有春的彩色，

只是沉重的，沉重的单调，平庸。

在门外，

明静的阳光里，

苍蝇嗡嗡的，

唱温暖的困意的歌，

数着世界的迟滞的脉搏。

坐着，

在窗前，

深深地；

读普希金，托尔斯泰，高尔基……

人的爱者的书。
这里面，
有普洛美修士从天上带到人间的火
在燃烧……

我用这火的光，
烛照我的灰色的天空，
怀着沉重的，沉重的
交集万千的人的苦难的，
痛苦的心，
我生活着。

我爱动中的律，
我爱黎明中的太阳，
我爱这无声的光。

有人说，这是苍老，
有人说，这是消沉，
有人说，这是理知的力
和泛滥的热情交流的河。

一九四二年十月

第五集　风景

风　景

黄昏,
一个人走着
在山野里。

起风了——
身边的尤加利树,
发出噪杂急切的密语;
近傍红土的山坡上,
纷舞着酸木花的白铃;
野蒿摇曳长茎,
狗尾草倾偃了,
开碎蓝花的矮小的马鞭草,
从草丛中探出头来;
天空灰黯,
密布着乌云,
山野里,
金色的阳光消逝了;
暴风摇撼着倔强的尤加利树,
浓密的枝叶随风飘扬,

仿佛披散的发丝,

雨来了……

南方山野的风雨,

想不到也是这样的飘忽,

而天色,竟也是这样的阴沉;

我来错了……

呵——不由得,

我眺望着

风暴奔驰而来的地方,

我知道:在那里,在远方,

连绵的山岭那边,

是青苍的天,

是明亮的太阳。

一九四一年七月昆明

江　边

冬天，
江水落下去了。
明净的水，像湖。
阳光像耀目的金轮，
紫色的薄雾，
迷蒙着湖。

沙滩上
满布云母的碎片，
闪着光华，
仿佛满布千万粒金砂；
一只顽皮的小狗
赶逐散步的乌鸦，
东奔西驶的游戏，
遍地散下零乱的梅花；
小鸟一群群啾啾飞舞，
在岩滩上，
歌唱温暖的冬天。

在江上，
波涛奔流的地方；
两只苍鹰飞搏，
疾腾，回旋，
仿佛两只紫色的箭，
飞过青空，
一声声的欢鸣，
流在江中……

呵，在这灿烂的阳光底下，
为人的苦难愤悲，
为生的污暗痛苦的魂灵，
从书桌上抬起你的低垂的头！
你也该像那没有链子缚得住的
强悍的鹰，
展开羽翎，
飞扬向上，
向天的海，
以大悲苦中的人民的竖琴，
弹奏太阳的明亮的声音……

一九四二年十二月

欢　欣

在田野里，
在夏的早晨，
在灿烂的阳光的蔚蓝里……

身边：
玉蜀黍繁密的花穗，
如一串串玉的小铃，
迎着微风摇散甜香；
番瓜的长藤蔓生在竹篱上，
时时，
绿叶的浓荫里，
一朵朵碗大的红花，
鲜美地，
无声地，
舒张开来……

远远的，
一座蓊郁的松林，
远远的，

一片悠扬的鸡声,

远远的,

宁静的,

家乡,

在那里闪烁光辉……

这里,

不是我的家乡。

田野——

连亘在青空和云霭中的群山,

遍山苍森的林木,

梯形的田,曲折的山径……

遍山,

憩息的牛羊似的,

蹲伏着一堆堆

在劳动和年月中风化了的岩石;

遍山,

枝叶苗出的桐树,

挺立短壮的躯干,

仿佛山野中的牧人;

而在水田的边上站着白鹭,

溪流上飞翔着翠鸟,

竹篁里奔窜着鼹鼠和斑鸠……

而遍山,

持着锄头，

贫穷的粗鲁的农夫；

遍山，

零星地散布在田野里，

古老而又褴褛的村庄，

还有一些热闹，喧哗，污脏的市镇……

在这里：

石的山径上，

看不到络绎的独轮车，结队的骡马，

却熙攘着

滑竿，背筿，白布裹头的行人[1]；

在这里，在路旁，

没有泥土砌成的土地庙，

却蹲着石头凿的

矮小的山王庙，戊己宫，

神位两旁的对联上，

也写着：

"土能生白玉，

地内出黄金。"

在这里：

---

[1] 滑竿，用绳子网成的一种便轿。背筿，背着走的竹筐。白布裹头，四川的风俗，代替帽子。

也以满溢的悲痛，

朴质的魂灵灌溉，耕犁，播种，

在这里，

苦难的沉重的足迹，

印遍山岭，田野，

在这里，

也一样的，

阳光灿烂的季节，

当旧的生命殒落的时候，

新的生命茂生……

而——这里，

我来了。

我也要伸手拿起我的锄头，

如一个从泥土里生长出来的，

朴质的人的魂灵……

呵，我的心里开始满盈，

如这阳光，如这山野，

一样的，

广阔，强烈，

明静，欢欣……

一九四三年八月

秋　　天

斑斓的田野苍老了……
枯黄的，赭褐的，乌红的，
树木的叶子，
纷纷地
在深秋的风雨里，
飘落下来……
叶子落光了的树上，
一丛两丛，
农人们
晾上干枯的豆梗，
仿佛穿了金褐色的
细缕的蓑衣……

山岭上，
青苍的松树，
忧郁地
凝视着山野；
乌桕树的红叶，
在风中凄哀地翻飞；

不知名的灌木，

站在路边，

满枝结着累累的野果，

低垂着头，

深深沉思……

一个大胡子的老人，

肩着一根

枝叶浓密的杉木，

满头大汗，

绕住山路走下山来；

新耕的田里，

在耕翻的土块上觅食的

成群飞鸣的小鸟，

逗引起

一个默默凝神的小姑娘的欢喜，

她在怀里抱住

一捆才割下的山芋的绿藤，

满脸湿润的泥土的斑点，

满脸孩子的笑容……

山野上，山岭上，

雾霭中，

鹰在徘徊；

雾霭中，树丛中，

乡村旁边，
秋天的，
哀伤的，
羊的咩咩声，
飘扬过山野……

飘扬过山野，
沉郁的
灰蒙的雾，
沉郁的
秋的萦思……

一九四三年十一月

夜　宿

夜了。
打更的
大声地喊着：
"黑月头，
清醒些——呵！"
敲着梆子，
从冷落的街心走过。
客栈的主人——
一个老人，
伛偻着背，
持一盏灯，
领我走到一间小屋，
打开了门，
今夜我将住在这里。

这是一间将要倾圮的
没有见过太阳的屋子，
腐臭，阴森，发霉，
板壁上，

满生点状的黑苔，黄霉，白斑……

腐朽的柱子旁边，

一堆堆蛀蚀剥落的木屑；

墙根下，

蠕行着，

扰攘着，

蜈蚣，豌豆虫，黑甲虫，蠼螋，

各色各样夜的虫豸？

长脚的大蜘蛛，

静伏狩猎，

昂着狰狞的头，

双眼突出，

雄据着墙壁……

突然，

全都骚动了，

飞快地四散奔逃……

夜的国土的居民呵！

逃窜吧，

绝灭吧，

人来了！

人要居住在这里，

人带来了火，

人带来了你们恐惧的光……

一九四三年九月

人的花朵

序

任何一个作家,他的产生和成长,都不是偶然的,或是不可理解的,他有他现实的根,他有他生命的路。

作家,如约瑟夫所说,是"人类精神的技师"。他们所感知,他们所追求的,常常,他们所身受的,比常人更强烈,深沉,而且苦重;他们也战斗着,在建设人类底真理与自由的王国。

不过,反映在一个作家的作品里的情感与理念的本质,常常隐在复合的艺术具象里面;常常像是一个霹雳中最强的声音,一道电光中最强的光芒,有时也像隐在丛绿之后的一朵花,他们的形相不是借着直观就能辨认的;而需要深澈的理解、思考和探索。

为什么保王主义者巴尔札克所写的是贵族阶层崩解的彩画,为什么果戈里终于把洗面革心,成了一个好人的乞乞科夫投进了熊熊的火炉;柴霍甫在一八九二年十一月二十五日写给苏伏林的信上所说的,"我们所称为永久的,或者只称为好的作家们,那些令我们陶醉的作家们,都有一种共通的而且重要的特征;他们向什么地方走着,并且也召呼你向那儿去,而且,你不是用智力,而是用自己整个的实体感觉到:他们有一种目的","这就好像哈姆莱特的父亲的灵魂似的,不是出现过就完事的,而是刺激想象的","目的"又是什么呢?

在这样的艺术生命的灵魂的发现里,在现实意义的分析、明正、扩深和高扬里,展开了批评的路。

生活在现代的中国作家,他们比在任何时代的作家都更强烈,深沉,而且苦重地生活着。他们迎着重重迫害的弹雨,在烽火漫天的原野,用各种各样的武器开辟新世界的道路;而持着光芒的投枪,走在人群前面的,是鲁迅先生……

在今天,了解这样的作家底根和路,对于我们不仅仅应该,而且是迫切需要的;因为我们也在开辟这条路,我们要向他们学习。

这本书里的前两篇,早在一九三六年就写过一遍,后来因为抗战爆发,原稿都散失了,这又重写出来。其中有许多意见,是涉过时间和现实的波涛之后,自己仍然保存着的。然而,解述一个人,正如同描写一个人一样,语言文字常有感到不够的时候,常有难以表达的方面;加之,所企图写述的,并不是一个平凡的人底平凡的生活体象,而是一个作家,一个"人类精神的技师"的非凡的艺术生命。

这里,作者奢图试用思想的光和影织成透镜,这透镜,自然远不如生命本体的广大与真实;因此,希望在看的时候,不要仅局限在这透镜的光影所及的地方,不要停止在作家的艺术生命的外形上,或是外形的某一部分上;而要深入到他的灵魂的内心,理知他的艺术生命的本质,作一个整体的扩深的了解。

这样的了解,才是真正的艺术的了解吧。

一九四四年八月

人的花朵

一

诗,人的生活与情感底融合的交流,人的理知与想象底凝结的晶体;人底真挚,人底单纯。

诗人雪莱曾经写着:"诗使一切事物转为可爱,使最美的成为更美,并且把美给最最残缺的东西。"这不是文饰诗,也不是意味着用诗来粉饰现实;这是深知着诗底生命"真"与"纯"的语言。

诗人,生活在某一时代某一社会某一阶层的人民。通过诗底抒写的手法、格律和语言,诗人用他自己的生命和诗结合;诗中所抒写的感情、理念和形象,诗的生命脉搏与呼吸,不仅使人感动,使人理知,而且使人与它一同呼吸,一同悲哀,一同欢乐……诗人底具现感情与形象的诗作,各自有它自己的现实的契机、社会的因素,各自有它自己的传统的教养、时代的憧憬……这一切是诗人底个性的风格的根源。

具现着现实的"真"与"纯",获得了个性的风格与艺术的完成的诗人,他的诗篇将为人们所传诵,他的诗中所抒写的个人的感情和事象,正反映着某一时代某一社会某一阶层的智慧者底情感与理知;这一切与他的诗篇一同,永生在诗的世界与人的世界里面。

在这一意义上,诗人是人的花朵。

过去的伟大的诗人们,虽然他们抒写着各各不同的时代的真实,怀有各各不同的诗的生命的心弦,他们的风格也是独异的;然而我们尊重他们,要向他们学习。因为:通过他们,我们可以体认诗与现实,诗与人;诗与艺术的结合;我们由那理知了人的花朵。

诗的道路是艰难的。叙事清晰描写完美的作品,并不能就是诗,字句锻炼格律锵锵的作品,这也并不能就是诗;诗的生命是诗人底情感与理知底形象化——这不仅意味着诗的个性化的事象与感情的抒写,更意味着个性化的风格与艺术的完成。

W. 斯考特写作了优秀的叙事诗《玛米安》(Marmion)、《湖上女郎》(The Lady of the Lake),获得了光荣的"诗人"的声誉,但是当拜伦的光辉着强力的天才的诗章出现的时候,斯考特在他面前退让了,他非常简单地告诉人说:"拜伦胜过了我。"他放弃了诗,转向历史小说的道路。斯考特的退让决不是偶然的,因为他理知诗,理知诗的心弦,理知诗底生命的深奥的精微的真义:他知道他不是"真正的诗人"。

当俄罗斯诗人涅克拉梭夫没有成名的时候,有一次他拿了诗去请伯林斯基看,这位大批评家读了诗之后,眼睛里充满了眼泪,拥抱着他说:"你知道你正是一位诗人,一位真正的诗人吗?"

伯林斯基底喜悦的语言和眼泪,说明了"真正的诗人"的人的花朵底崇高的意义。

中国的新诗经历过许多的流派,然而还没有产生完成的"真正的诗人"。一方面有许多诗人不能体认现实的真相与历史的真理,他们脱离了现实,他们无力抒写真实的生活的形象与感情,只有走向神秘主义、象征主义等等的道路,把追求玩弄文字的技巧与格律作为他们的主题;他们的诗根本失去了真,他们的感情已失去了人的温暖。另一方面，许多英勇地为真理与革命斗争的诗人们，他们的心里燃烧着热情的火焰，充满战斗的气氛；然而他们的诗的语言缺乏锤炼，过于粗糙，平泛，而且观念化，他们的诗缺乏纯，常常只是理论的宣讲与口号的汇集，流为空泛的呼喊与冗赘的文章，不能具现真的感情生命的形象去激发人们的心灵。

但是无论如何，随着现实的发展，虽然迟缓，虽然贫弱，中国的诗人们是逐渐地成长起来了。尤其在今天，伟大的民族革命解放战争无疑地带给了中国的诗以新的生命，新的道路。

在今天，我们的诗是不是有了进展呢？已经有了什么样的进展呢？

在这里，我们可以看看两位具有不同风格的诗人，他们的诗表现着两种传统，两个方向；他们的诗的风格的发展，正与中国新诗的发展密切地相联系着。

这两位诗人就是艾青和田间。

二

诗人艾青，作为一个"农人的后裔"的智慧者底灵魂，作为一个挚爱土地与人民的诗人，当着"雪落在中国的土地上，寒冷在封锁着中国"的日子，他歌唱着。由于深深地伤痛土地与人民的受难，他的歌声常常笼罩着薄暗的哀郁的阴影。他的诗渲染着素美的彩色，淳朴而美丽；他的诗体现着大地底浑厚的广阔的风貌。

在最初的诗集《大堰河》里，诗人以一个农民意识的飘泊着，一个受了"人世生活的凌侮"和"数不尽的奴隶的凄苦"的受难者底心情，在"陌生的城市里"流浪，歌唱，诗人忧郁而且伤感，寂寞而且孤单：

> 人们嘲笑我的姿态，
> 因为那是我的姿态呀！
> 人们听不惯我的歌，
> 因为那是我的歌呀！
>
> （《芦笛》）
>
> 在你这陌生的城市里，
> 我的快乐和悲哀，
> 都同样地感到单调而又孤独！
> 像唯一的骆驼，
> 在无限风飘的沙漠中，
> 寂寞地寂寞地跨过……
>
> （《马赛》）

诗人如此"寂寞地寂寞地在永远在挣扎的人间"旅行着，这一时期的诗人的心境，在《向太阳》里有坦直的呈诉；诗人"把自己的国土当做病院"，"用迟滞的眼睛看着这国土的没有边际的凄惨的生命"，"用呆钝的耳朵听着这国土的没有止息的痛苦的呻吟"；诗人"把自己关在精神的牢房里，四面是灰色的高墙，没有声音"；诗人"沿着高墙，走着又走着"，如此地歌唱着。——这不是喧嚣污脏的人的世界，这是寂静的素洁的诗的世界；在这里，诗人以深切的同情与赞爱，追怀"一个拿撒勒人的死"，回忆起"芦笛"与波兰诗人"阿波里内尔"；以厌恶、诅咒与热爱，诗人吐弃"那在眼角里充溢着贪婪，卑污的盗贼的欧罗巴"，歌唱了叫嚣的"马赛"，"妖艳的"

"巴黎";而结合着诗人底生活中的人的痛苦与诗的世界中的爱的深情。诗人呈献给他的保姆"大堰河"以"敬""爱",以挚情的抒写,以素美的诗篇。

在"诗的世界"里,诗人底忧伤的灵魂寻找到了安慰与温暖,在"人的世界"里所受到的创伤也得到了医治,所以诗人的生命时时如火花一闪一般,爆发出明亮的热力的光焰;当这一闪的火光遇合着诗人底,光明的憧憬与忆念中的健壮的人们底生活形象的时候,诗人绘写了一幅彩色的、活力的、充满强烈的生人气息的图画,这就是《透明的夜》。从这篇诗里,我们看见了诗人的风格底完整的光辉灿烂的一面,这是"一幅色画","一曲高歌"(胡风:《吹芦笛的诗人》),这是诗的异彩。

但是诗人底生命的火花只是激情的一闪的燃烧,而不是坚忍的战斗的炬火。诗人只不过:

……狂奔在
阴暗而低沉的天幕下的
没有太阳的原野
到山巅上去
伏倒在紫色的岩石上
流着温热的眼泪
哭泣我们的世纪

(《向太阳》)

诗人自己好几次被"苦难的浪涛""吞没又卷起",经历过"流浪与监禁","失去了青春的最可宝贵的日子";现实生活与人间给与诗人的，不是光明的欢乐与希望，而是残酷污暗的苦难与丑恶。诗人悲痛着大地与人民的受难，但是流浪与行吟的无力生活更加深了这种悲痛；也许正是因着这种矛盾的苦闷吧，诗人的生命，正如他的诗篇一样，浸沉在一种忧郁质的感情的海里，哀伤，苦痛，"迟钝"，"呆滞"；诗人自己在《向太阳》里就这样说："昨天……我是患了难于医治的病的……"

然而在本质上，诗人的忧伤并不是产生于对人生的厌弃，而是产生于对旧世界的悲愤与憎恶。所以在他的诗篇里，诗人常常潜意识地把至美的憧憬与一些粗野强健的而是朴质纯真的人们结合起来，诗人歌唱过"过路的盗"和"偷牛的贼"，也为流浪者们祈祷过；诗人深爱着这些多少仍然保有人底天真的形象。诗人又以"溅血的震颤"的心弦歌唱了"要救人""如今却不能救自己"的"犹太人的王"，歌唱了"大堰河"，还歌唱了"芦笛"和"粗野地喊着的""海的波"。诗人底忧伤的灵魂深处的对人民的挚爱与诗底崇高理念，这是诗人作品底生命泉源的主流。在《画者的行吟》里，诗人曾经这样生动地抒写了自己：

> 我过着彩色而明朗的时日；
> 在最古旧的世界上
> 唱一支锵锵的歌，
> 这歌里
> 以溅血的震颤祈祷着：
> 愿这片暗绿的大地
> 将是一切流浪者们的王国。

在《我爱这土地》里，诗人恳挚地歌唱了自己的灵魂：

假如我是一只鸟，
我也应该用嘶哑的喉咙歌唱：
这被暴风雨所打击着的土地，
这永远汹涌着我们的悲愤的河流，
这无止息地吹刮着的激怒的风，
和那来自林间的无比温柔的黎明……
——然后我死了，
连羽毛也腐烂在土地里面。
为什么我的眼里常含泪水？
因为我对这土地爱得深沉……

诗人艾青的忧郁与悲哀并没有中绝他底渴望黎明的心的跳跃。于是当民族解放战争的烽火燃烧起来的时候，诗人从他的孤独苦闷的憧憬世界里走了出来，诗人迎着初升的太阳，走到了街上，走进了人民的中间。

诗人以深情的欢乐、感谢与期望，歌唱这"新生的日子"。在这个日子，诗人想起那些"把人类从苦难里拯救出来的人物的名字"，看见人底"真实的姿态"，对人们"不再感到陌生"；"不再吹那寂寞的口哨"，也"不看天边的流云，不彷徨在人行道"了。诗人"喜欢"人，人的喧嚣，人的粗野，人的健康……人的生活与自己的生活。诗人开始为这个日子歌唱：歌唱"北方"，"太阳"，歌唱血的战斗者——吹号者，伤兵。

在光明与欢乐的路上，诗人前进了。可是诗人"依旧乘着热情的轮子"向前"奔驰"(《向太阳》),诗人为和人民的生活相交流而激动了,然而"昨天"底多年的悲惨的生活的烙印与忧伤的感情底阴影,深潜在诗人底心的深处,诗人想抛弃它,努力清除它,但是这需要时日与锻炼,尤其需要生活上和历史河流的融合。

这正是为了什么原因:诗人在《北方》里所刻画的土地与人民底真实的苦难的形象,只是无力的悲哀的北方与人民,而不是战斗中的北方与人民,在《向太阳》里,诗人虽然激动地歌唱了——

> 于是,我的心胸
> 被火焰之手撕开
> 陈腐的灵魂
> 搁弃在河畔……
> 这时候
> 我对我所看见 所听见 所触到的一切
> 感到了从未有过的宽怀与热爱

可是最后结尾的一句却是如此的消沉:

> 我甚至想在这光明的际会中死去……

同时,由于诗人还只是为和人民的生活相交流而激动,由于现实生活体验的限制,所以,当诗人着笔抒写伟大的血与火的时代中的战斗者底形象的时候,诗人的诗篇远不及歌唱他自己的感情的那样真实生动。在《吹号者》里,诗人几乎用"诗"的抒写代替了"人"的抒写。《吹号者》是一篇半抒情的诗,诗人还能够以完整的章法与锦织的诗节获得成功,而在《他死在第二次》里,情形就完全不同了。

《他死在第二次》是一篇抒写人物的诗,它的主题是抒写一个伤兵的故事,抒写一个反映在对于战争的理解上和情感上的农民兵士的形象。可是事实上,诗人所写出来的却是一篇歌唱与憧憬的诗。《他死在第二次》里那个伤兵,当"他的创口""愈合"之后,他走上"大街",走向"田野",他的孤独的"姿态"与多感的心情,正与《画者的行吟》《马赛》中的诗人底姿态与心情是同一类型的;并且,伤兵在"田野"里寻找一种"那像在向他召呼的东西","他自己也不晓得是什么"的"东西"。在《火把》里,唐尼也看见了某一种的东西:"当我看见那火把的洪流摆荡的时候,的确曾想起了一种东西,看见了一种东西,一种完全新的东西,我所陌生的东西……"(而同样,《吹号者》里的号兵的惊醒与诗人自己在《向太阳》中的惊醒,正是由同一类型的心情发展出来的。)

《他死在第二次》的"他"是一个兵士,而我们在他的情感与生命里几乎看不见一点真实的兵士生活的痕迹;"他"在实质上是一个诗化了的智识分子的情感与生命的化身。这样,当"他"——一个长着"拿过锄头又举过枪的手,为劳作磨成笨拙而又粗糙的手"的兵士,当他受了伤,躺在医院的病床上,他并不想起他的亲人,他的营伍的兄弟,他的兵士生活,却"想着又苦恼着","苦恼着又想着":自己的手与女护士的"纤细洁白的手""究竟是什么缘分""这两种手竟也被搁在一起"。接着,当他的创口愈合又要重上前线的时候,他所感觉到的"一瞥"与"一念",完全是通过智识分子的感觉方法和过程而产生出来的,可是事实上,一个兵士所想的女人与战争,比这更粗野得多,也更朴质得多;而一个从中国底古老、污暗、贫苦的农村里走出来，经历着这样伟大战争的兵士，以他的纯朴的生命遭遇如此悲壮的血的现实，他的感触一定更真实，也更深刻。

在《他死在第二次》里，诗人把"他"底人的生命与社会的生活完全隔绝了，诗人写道："他不能想起什么——母亲死了，又没有他曾亲昵过的女人，一切都这么简单。"于是，诗人把"他"底人的生命局限在感触与憧憬的世界里，而诗人把他自己的歌声寄附在他的身上。

但是，由于人物缺乏诸本质的生活面与感情面的体现，"他"底形象没有具现在读者的面前，他的生人的气息是那么淡薄，几乎像是一个飘浮着的云雾中的人物。他的歌声失去了感动人的生命与力量。

《他死在第二次》是失败的，不过在诗人的创作道路上，这是一篇具有重大意义的作品：因为它显示着诗人底诗的创作底新的发展与动态。

抗战以来的诗人的诗篇呈现着多样的风貌与彩色：有憔悴的无限长的苦难的记忆《雪落在中国的土地上》，有土色的悲哀的歌唱《北方》，有刻画的写生画幅《北方诗草》——《乞丐》《驴子》……《补衣妇》，有激动的热情的欢呼《向太阳》……而融合着诗人底一切风格的特征：完整的章法，深沉的格律，刻画的描画，诗人把描写空泛的感情与静物的图画的笔用来绘写具象的人，绘写生活着的人底情感与行动，——在这一意义上，《他死在第二次》是第一个诗篇，它是诗人从抒情走向叙事的过渡的产物，也是叙事的第一篇作品。诗人底第二篇叙事的诗是《火把》。在《火把》里，无论在诗的章法方面、人物的描写方面，都比《他死在第二次》完整得多。这，固然诗中的人物与诗人的生活比较接近是一个主要的因素；可是在《火把》里，诗人已经是意识地把握住新的发展的方向了。

诗人以《他死在第二次》开始了一条新的创作道路，在这条道路上，诗人将更深广地展开创作方法中的现实主义的素质；同时，诗人底"诗"的理念，也将清除由于受了象征派、意象派等的创作方法的影响而产生的痕迹吧。

诗人艾青在一九三七年写过《诗论掇拾》，在一九四〇年又发表了《诗论》，这是诗人底宝贵的经验的积蓄，也是对"诗"的理解的真实的自白。诗人写着：

> 意象是诗人从感觉向景物的拥抱，是诗人使人唤醒感官向题材的迫近。
> 意象从感觉发出后，而又回复到感觉。
> 意象是纯感官的。
> （《诗论》：八三）

又写着：

> 所谓"庸俗"是这样的一种东西：是从情感的过度的浪费所引起的嫌恶，是对心理只能起消极作用的感官的倦息，是被抛撒于审美者的渣滓。
> （《诗论掇拾》）
> 晦涩是由于感觉的半睡眠状态产生的；晦涩常常因为对事物的观察忸怩与退缩的原故而产生。
> （《诗论》：二七）
> 清新是在感觉完全清醒的场合的对于世界的一种反射。
> （《诗论》：二八）

又写着：

> 应该把形式看做敌对的东西——
> 只有和所有的形式搏斗过来的，才能支配所有的形式。
>
> （《诗论掇拾》）
>
> 一定的形式包装着一定的内容。
> 由于不同的颜色与光泽，大小与形体，我们指唤着：米、麦、柿子、粟子、柚子、苹果……
> 由于不同的声音的高低、快慢、扬抑，我们分别着：百灵鸟的歌，杜鹃的歌，枭的歌……
> 和人类的歌。
>
> （《诗论》：五）

在这里，诗人以为"意象是纯感官的"，"从感觉发出后，而又回复到感觉"，强调着"庸俗"、晦涩、清新只是感官的事物。依据着"一定的形式包装着一定的内容"的前提，指唤分别"人类的歌"，并且以为"只有和所有的形式搏斗过来的方能支配所有的形式"。在这里，在诗人所理解的诗底艺术的契机上，形式上的感觉与意象的意义更强于内容上的现实契机的意义。

在这里，首先，作者底创作过程与读者底感受过程并不是一种单纯的感觉（感官的运动）的过程。诗底意象的创造，决不仅是第一印象的直感底成果，意象的生命乃是通过诗人由感觉所引起的深刻的内心底折冲的产物。诗人自己在《诗论》七八节就写着："明确的理性使人不致陷入纯感情的稚气里。"又在一○三节写着："不要成了感觉的摄影师，诗人必须是一个能把对于外界的感觉与自己的情感和思想融合起来的艺术家。"在这同一意义上，很明显的，艺术作品底"庸俗"、晦涩、清新，并不仅是"感官"上的事物。同时，我们可以由外形，由不同的颜色与光泽、大小与形体，指唤植物的名字；由不同的声音的高低、快慢、扬抑，分别鸟的歌声的种类（不过有时也会弄错的）；但是决不能依据"一定的形式包裹着一定的内容"的原则指唤分别"人类的歌"，人类的歌底内容与形式是包含着复杂的社会内容与艺术形象的整体的事物，单是依据形式并不足以指唤分别它的名字和种类。并且"人类的歌"的一切形式都有它自己的现实底根源和内容，"形式"并不是孤立存在的艺术的某种品质。因此，对于一个作家，"支配所有的形式"不仅是未必有益的，甚至还是有害的。

所以，诗底意象诗底生命的创造，在根底上，必须以现实的契机作为基础。忽视艺术的契机底现实的契机的诗人，常常容易沉醉于自己的歌声与意象，他所倾听到的大地上现实的声音和语言常常会被诗人自己底声音和语言所变形，大地上的生活的彩色容易染上诗人自己喜爱底自我心情的彩色；诗人抒写出来的感情形象常常只是诗人底主观心情的血与肉，不容易和现实的血与肉化成统一的一体。因此，在伟大的民族解放战争的血和火的日子，诗人艾青以灰黯的悲哀的彩笔渲染了"北方"，又用自然主义的写生画的笔法抒写了北方的"乞丐""驴子""补衣妇""手推车"……在这些诗篇里，诗人确实是太过悲伤忧郁了。很明显的，这种气氛的形成，一方面的根源是在诗人的主观的心情，而另一方面的根源则是由于创作方法中的意象派、象征派等等的阴影的毒害。例如在《北方》里，诗人如此地歌唱着：

>荒漠的原野
>
>冻结在十月的寒风里，
>
>村庄呀，山坡呀，河岸呀
>
>颓垣与荒冢呀
>
>都披上了土色的忧郁……
>
>孤单的行人，
>
>上身俯前
>
>用手遮住了脸颊，
>
>在风沙里
>
>困苦了呼吸
>
>一步一步地
>
>挣扎着前进……
>
>几只驴子
>
>——那有悲哀的眼
>
>和疲乏的耳朵的畜生，
>
>载负了土地的
>
>痛苦的重压，
>
>它们厌倦的脚步
>
>徐缓地踏过
>
>北国的
>
>修长而又寂寞的道路……

这一切都是"荒漠的""土色的忧郁"的字汇，"悲哀的""困苦了呼吸"的格律没有一句明亮的欢乐的语言，这是体现灰黯的感情形象的最真切的颜色；纵使"北方"只是有某一方面是"悲哀的"，也必得成为完全"悲哀的"了。

十分明显的,这种阴影对于诗人的损害,不仅形成了诗篇中忧郁的气氛,同时也肯定了创作过程中感觉与意象的局限意识的活动,损伤了客体形象的真实完整的体现,侵蚀了诗人底强健的广阔性的诗的内容。

在以后的一些诗篇里,《出发》《车过武胜关》《梦》《纵火》……诗人虽然摆脱了伤感的气氛,但是因为诗人的感情与现实的结合强度没有达到燃烧点的缘故,诗人的感情的火光是黯淡的。例如《出发》,并不像是走向战斗的"出发",而仿佛是开始一趟旅行的"出发"。同时,也正因着这缘故吧,在这些诗篇里,诗人十分着意于章法和结构底完整。假如我们细心观察一下,我们可以看到这些诗篇几乎都采用着散文式的开展形态:章法的层次十分清楚,情节的重点都在结尾的一节,而这些章法与结尾的融合都多少显出结构上铺张的痕迹。诗的异彩的"透明的夜"的风貌,在诗人的抒情诗里不再看到了。

不过,在体现战斗者的感情与形象的课题上,诗人艾青虽然还没有完成巨大的成功,但是诗人在体现诗的生命的基本因素的创造上,在"新鲜,色调,光彩,形象"的手法上,已经获得了完满的成就。诗人运用一种富有最深刻的具体的感觉性与形象性的手法,它的特征是用重叠的诗行或是诗节重复抒写感情形象的光、影、色、相,用语言的彩色使形象活现出来。

这一手法的原则,许多伟大的现实主义作家都成功地运用过,米尔斯基在《现实主义底一般的特质》里认为这种手法是"最大限度地,丰富地给与形象底典型性的概括以个性化的可能"的手法。一些属于资本主义文化的现代的诗人也运用过这种手法,但是他们只是"形式上的"运用,他们不能用来活现真实的诗的感情形象的生命,而是用来追求"新的声音,新的颜色,新的嗅觉,新的感觉,新的辨味"。例如所谓意象派诗人之一的 H. 朵丽特尔(Hilda Doolittle)在《海神》里这样地描画了她的紫罗兰:

> ……他们给带来了紫罗兰花,
> 一大堆,素淡的,甜蜜的,
> 木的紫罗兰,水的紫罗兰,
> 从湿的地上采来的紫罗兰。

诗人艾青运用着这一手法,由于他的灵魂深藏着对于土地与人民的挚爱,由于他的诗中的形象呼吸着伟大的人底爱与人底温暖,他不仅完成了感情形象的彩色的画面,而且结合着他的完整的章法与深沉的格律,获得了诗章的典雅性与音乐性,织成了淳朴的素美的诗篇。

不过有时,诗人在诗篇里往往代替真实的形象底本质的诸方面的抒写,用这种手法来渲染一些憧憬境界的抽象的景物,诗人对这些景物以长长的诗节反复地叙述描写,虽然因为手法精熟的原故,诗的章法仍然保持着完整,然而在整个的诗底艺术的和谐上,这些景物的叙述与描写的诗节显得太膨胀了,描写得太多,"诗"的气氛太重,"真"的感触却减弱了,"新鲜"的色调也黯淡了。例如《火把》中的"演说"与"火把",《他死在第二次》中的一些片断的场景,《向太阳》中的"太阳"……在诗人的叙事诗的发展上,这是一个相当有害的倾向。

诗人底这种创造"新鲜,色调,光彩,形象"的手法,在《北方诗草》里呈现出了具体的形象。不过，在这些诗篇里，因着创作过程中感觉与意象的活动更强于现实契机的把握，诗中的感情形象也多少隐印着象征派、意象派的风貌的暗影，对比着《北方诗草》中的一些沉郁阴黯的画幅，我们可以看看一位俄国十九世纪末期的象征派诗人巴尔芒特（Balmont）所歌咏的黄昏的景色：

> 呵呵，落日的色彩呀！呵呵，不回归的光线呀！
> 透明的云像花束一般悬在天空，
> 原野昏暗了，不可深知的森林
> 像死去一般地困乏。
> 天空的蔷薇花，那没有形体的云，
> 像忧伤一般地看守着
> 悲哀的山岭，贫穷的村庄，没有名称的村庄
> 垂头丧气的村庄，孤独冷寂的村庄，容衰色消的村庄。

关于巴尔芒特，研究俄国文学的专家，日本文学家升曙梦曾经这样写着："巴尔芒特最早的诗集是当时俄国诗坛上的一种惊异。它是描写近代人的纤细的情调和心情的新的语言。在当时俄国的诗坛上，它代表一切象征派和颓废派所尝试过的东西。"当然，诗人艾青底现阶段的发展已经说明了和巴尔芒特是决不相同的，不过诗人也是从象征派、意象派等流派中走过来的。因此，虽然诗人与巴尔芒特只是一种风貌上的近似，但这在根底上，正意味着诗人在创作过程中加强把握艺术契机底现实契机的必然性与重要性。

在诗人艾青底创作道路上，我们确信：随着诗人与人民交流的生活面的开展，随着诗人内在底诗的心弦的健壮，随着创作过程中

现实契机底深度的把握，同时，结合着诗人的艺术手法中底"最大限度地，丰富地给与形象底典型性的概括以个性化的可能"的素质，结合着以《他死在第二次》开始的新的创作课题，诗人底艺术方法无疑地将要呈现新的形态，时人将克服潜隐着的伤感忧郁的根源，以健康的生命的喜悦来展开人与人的世界底画幅，诗的风格也将融成完整的结晶。至于这种手法上的薄暗的阴影，将会十分自然地消泯了的吧。

三

现在我们叙述田间。

在一九三六年前后，这时候，中国的大地上笼罩着昏暗的阴云：一方面是日本帝国主义者的积极进行灭亡中国的阴谋与行动，一方面是中国本身的彷徨与迟疑，一方面是中国人民大众底热烈要求民族解放革命战争的愿望与决心；这是一个大风暴的前夕的日子。

这时候，中国的诗人们在这暴风雨的大时代前面感到种种的激动，苦闷，愤怒；诗人们开始了歌唱，呐喊……然而在一般的诗作里，有的诗人仍然没有能摆脱中国旧诗的韵脚、词汇与意境，有的诗人仍然迷恋着象征主义、神秘主义等等的形式和手法，有的仍然走着抽象歌颂真理与革命的道路。他们歌唱着激情，然而这激情是迟滞的、平静的；他们呐喊着愤怒，然而这愤怒是无力的、软弱的；他们描写了战斗与革命，然而这一切既抽象而且平庸，缺乏形象，缺乏力量，缺乏火光，缺乏感情。虽然有些歌唱"苦闷"的诗篇传达出一部分真实的感情，但是这种动摇懦怯的苦闷，既不是时代所需要的东西，也不是革命所需要的东西。

作为"海的一个"的"战斗的小伙伴"的诗人田间在这个时候出现了。他以简短的跃动的诗的行列,紧张的急驰的旋律,"含有野生的健康色泽"的诗的语言,歌唱"没有笑的祖国","黑色的大地","蓝色的森林","忧郁而无光的河";歌唱"斗争的火焰","春天的路","战斗"与"射击"。

田间底诗,完全与传统的诗底气氛不同,他的诗底感情的彩色不是柔和,而是强烈,不是和谐,而是富有远射力的急旋;而诗人在形式上,更跃过了一切旧形式的藩篱。

诗人底最初的诗作似乎并不属于这种风格,记得在一九三四年前后(也许是一九三三年,记不清了)出版的一期《新诗歌》杂志上,一位署名"田间"的所写的描写农村的诗,每行至少在十五个字上下,整整齐齐地排写着。诗人的形式的转变,诗人底新的形式,正如胡风先生所说:"是从他的诗心和生活的结合道路以及结合强度这上面产生出来的。"诗人是"海的一个",是"农民的孩子",是"时代的孩子",诗人站在就要来临的大风暴前面,他的年青的战斗的感情波涛一般地激动,火焰一般地燃烧;配合着他的急旋的内心情绪,配合着搏击的时代的脉搏,他创造了新的诗的形式。

他的形式的最大的特征是在利用诗句的分行(读起来的时候是中止和间歇)形成急驰的旋律,在旋律的起伏中间使读者的呼吸紧张起来,使读者对诗人所歌唱的意象获得强力的感印,激动起感情的涌流。这种形式是战斗的抒情诗的燃烧,不是燃烧着最高度的斗争的激情的诗人,他把握不住这种闪耀战斗火花的意象,他迸发不出这种激荡着战斗的喜悦的感情,他写不出这样的诗篇。

在这一意义上,诗人田间的新形式与玛雅珂夫斯基是十分相近的。关于玛雅珂夫斯基底诗的旋律与行列的变形,诗人阿舍也夫在

《怎样读玛雅珂夫斯基的诗》里写着：

> 行列，应该是依照人们呼吸的休止，或是一个意见的容量来决定；而韵律则是属于已写出来的那些字句里的。
>
> 玛雅珂夫斯基，每选择一句话，按其意义的重要，更换了它的抑扬调子，从一个相反的形式变成另一个形式，他的最自然的形象，就是对于他的诗的行列的变形，那些他特别要强调的话，就把它分行写，那些要或多或少地强调的，可以激动听众的愤怒、柔情和嘲笑的，他又作小的分行。……
>
> 行列的分散……玛雅珂夫斯基自己认为那是可能与读众建立相互关系的唯一的助力……

无疑的，诗人田间是受了玛雅珂夫斯基的影响的，这由诗人推崇玛雅珂夫斯基的文字上可以看得出来。不过玛雅珂夫斯基的诗译成中文的非常之少，而且相当零乱，不能看出他的风格底完整的形象与发展的道路，诗人田间凭着战斗的狂热的激情，健康的真理的信念，年青的诗的心弦，凝结成诗的晶体，"本能地""走近了""诗的大路"（胡风：《田间底诗》），而与玛雅珂夫斯基的道路相汇合了。

田间底新形式的表现方法不仅超越了一般的表现方法的庸俗性、退守性，而且融合了未来派的健康、力动、战斗的气质。诗人的诗不是陈述，不是控诉，而是闪电似的感情的突击。诗人的诗往往在开始的第一节就歌唱其他的诗人们在结尾的最后一节才歌唱出来的体象；诗人企图以爆发的情感的火花，远射的诗的旋律，组成燃烧的诗的体象，突击人们的感情氛围，把他们的战斗情绪提升到更高的阶段，更热的光度，提高到爆发与燃烧。

　　一般地说来，抗战以前的诗，诗人的"突击"是从感情的领域出发的，并且因为诗人还没有能完全运用新形式的机能。不能"与他所要歌唱的对象完全融合"，诗人常常不能把握真实的生活的体象与人的体象，而陷入在一种狂热的战斗的感情的歌唱里。例如题为《中国农村的故事》的长诗，诗中既没有人物，也没有故事，而只是感情突击的火花爆发。抗战以来，诗人在创作方法上更前进了一步，诗人的"突击"从"生活"的领域出发了。在诗人未到西北参加"战地服务团"之前的诗作里，我们还看见不少空泛的"诗人的"感情的歌唱，例如《棕红的土地》《这年代》《回忆着北方》《自由，向我们来了》……但是在到了西北之后，我们在诗人的诗里看见的是真实的战士的姿态，真实的人民战士，真实的战士感情；诗人的诗集《呈在大风砂里奔走的岗卫们》就是最好的说明。

　　无疑的，诗人底突击、战斗、急旋的诗篇，对于读者是不习惯的。因为中国的读者所熟悉的是和谐的旋律，整齐的字句，柔和的色调，完整的叙述与描写……但却没有经验过战斗的"突击"。因此，诗人的新形式遭受了许多攻击与非难。

　　同时，在战前，人们大半共同激奋于残酷污暗的现实，渴望着光明战斗的未来；诗人的"突击"正是从这一领域出发的，诗人所歌唱的感情的憧憬对于人们亲切而且熟知，但是在战争来临之后，人们都走进了战争生活里面；战争的领域是多方面的，多种多样的，战争对人们所起的感应也是各不相同的。这时候，当诗人从自己的生活领域中爆发出突击的火花的时候，许多生活领域或战斗情绪与诗人不一致的人们，往往不能理解诗人的突击的意向，不能理解诗人所歌唱的"感觉，意象，场景底色彩和情绪底跳动"的憧憬与意象，于是一些热心的读者与性急的批评者断然地发表了否定田间的新形式的结论。

在许多否定田间的评论之中，列论最多的是张振亚先生的《评田间底近作》。在那篇评论里，张先生首先提出了"诗人底巨大艰深任务"：

> 倘若诗人底巨大艰深任务，不仅在于满足智力底要求，供给精炼而有趣的事物，刻画伟大的感情、人物或事件，不仅在于呈露正确而具象的思想轮廓指示，更在于将有力而纯挚的人格感应与至纯真，至凝炼，至博大，至深澈的情绪，导入读者底精神里，那么，我们很容易感到田间近作底懦弱、浮浅与无力。

张振亚先生把"诗人底巨大艰深任务"说得这么含混，这么狭隘，事实上只把握了诗人创作方法——客观的诗底感情形象与主观的诗人底理念的结合底一面。张先生把这整个的有机的一面支解成二个"不仅……"与一个"更在于……"，列为"诗人底巨大艰深任务"。于是张先生所看到的"诗人底巨大艰深任务"不可避免地是歪曲了的、狭隘化了的、文字技术化而且脱离了现实课题的"任务"，从这个"任务"的观点出发，张先生接着提出了"深厚精博的思想体系之力"，提出了《浮士德》与巴斯加；好像一切的诗人如果不写叙事的史诗，就应该写抽象的哲理，否则就是"懦弱、浮浅、无力"。于是张先生就这样武断地抹杀了战争的抒情诗的意义与存在，建立了片面的否定田间底诗的内容的前提。

接着，张先生更进一步否定了田间底新形式：

……诗人似乎远离了过去文化遗产的影响……他不懂得依照传统方式制作诗底高级真实；他不会，如歌德在《浮士德》中所表现，用象征变形法，去铸作他的诗。……

……不为了押韵，也不为旁的合理原因，我们的诗人经常地把他的本来就不长的诗句破断地分为数行写出来：形成他的诗底一字一行，二字一行或三字一行底特色。如果一般有韵诗底好处，在于借押韵关系，使诗底思索路线一行一行跳跃，因而形成综杂交错且具音乐性的美；如果一般无韵诗底好处，在于借语句底完整使思索单位昌沛地倾泄出来，因而，构成澎湃汹涌的力，那么，由于无韵和破断，田间先生底诗底形式，是没有机缘来具有任何一种好处的。而且，诗人田间制作出的破断凝固形式，渐渐僵化了；无能反映要求着形式底多样变幻与开展的伟大丰富现实，而这伟大丰富现实，正是我们诗人所亟欲表现、刻绘的。

在这里，张先生把诗底"形式"与"创作方法"弄混乱了，而且根本就不了解田间的新形式的成长与发展的道路，张先生只从"形式"上，而且是以"传统方式"，以"象征变形法"，以"一般有韵诗""一般无韵诗底好处"为准则来评定田间的诗。但是为什么面迎着血与火的现实的田间，抒写着人民与人民的战士，歌唱着"赞美斗争，渴望光明，热爱祖国，尊重群众的思想"（张振亚：《评田间底近作》）的田间，要用"象征变形法""铸作他的诗"呢？同时，难道"传统的""一般的""方式"就是无上的唯一的写诗法则吗？难道"无韵诗"就不能借"破断"（分行、间歇、中止），借旋律，"使诗底思索路线一行一行跳跃，因而形成综杂交错且具音乐性的美"或者因而"使思索单位昌沛地倾泄出来","构成澎湃汹涌的力"吗?

无疑的,机械地把内容与形式分离开来,主观地崇拜某一种形式或否定某一种形式,这都是不对的。并且,张先生所根据的"象征变形法"和"传统的""一般的""方式"根本就不能作为否定田间的新形式的论据。

关于《浮士德》,高尔基在《我的文学修养》里,当论到"典型与性格"的创造的时候,这样写着:"歌德的《浮士德》是艺术创作的最伟大的产物之一,这是'考案',虚构,更正确地说:是'臆测',把思想体现于形象的东西。"接着,高尔基叙述了歌德所创造的浮士德以及"许多为国民所熟知的人物"。在这里,高尔基论述《浮士德》,只是作为一个例子,"肯定"创作方法上的一种"法则"——典型的创造与概括。高尔基这样写着:

> 这两个例子,更加肯定了以上所说的话。"匿名的"艺术……也是依照抽象了各个社会典型的本质的特征,把这些特征具体化及概括于其集团中的一个人物之中这个法则的。艺术家严格地遵照这个法则,在"典型"的创作上便会得到帮助。……

显然的,高尔基提示的是"法则",是"原理",而不是叫我们机械地模仿《浮士德》;同时,高尔基也只不过说《浮士德》这部著作是"思想体现于形象的东西",却并没有告诉我们什么"象征变形法"。至于诗人田间必须学习的"象征变形法"到底是什么东西,张先生没有解释,而田间的诗为什么要走"象征变形法"的道路,张这是十分明白的：诗人田间的新形式不仅有它产生的现实的根源，而且有它存在的现实的意义。张振亚先生批评田间的诗，既无视现实中歌唱战斗的抒情诗篇的意义与价值，又不了解田间的成长与发展的道路，而只固持着"象征变形法"，"一般的""有韵诗""无韵诗"的"好处"，"深厚的思想体系之力"，以为这是一切样式的诗的艺术完成的唯一的典范，并且还作为衡定诗的形式的准则。——在这里，我们可以很清楚地看得出来，张先生根本就不可能批评田间底诗，因为他的批评方法首先就走入了主观主义的观念论的歧途。因此，在《评田间底近作》里，张先生对"田间底近作"只能作一种主观的零乱的印象的记述，而不能作一篇辩证的有系统的评论。

田间底近作《呈在大风砂里奔走的岗卫们》中的诗篇，无疑地是失败多于成功的。但是失败在什么地方呢？成功在什么地方呢？张先生所说的"浮浅""无力"是从哪里来的呢？张先生所说的"新鲜""质朴"又是从哪里来的呢？田间以后的发展道路又应该是什么方向呢？——张先生没有说。在《评田间近底作》里，张先生只逐篇地告诉了我们一些繁琐的拉杂的模糊的"印象"。张先生的"印象"的总论是："诗人田间底近作，虽显示出一些懦弱，但是却充溢着些不无几分新鲜，原始，质朴色调的气息"，但是什么叫做"不无几分"呢？有就是有，无就是无，而"不无几分"意味着若有若无，这仍然不外是感官底精微的辨味与印象罢了。——当然，我们不反对批评叙述印象，但是当批评者走上了主观的"唯印象论"的道路的时候，批评者必然地就会粉饰或者损伤批评的对象，必然地歪曲了批评对象的真实的形象。

这样，根据"印象"，张先生称田间的诗的内容是"外强中干而具有浪费性的内容"，"简略拘缩"的内容；田间的诗的形式是"破断凝固的形式,渐渐僵化了";同时,从这种"蹩脚文字组合"的内容与形式之中,张先生又感到了"不无几分新鲜,原始(?——吕荧),质朴色调的气息"。此外,代替了诗人田间底诗的创作的道路的说明与指正,张先生却抓住了一些支解的字句甚至是标点符号,大加挑剔,铺张嘲笑。例如吧,张先生嘲笑《史沫特莱和我们在一起》的结尾的两句诗:

她笑着,
在中国。

张先生以为这两句诗"形成了一个不均衡的对比",并且写道:"想想看,如果有人说:'我吃饭,在世界上。'那将是件多么可笑的事。"——事实上这两句诗根本就不是什么"对比",所以也无所谓均衡"不均衡"。而且,史沫特莱是一个美国的女子,是一个世界知名的作家,是世界劳苦大众的友人,是中国人民大众的友人:在今天,她在中国,她参加了中国民族解放战争的阵营,她和中国的战友们站在一起战斗;"她笑","为生活""为斗争""而笑"。"她底笑"拥抱着中国的战友们;她的中国战友之一的诗人田间歌唱:"她笑着,在中国。"这两句诗的深蓄的含意决不是"我吃饭,在世界上"所能代替所能并比的,就是"她吃饭,在中国"也不能拿来代替原有的诗句。这在理解力稍稍清晰一点的人是十分明白的事,张先生却沾沾自喜地写道:"那将是件多么可笑的事!"再例如吧,在批评《他弹起了弦子》里,张先生除开嘲笑了"惊叹符号"(!)而外,又肯定了田间的"常识的无知":"诗的跳跃与暗示是建筑在常识的合理上;而词不达意与表现模糊,却发源于常识的无知。将后者误作前者，是诗人底危机。"——但是事实上，"诗的跳跃与暗示"虽然应该"合理"，可是并不是"建筑在常识的合理上"，而是建筑在诗的感情形象的完整的发展上；"词不达意表现模糊"与诗人的诗的技巧紧密地联系着，这"发源于"诗人拥抱感情世界以及体现感情形象的能力的不够，却并不是"发源于常识的无知"，诗人田间不是一个小孩子，也不是一个无常识的人，而且他并不是用"常识的合理"来写诗的，所以事实上，这种"常识诗论"正表现了我们的批评者底"诗"的理解的庸俗与肤浅。

此外，张先生还写了一些关涉到诗人的创作态度的评论。例如："诗人像歌颂上帝似的，在《给丁玲同志》里，呼唤着丁玲底名字，诗人底表现未能满足他的企图，他如何奢望着把他的滚烫的崇敬与诚意奉献出来呵；但是他的呼声如一阵轻风掠过我们的耳际。"又有："《在村底演奏》一诗中，流露着一些教训口吻。诗人如站在高台上般，喊道：民众们！你们要这样！你们要那样！诗人把自己和那些被称为'你们'的民众们隔离起来。"——在事实上，凡是读过《给丁玲同志》的人，都知道这首诗比《给萧红》等完整得多，诗人对丁玲的"崇敬"与"诚意"也表现得适度而且真实。诗人在诗里提出"丁玲底名字"，一同还提出了"神圣的""工作""对祖国""对斗争"——"以爱情"，"永远地""前进"；诗人，只是歌颂一个值得"奉献"同志的"崇敬"与"诚意"的同志，并没有"歌颂上帝"。而《在村底演奏》这首诗虽然较少形象性的画面，但是却充溢着诚挚的亲切的召唤与劝说的感情；诗人既没有"流露""一些教训口吻"，也并没有"把自己和那些被称为'你们'的民众隔离起来"，而只是"当战争的晚间"，向民众们公演，宣传，歌唱。——张先生这种颠倒是非的说法，损伤批评对象的歪曲，这正是张先生的主观主义的批评方法所必然达到的结论。

这样，张先生的《评田间底近作》的"结论"也是十分使人费解的："'要忠实你自己，好像黑夜跟随着白天一般，你也不至于对不起人'是哈孟雷特底名句。希望诗人田间忠实于作为诗人的田间，忠实于诗……"

在这里，张先生所引的"哈孟雷特底名句"与上文所说到的《浮士德》的"象征变形法"同样地使我们莫名其妙。诗人田间有什么地方不"忠实于作为诗人的田间"，不"忠实于诗"呢？抗战发生不久，诗人田间就到了战地，加入了丁玲先生领导的"西北战地服务团"，田间在服务团的生活、工作、学习写作的概况，丁玲先生在《呈在大风砂里奔走的岗卫们》的《序》里说得十分具体。至于创作方面，诗人虽然没有什么成功，但是无疑地是尽了最大的努力，难道诗人田间会故意地不表现"自己想歌唱，应歌唱，愿歌唱的东西"吗？张先生忠告田间忠实于自己，忠实于诗，当然张先生以为田间是"不忠实"的，那么这"不忠实"是什么呢？张先生没有说明，张先生事实上不可能说明，因为诗人田间根本没有什么不忠实的地方。张先生的"结论"如此的空洞，含混，文不对题，这更说明了张先生对于田间的诗的无理解：张先生既不了解田间的诗的成长与发展的道路，又不了解战争的抒情诗的现实意义。当然，张先生的分析不能解明田间的优点与缺点的根源，张先生的结论也不能解明田间的诗的去路。

那么，什么是田间的诗的去路呢？

现阶段的田间的诗正经历着一个演化的时期。一方面在创作方向上前进了一步，从感情的领域进入了生活的领域；而另一方面，在诗的形象的体验与体现上，仍然停滞在"突击"的阶段，仍然停滞在"感觉,意象,场景的色彩和情绪的跳动上";诗人在创作方法上还没有能充分地展开向生活深处把握的能力。诗人的突击所集中的火与力,所绘写所歌唱的形象或感情,往往只是诗人自己的生活中感情感印最强烈的形象或感情,而并不是含有现实生活全相中最本质的最深刻的素质的形象或感情。例如《史沫特莱和我们在一起》中的"笑",《给一个南斯拉夫公民》中的"孩子",《给萧红》中的"哭泣",《西方的路上》中的"民众,要去了!",《早上,我们会操》中的"蓝色";还有《出去了,他……》,这是一篇具有这一风格的最大特征的作品。但是,这些突击的火花似的形象与感情,对于许多生活领域与斗争情绪与诗人不一致的人们,往往是难以理解的。例如张振亚先生就这样写着:"《出去了,他……》是篇既窳陋又稀松的东西。我不明白:为什么这会是篇诗。"

同时,"突击"的战斗的诗篇虽然要求简明、真实、深刻的语言,要求集中诗的火与力的手法,要求富于感情的远射力与燃烧力的旋律,然而在人物形象的体现上,并不弃绝深入的完整的叙述与描写。这种叙述与描写不仅不破坏,而且正强化感情世界与诗的世界的高级的完整与和谐。诗人田间在这一点上是失败了的,诗人体现诗的人物形象正如燃烧感情的火花一样,只是爆发与突击。例如在《我们底管理员朱文三》《给一个南斯拉夫公民》《出去了,他……》这几首诗里,诗人不得不用小注来帮助解述诗的内容;在《人民底舞》里,诗人抒写出了一个伟大的场面,但是它的形象没有凸现,没有凝结;只使人觉得混乱,觉得粗糙。尤其在有些诗篇里,诗人似乎追求着一种形式上的章法的完整与修琢。但是诗人不由感情形象的完整的拥抱与体现着手,反而低抑了在他初期诗作中奔跃的战斗的激流;因此,这些诗只成为一些光火晦暗的变形的小诗化的作品，同时，诗人的形象的描写不够"饱满明悉"，常常只是轮廓化了的人物。——当这一切的形象被真实地成功地抒写出来的时候，人们则感到的不过是"新鲜，朴质"；而当诗人失败了的时候，人们则感到了"浮浅，无力"。

然而无论如何，诗人田间是一个还没有完成的诗人，是一个在演化发展过程中的诗人，诗人具有的弱点和失败，这是不可避免也是不必隐讳的；然而我们不能因为诗人有弱点和失败，就抹杀了他的成功，他的发展，乃至于他的存在。

诗人田间近来发动了"街头诗，传单诗"的运动，这一运动将使诗人与战斗与人民大众更亲密地站在一起；在田间的诗的发展上，无疑的，这一运动有决定的意义与作用。首先，诗人的诗的语言能够得到澄清和洗炼，能够丰富，能够获得新的生命。田间的语言，正如胡风先生在《田间底诗》里所论述的"……和感觉力底新颖相副，田间君底字汇和句法含有野生的健康色泽，但同时也就时常不管字或词儿底原有含义，依着一时的感觉放在别人不容易理解地位上面，犯了时人最易犯的毛病"。就在最近的诗人的诗作里，我们还可以看到许多生硬勉强的字句，例如"她笑，从苍白的齿间吹出——年幼的声调"（《史沫特莱和我们在一起》），"强暴的磨折，……也不能阻止我们，对祖国，对斗争，——以爱情"（《给丁玲同志》）。"他们，会把神经，扭向窗外，用嘴唇，吸着它"（《播音》），"因为，汉奸和敌兵，无耻着，荒淫着，阴笑着"（《人民底舞》）……诗人田间要抒写人民大众的形象，要歌唱人民大众的战斗与生活，无疑地必须从人民大众中间汲取活的语言，最真实最美丽的文学语言。

同时，更重要的，"街头诗""传单诗"是以人民大众为对象，以具体的战争的以及政治的事件为题材的；这种诗在一方面和诗人的诗的"突击"是完全合致的，但是在另一方面，这也正课给了诗人以把握完整的生活底思想性与情绪世界的课题。因为只有在完成了这一基本的创作课题之后，诗人的诗篇才能道出人民大众的真实的心的语言，才能燃烧起最光辉的诗的火花，才能激发最伟大的感情的奔流，才能为那些从田野从乡村从工厂从矿山走出来的人们底真朴的雄伟的歌声所歌唱；而诗人的手法、章法、形式才能开放出全新的彩色花朵。否则，诗人只有在突击的意象世界里东奔西驰，接触不到完整的生活的形象，接触不到完整的生命，终于精疲力竭，溃败而已。

四

诗人艾青与田间，他们的诗的形式、章法与格律，他们晶结感情形象的意向与风格，他们体现感情形象的方法与道路，正说明着他们是代表着两种不同的传统，不同的方向。在创作方法方面，一个是经历过所有的诗的形式，积蓄着丰富的艺术经验，达到了风格的完成的诗人；另一个是创造了新的形式，还没有完成自己，还没有能完全运用新形式的机能，不能"与他所要歌唱的对象完全融合"，正经历着演化发展时期的诗人。在意识范畴方面，一个是以"农人的后裔"的智慧者的感情的意象憧憬着土地与人民的新生的诗人，另一个是以人民大众的战士底燃烧的热情歌唱着真理与斗争的诗人。在"诗"的体认方面：一个是"把时代打击在我们的心上的创痕纪录给人家看，因为我们的控诉不希求同情更不接受抚慰"（艾青：《诗论掇拾》），另一个是"呼喊"，"战斗的歌唱"，以"年青的笔""养育""斗争的火焰"(田间:《走向中国田野的歌》)。

诗人艾青是旧风格的综合,是一朵苍劲素美的盛开的季节的花朵;诗人田间是新的风格的创始,是一朵野生的火一般鲜红的蓓蕾的季节的花朵。

在今天我们常常看到许多人喜爱艾青而不了解田间,这固然由于田间还没有完成自己的艺术的原故,然而更主要的,却是因为艾青的诗底感情形象以及憧憬的境界与我们——大多数是"农人的后裔"的智识分子们——更为接近的原故。就杨云璀先生在给胡风先生的信里所举的例子来说吧,杨云璀先生在《乞丐》与《荣誉战士》这两首诗里,看到了《乞丐》的诗句比《荣誉战士》更"明朗"。可是在另外一些人们呢?那些"为着""祖国""流了血"的"荣誉战士"们,他们也许没有心情来理解——

在北方,
乞丐用固执的眼,
凝视着你,
看你在吃任何食物,
和你用指甲剔牙齿的样子。

(艾青:《乞丐》)

这样悲哀的人的弱者的图画的价值与意义,生活在战斗与成长之中的他们,对——

那女人,
今天

>   坐在欢迎会的
>   院落，
>   一面
>   喂她底
>   乳儿，
>   听着
>   演说；
>   从顽强的脸孔上，
>   浮涌着
>   战斗的
>   欢喜，
>   战斗的
>   笑红，
>   ——因为她啊，
>   也流了血
>   为着
>   祖国。
>
>   （田间：《荣誉战士》）

这段人的叙述倒会感到更亲切的明朗的喜悦。假如你对他们朗诵这首诗，一些女荣誉战士们也许会兴奋地告诉你：这就是写的王大娘——王大娘上了诗了！……

田间和艾青的诗的本质的差异，我们还可以举一个例子，在《七月》第一集第三期上，十分凑巧地一并刊载了田间的一首《自由，向我们来了》（《战斗的抒情小诗》之一）与艾青的一首《他起来了》；这两首诗的内容同样都是歌唱战斗的感情的。

> 他起来了——
> 从几十年的屈辱里
> 从敌人为他掘好的深坑旁边
> 他的脸上淋着血
> 他的胸上也淋着血
> 但他却笑着
> ——他从来没有如此地笑过
>
> 他笑着
> 两眼前望且闪光
> 像在寻找
> 那给他倒地的一击的敌人
>
> 他起来了
> 他起来
> 将比一切兽类更勇猛
> 又比一般人类更聪明
> 因为他必须如此——
> 因为他
> 必须从敌人的死亡
> 夺回来自己的生存
>
> 一九三七年十月十二日
>
> （艾青：《他起来了》）

悲哀的
种族，
我们必须战争啊！
九月的窗外，
亚细亚的
田野上，
自由呵……
从血的那边
从兄弟的尸骸那边
向我们来了
像暴风雨，
像海燕。

（田间：《自由，向我们来了》）

这两首诗里面，《他起来了》章法是完整的，字句是经过锤炼的，但是一些空洞的排比的诗句阻断了感情的涌流，我们看不见战斗感情的容貌；那个"脸上淋着血"，"胸上也淋着血"，"笑着"，"两眼前望且闪光"的"他"，并不像是一个"勇猛""聪明"的战士的形象，倒更像是一个疯狂的杀人者的形象。《自由，向我们来了》没有章法的承合，没有着意的描写，但是诗中起伏着战斗的脉搏和感情。

诗人艾青是在三年前写作《他起来了》的，并且诗人极少写作类似这样的歌唱战斗感情的诗，这当然不能代表诗人的作品；但是，由这首诗的失败，我们可以体认出诗人本质的风格的方向是不在这一方面的。而诗人田间在写作了《战斗的抒情小诗》之后，进而献身给战争,投身于战争生活里面,发动了"街头诗"运动,从人民大众的战争生活的实感里,"从人民对于政治事变的突发的感应里","把政治动员溶化进去",把人民的战斗情绪发动起来:诗人把诗篇与战斗任务直接地系结起来。——在这里,诗人也许成长,也许"溃败",然而,我们不能不体认诗人田间是"第一个抛弃了智识分子底灵魂的战争诗人和民众诗人"(胡风:《关于诗与田间底诗》)。尤其在今天,我们更需要这样的走向战争与民众的诗人。

约瑟夫曾经在《论党的工作缺点》里,叙说了一个古代希腊神话里的英雄安泰的故事:安泰的父亲是海神波赛东,母亲是地神盖亚,安泰非常爱这生育、抚养、教导了他的母亲;每次当他与敌人战斗陷入危急的时候,他只要在他母亲——大地——身上靠一下,他就得到新的力量,终于打败他的敌人。不过他有一个弱点,就是怕敌人使他脱离地面。有一次,他碰到一个敌人盖尔枯里斯,盖尔枯里斯知道他的弱点,就把他举在空中,使他失去与地面接触的可能,把他在空中扼死了。——约瑟夫用这个故事警惕同志们:"也正好似安泰一样,布尔塞维克之所以强有力,就是因为他们与自己那教育、抚养、教导了他们的母亲,即群众保持着联系"的原故。

同样,这个故事也正警惕着文化工作者的诗人们,假如诗人们与"生育、抚养、教导自己的母亲"——现实生活——脱离了联系的时候,也将正如安泰一样,将要被人扼死,而这死刑的执行者不是别人,将正是诗人自己!

无疑的,在今天的血与火的中国,伟大的苦难的现实正养育着无数的未来的诗人,从这样丰富肥沃的生活土壤里,将有无数的鲜丽的花朵生长出来,但是每一朵花必须有它自己的形、色、味、相、香,必须有个性化的风貌、形象与芬芳,这样才能有被称为真正的

诗人的"人的花朵"的价值与意义,在今天,我们看见有些诗人也把诗句截得短短的排列起来,有些诗人也悲苦地写着:

贫穷的国度
寒冷的国度呀

但这是摹仿,这不是诗,更不是艺术。

诗的道路是艰难的,然而在我们之前曾经走过了荷马、莎士比亚、歌德、席勒、普希金、海涅、拜伦、雪莱……他们遗留给了我们诗与人,诗与现实,诗与艺术底"真""纯"的结合的形象,遗留给了我们光辉的成功的轨迹。

中国的诗人们,坚实地强韧地养育自己吧。中国的人民,中国人民的母亲大地,都等待着你们的成长。

一九四〇年八月

鲁迅的艺术方法

一

鲁迅是一个作家，然而首先，他是一个战士。

鲁迅写作了大量的小说、散文、杂文、历史小说；这一切作品正像一株翁郁苍茂的大树所分生的枝叶，它们都是从一个根苗上萌发出来的。这单一的"创作总根"是"爱"与"憎"，是战斗。

在《而已集》里，鲁迅自己写着："创作总根于爱。"（《小杂感》）又在《且介亭杂文二集》里写着：

> 至于文人，则不但要以热烈的憎，向"异己"者进攻，还得以热烈的憎，向"死的说教者"抗战。在现在这"可怜"的时代，能杀才能生，能憎才能爱，能生能爱，才能文。彼兑飞说得好：
>
> 我的爱并不是欢欣安静的人家，
> 花园似的，将平和一门关住，
> 其中有"幸福"慈爱地往来，
> 而抚养那"欢欣"，那娇小的仙女。
> 我的爱，就如荒凉的沙漠一般——
> 一个大盗似的嫉妒在那里霸着：

他的剑是绝望的疯狂,

而每一刺是各样的谋杀!

(《七论"文人相轻"——两伤》)

于是,当一九一八年的时候,怀着"毁坏这铁屋的希望"(《呐喊·自序》),鲁迅发表了第一篇小说《狂人日记》。这是一篇向古老的"吃人"的封建社会宣布的无情斗争,是一篇揭示新的社会观、人生观、历史观的宣言。在以后的小说集《呐喊》《彷徨》里,鲁迅无情地描写了阿Q、孔乙己、祥林嫂等形象,然而他的主旨并不在嘲笑这些人们,也不在唾弃这些人们,更深的内容乃是在爱他们。鲁迅在他的自叙的文章里曾经一再地说过,他的改医学文是为了要救无知的愚戆的人民和人民的"孩子"。

然而应和着半殖民地半封建的中国革命过程的复杂性与特殊性,作为人民的战士的作家鲁迅底发展过程是曲折而且艰苦的,鲁迅生活在十九世纪末期二十世纪初期的中国,经历过清朝的统治,封建军阀的统治,他的"呐喊","彷徨",以及进一步的前进,清晰地显示出一个有血有肉,有憎有爱,有欢乐有悲伤,有战斗有苦闷的人民底作家的真实的形象:体现了一个忠实的战士底真正的伟大。

早在辛亥革命之前,鲁迅就加入过光复会,是一个积极的新派革命分子(许寿裳编:《鲁迅年谱》)。可是,由于辛亥革命的妥协性,革了命之后,"民国"虽然成立了,国民们脑子后面的辫子是"革"掉了,而腐臭污暗的封建势力仍然统治着中国,残害着中国的人民。鲁迅——一个正直的忠实的革命者,眼看着这种情况,感到巨大的失望和悲观,于是就退居在北平的会馆里,抄起碑帖来了(《呐喊·自序》)。然而五四运动当时的图谋推翻封建势力的具体行动与口号，无疑地刺激了鲁迅的消沉的心。从一九一八年起，鲁迅开始"呐喊"了，他写作小说，同时也写作许多攻击"国粹主义""体教制度"的辛辣的短文（收在《热风》与《坟》中），这也就是鲁迅写作杂文的开始。可是没有经过多久，新运动者们及其阶层在抬起了头之后，高高在上了，就妥协了。这对于忠实的人民的战士们，是一个空前的伤痛的时代悲剧。

对于那一阶层的不可靠，自礼虚伪，鲁迅很早就意识着的。在一九二〇年写的《头发的故事》里，鲁迅沉痛地写着：

> 我要借了阿尔志跋绥夫的话问你们：你们将黄金时代的出现预约给这些人们的子孙了，但有什么给这些人们自己呢？

在一九二一年，鲁迅又写了一篇近乎杂文的小说《智识即罪恶》（《热风》）。在这篇小说里，富翁朱朗翁做了阎王，而被新文化运动唤醒的人民都下了地狱，这是描写军阀政权的一幅绝妙的讽刺画。

同时，在这个时候，鲁迅底智识分子阶层中的战友都死的死了，降的降了，"新青年的团体散掉了，有的高升，有的退隐，有的前进"，只剩下鲁迅一个人"落得一个'作家'的头衔，依然在沙漠中走来走去"。这时候，鲁迅看出了那班人用黄金的光芒粉饰着的黎明的虚伪，但是不能看见希望中的新的世界，也"不知道这'新的'该是什么，而且也不知道'新的'起来之后，是否一定就好"（《且介亭杂文·答国际文学社问》）。"新的战友在那里呢？"光明和真理的道路在哪里呢？而四周又是"无物之阵"，一切都是黑暗的势力；"于是失望，颓唐得很了"（《南腔北调集·〈自选集〉自序》）。在这个时候，鲁迅写作了悲愤的《影的告别》（《野草》）：

> 有我所不乐意的在天堂里，我不愿去；有我所不乐意的在地狱里，我不愿去；有我所不乐意的在你们将来的黄金世界里，我不愿去。
>
> 然而你就是我所不乐意的。
>
> 朋友，我不想跟随你了，我不愿住。
>
> 我不愿意！
>
> 呜呼呜呼，我不愿意，我不如彷徨于无地。

鲁迅写作了小说集《彷徨》。

不过这"彷徨"，在鲁迅，它不仅是历史过程中的一幕时代的悲剧，而且也是孕生新人的苦痛。在最初，鲁迅对于新的人民革命是多少抱着怀疑态度的，因为鲁迅"见过辛亥革命，见过二次革命，见过袁世凯称帝，张勋复辟"，"又经验了一回，同一战阵中的伙伴还是会这么变化"（《南腔北调集·〈自选集〉自序》）；却没有见过一个真正为了人民的革命。关于这，在《答国际文学社问》（《且介亭杂文》）里，鲁迅有坦直的自述，可是到后来，当他从现实中真正地看清楚了人民大众是在这一边的时候，他于是也束起他的长袍，向着这方向走去了。

正当着这个时代，封建军阀与人民之间的情势日益恶劣了，浓重的黑暗与革命者的鲜血污塞了鲁迅的呼吸。作为战士的作家，"敢于直面惨淡的人生，敢于正视淋漓的鲜血"的"真的猛士"（《华盖集续编·记念刘和珍君》），不得不用最轻便的武器来应战，于是鲁迅终结了小说的时代，开始了长期的杂文的写作。同时，杂文的形式也是融和着鲁迅底战士的气质与天才的文学风格的最一致的形式。

鲁迅的作品：从一九一八年到一九二五年写作了小说集《呐喊》《彷徨》，还有三篇历史小说——《补天》（一九二二）、《奔月》、《铸剑》（一九二六）；一九二四年到一九二七年写作了散文集《野草》《朝花夕拾》；在同时，鲁迅也写作杂文：《热风》（一九一八——一九二四）、《坟》的一部分（一九一八——一九二五）、《华盖集》（一九二五）、《华盖集续编》（一九二六）；而在一九二七年之后，小说和散文都停止了，连续写作了十年的杂文：《而已集》（一九二七），《三闲集》（一九二七、一九二八、一九二九），《二心集》（一九三〇、一九三一），《伪自由书》（一九三二），《南腔北调集》（一九三二），《准风月谈》（一九三三），《花边文学》（一九三三），《且介亭杂文三集》（一九三四、一九三五、一九三六），《集外集》（一九〇三——一九三三），《集外集拾遗》（一九〇九——一九三六）；只在一九三五年曾经写过几篇历史小说。

终结鲁迅的一生，战士的作家的本质；对人民大众的爱与为人民大众而战斗，这一观念是一条内心的红线，贯穿了鲁迅底全部作品——这决定了他的作品从小说到杂文的体现形式的遭递，决定了他的小说主题的社会意识性与暴露性的范畴，决定了他的散记体底形态和风格的特征，规律和发展的方向；同时，也说明了鲁迅的伟大光荣的价值：第一个中国人民底作家。

二

关于创作小说的意向，鲁迅自己写着：

> 我怎么做起小说来？……不过想利用他的力量，来改良

社会。

……

自然，做起小说来，总不免自己有些主见的。例如，说到"为什么"做小说罢，我仍抱着十多年前的"启蒙主义"，以为必须是"为人生"，而且要改良这人生。

（《南腔北调集·我怎么做起小说来》）

自然，在这中间，也不免夹杂些将旧社会的病根暴露出来，催人留心，设法加以疗治的希望。……

（《南腔北调集·〈自选集〉自序》）

……所以我的取材，多采自病态社会的不幸的人们中，意思是在揭出病苦，引起疗救的注意。……

（《南腔北调集·我怎么做起小说来》）

由于这一意识而产生的鲁迅的小说，无疑地是属于暴露性范畴的作品，它的内容具有明显的社会意识性，而且，作品中的人物多半是否定的形态。

鲁迅的小说底创作主题，一般地说来，可以分做三类：第一类是人物的性格与形象的刻画（如《孔乙己》《阿Q正传》《祝福》《高老夫子》《孤独者》），第二类是社会体相与人的悲喜剧的素描（如《药》《明天》《风波》《示众》《离婚》），第三类是象征理念的体现（如《狂人日记》《长明灯》），这三类主题都是暴露的社会意义性的产物。

由于作品内容的暴露性的范畴，根据创作主题的有限的分类，我们可以通过作品内容底共同的现实社会的基线，把鲁迅的全部小说编成二部社会性的著作：第一部是辛亥革命前后中国封建农村社会中农民底生活与形象的图画，第二部是五四运动前后的新旧智识分子底意识形态与代表人物的剪影。（附注：《呐喊》里的《一件小事》《头发的故事》《兔和猫》《鸭的喜剧》，近似回忆的散文，不列入这两部作品之内。）

第一部作品里可以编集的小说有《孔乙己》《药》《明天》《风波》《故乡》《阿Q正传》《社戏》《祝福》《长明灯》《离婚》。在这部作品里，我们看到农民生活氛围的图画（《风波》《明天》《社戏》），看到天性朴质纯良，但是被历史社会残害弯曲了的农民的形象（《孔乙己》《阿Q正传》《故乡》《祝福》《离婚》），看到买卖婚姻、礼教制度之下的女性牺牲者（《祝福》），看到人民对于辛亥革命的愚昧与"革命"的妥协性（《药》《阿Q正传》），看到天真的人的悲喜剧（《风波》《明天》《离婚》）……

第二部作品里可以编集的小说有《狂人日记》《白光》《端午节》《在酒楼上》《幸福的家庭》《肥皂》《示众》《高老夫子》《孤独者》《伤逝》《弟兄》。在这部作品里，我们看到旧的小市民智识分子底生活观念的一面（《端午节》），生活道路的一角（《白光》），腐臭相的一形态（《肥皂》），虚伪的仁义道德的一影（《弟兄》）；看到革命后改头换面的旧智识分子的残滓底丑恶与庸俗（《高老夫子》）；看到战败了的各式各样的新智识分子；敷敷衍衍模模糊糊的悲观的消极者（《在酒楼上》），空做"幸福"的幻梦的投降者（《幸福的家庭》），受伤的狼的战士（《孤独者》），新女性的牺牲者（《伤逝》）；而素描的《示众》，正是这充满了污暗的旧势力与浑浑噩噩的小市民群的社会氛围的写照。

法国作家巴尔札克曾经把他的小说编成一部《人间喜剧》，作为表现从封建制度的没落到七月君主国的告终这一时期的法兰西社会底伟大的史诗。鲁迅在最初写作这些小说的时候,并没有意识地表现一个时代的社会的历史或生活的企图;因此,他这两部作品不能够做到巴尔扎克所说的那样:"不遗漏人生的任何一方面,不遗漏任何一种典型,任何一个男人或者女人的性格,任何一个职业,任何一个生活方式,任何一个社会集团,任何一个法国区域,不遗漏儿童时代,老年时代,不遗漏政治、法律和军事生活。"

鲁迅的作品缺乏巴尔扎克那样的细节的描写,众多的人物,广大的生活面,精织的花边与纹路,但是也正具有同样的史诗意义与价值。因为首先,鲁迅的作品所描写的是"真实"。鲁迅自己生长在农村里的乡绅家中,和农民们有过共同的生活;后来与旧势力作战,看见过许多腐朽的旧人物,又接触过一些新智识分子的战友;于是十分自然地,鲁迅以这两个社会集团的人物与生活作为小说中的形象。在写作史诗的课题上,散记体的鲁迅的小说虽然是有许多缺点,可是通过典型形象的刻画与艺术风格的独创,鲁迅体现了辛亥革命与五四时代的两个社会集团底简朴的风俗画与素描的人物志。

鲁迅写作的小说在主题上虽然沿着比较狭窄的"暴露病根"的道路前进,然而在理念上却开展着对未来怀抱无穷希望的广阔的远景;在《好的故事》(《野草》)里,鲁迅曾经写过一幅美丽的人的世界与人的故事底诗的憧憬。同时,鲁迅未来的希望和憧憬并不是空洞的个人的幻梦,而是寄托在人民大众身上的理想;在《故乡》里,鲁迅悲痛于他与闰土之间的社会的障壁,写着:

> 我想:我竟与闰土隔绝到这地步了,但我们的后辈还是一气,宏儿不是正在想念水生么。我希望他们不再像我,又大家隔膜起来⋯⋯然而我又不愿意他们因为要一气,都如我的辛苦

展转而生活，也不愿意他们都如闰土的辛苦麻木而生活，也不愿意都如别人的辛苦恣睢而生活。他们应该有新的生活，为我们所未经生活过的。

鲁迅以人民的未来作为斗争和写作的目的。在他的理念的本质上，已孕育着将来的新的方向。同时，也正是这一理念，它使鲁迅的作品底内容丰富着战斗性的激情与光辉，呼吸着现实的生命气息，辉映着天才的艺术彩色——超越过任何阶层的界限，任何时代的阴影，永生在人民大众的心的深处。

三

叙述鲁迅的艺术方法，在根底上，我们除了应该深入地探讨他的作品内容底社会性而外，还应该解明他的作品风格底内在的规律性，他的作品的形态、结构、人物、彩色……因为只有在这一意义上，我们才能接触到鲁迅作品底风格的本质和特质，才能理知他的艺术方法底完整的形象和发展的历程。

鲁迅的小说的形态，一般地说来是短篇的散记体的形态，它的风格是叙述的诗，它的结构是直线发展的演绎体的散记，它的人物多半是终结形态的形象，它的诗心渲染着情感的彩色，颤动着生命的呼吸。

虽然，鲁迅的小说《药》《风波》《明天》《示众》《弟兄》《离婚》，都描写一组人物的结合与交错，具有小说体的开展形态和结构：不过在战士的作家鲁迅身上，小说与散记体交互影响的结果，还是散记体取得了主导的地位。因为在本质上，散记体是表现作者底理念与憧憬最亲切的形式,在散记体的作品中,作者常常不需要经过什么特别的艺术的手法,就可以直接倾诉出他的内心灵魂的自白,可以直白地尽情地呐喊、放歌、痛苦、欢笑……鲁迅的名著《阿Q正传》实际上是这两种形态交融的产物,是一篇散记的小说体的作品。鲁迅写作最后两篇小说《弟兄》《离婚》以及后来的历史小说,似乎日渐注意结构的错综和完整,更看重情节的布置与人物的刻画;这显示着鲁迅底小说形态发展的未来的方向。

散记体的鲁迅的作品底风格是叙述的诗。鲁迅的小说里缺乏描写,不但写景缺乏,连人物形象的血肉描写也缺乏;关于著名的典型"阿Q",我们只知道他是一个"懒洋洋,瘦伶仃","黄辫子","在他头皮上,颇有几处不知起于何时的癞疮疤",剩下什么都不知道了。因此,鲁迅在一九三四年看了《戏》周刊上的"有点古里古怪"的阿Q画像之后,不得不写一封《寄〈戏〉周刊编者信》(《且介亭杂文一集》),对阿Q的形象加以说明。

散记体的鲁迅的小说底结构,缺乏全面展开的整体的画幅与错综的情节。鲁迅的小说,除去《阿Q正传》《祝福》《在酒楼上》《孤独者》《伤逝》而外,其他的小说的主题都局限于描写一件事的一面或是一个人的片断;小说中每一件事每一个人都是以定形了的终结形态出现的,他们有特定的社会的位置,他们有在固定的时间中的生活相,但是没有变动的时间的痕迹,没有连续的生活的开展。——这固然是短篇小说的固有的特点,然而结合着展开这些片断的终结形态的人物所用的直线的、演绎的、散记体的结构,形成了鲁迅的作品底形态的特质。

鲁迅的大部分小说,在结构的开展上,很少运用网式的交互错综的手法,多半运用直线的山岭起伏的布局,布局上最大的曲折,仅仅也只是在情节上构成山岭的峰峦，用峰峦作包围，作陪衬，形成一种回旋：扩深作品的中心主题的深度与阔度。例如《狂人日记》的主题"意在暴露家族制度和礼教的弊害"（《中国新文学大系·小说二集·序》）。它的情节中心在借"吃人"这两个字宣示推翻残酷的无人道性的封建社会的革命意识。在前二章里，鲁迅描写一个狂人底精神错乱的心理状态，布置了峰峦的来脉；在第三章里提出了"吃人"二字，这是第一座峰峦的出现；在第五章又叙述了狂人对于吃鱼和医生看病这两件事的感想，这加强了狂人精神错乱的真实，同时也扩深了"吃人"二字对于非狂人的读者的感印，这是主体的高峰的伏脉，也是第十章，第二座更高的峰峦的来源。而在第十三章——最高峰上，鲁迅喊出了"救救孩子"的叛逆的宣言。

在鲁迅的作品里，这种演绎体的山岭起伏的开展结构的样式，虽然在情节上，缺少曲折，缺少构成人物间相互的错综的联系、结合、对立等关系的戏剧性的因素；可是每一座峰峦的起伏都是人物事态发展的本身的峰峦，并不仅仅只是一种结构上的点缀；由于人物的真实与生动，这情节也同样丰富着艺术的情趣，并不使人感到沉闷或是平庸。《阿Q正传》的结构是一个明白的说明。不过同时，在这种开展样式的结构中，当某一座峰峦与中心主题的发展失去了适度的联系的时候，它常常反而丧失了情节起伏的意义，成了情节发展的障碍。例如《药》的中心主题是在反映清末革命党的被惨杀以及人民对于革命党的愚昧。鲁迅采取了人血馒头治痨病的故事，不用说，这是联系起这两个不相关联的人群的美满的带子。尤其是"吃革命者的血"的故事，深刻地表现了人民的愚昧，同时，用被斩首的犯人的血来治病，也写出了人民的无知。不过《药》的开始出现了一座峰峦——华老栓和他的家的描写——这固然是故事的由来，但是这座峰峦累积得太高了，阻碍了读者的视线，读者会把它看成主峰，而不了解第三章里关于革命党人的叙述的重要性，乃至于第四章里"花环"的重要性——这重要性是鲁迅自己在《呐喊·自序》里提出来的。当然，我们也可以说，因为结构的主峰太低了，所以读者看不见它。这就使《药》失败了。此外，《明天》的叙述太平，没有形成峰峦；《白光》的山峰——陈士成的死——不能具有人物事态自然发展的因素与外围，成了孤立的造作的产物（结局）；这都是失败的作品。

应和着散记体的叙述的形态，鲁迅在小说里常常用第一人称——"我"——做小说的主人翁。虽然对于"我"的小说，许多作家都提出过反对的意见，但是对于鲁迅是全不相干的。很显然的，鲁迅用第一人称，不仅便于叙述，而且更便于渗透自己的挚热的感情到作品中去。鲁迅用第一人称写作的小说有《狂人日记》《孔乙己》《故乡》《社戏》《祝福》《在酒楼上》《孤独者》《伤逝》，这都是鲁迅小说中杰出的作品。这些作品的成功，与其说是人物的形象与身世感动了人，更不如说是人物的灵魂感动了人。在这些小说里，作者借第一人称底近乎残酷的赤裸的自我表白，叙述人物的思想、感情、性格、怀感；作者用"我"的叙述使读者的理知感情与一个人——叛逆者、战败者、被损害者……的内心灵魂相接触，这感动了、撼动了读者的灵魂。

因此，鲁迅在他的作品里常常配合着人物事态的开展，直白地插入自己的独白；这种作者底自我独白的插话，本来十分容易成为烦琐的议论与沉闷的说教，就是在托尔斯泰和高尔基的一些作品里，也不能免除这种缺憾。但是鲁迅的独白的感情氛围早就在小说中形成了，作者的独白不仅不是多余的，而且是小说中具有结构意义的一种抒情的诗的插曲。这种自然流露感人至深的独白,常常含有深刻的社会性的内容,正如在《生命之路》(《热风》)里鲁迅的一个朋友所说的一样:"是 Nature 的话,不是人们的话。"

在《孤独者》的结尾,鲁迅这样写着:

> 我快步走着,仿佛要从一种沉重的东西中冲出,但是不能够。耳朵中有什么挣扎着,久之,久之,终于挣扎出来了,隐约像是长嗥,像一匹受伤的狼,当深夜在旷野中嗥叫,惨伤里夹杂着愤怒和悲哀。

这一段独白正放在魏连殳死了之后,凄厉地写画出了那一时代的战士的悲愤与伤痛。——由于这,我们认识了魏连殳的形象的本质,我们接触到人底时代悲剧的灵魂。

伟大的俄罗斯作家 L. 托尔斯泰曾经在他的日记里这样写着:

> 在艺术作品里面,主要的也是作者底灵魂。(一八九六年十月三十日)

又写着:

> 为了使作品有魅力,不只是用一个思想指导作品,那作品底一切还非被一个感情所贯穿不可。(一八五三年十二月二十日)

鲁迅正成功地完成了这一艺术课题。鲁迅用第三人称写作的小说决没有那些浸透了感情底醇酒的第一人称的作品的动人与完成；例如《药》《明天》《白光》《长明灯》《弟兄》，都是鲁迅的小说集中多少具有缺点的几篇作品；鲁迅的最成功的杰作《阿Q正传》是一篇散记体的小说，实际上还是在"我"的支配之下的作品。

由于人物事态底片断终结的形态，由于曲折情节的缺乏与山岭起伏的结构样式，产生了鲁迅小说结构的另一特征：抒情的结尾。这种结尾的形态有抒情，也有象征和讽刺。

差不多谁都知道，《狂人日记》的最后一句是有名的"救救孩子……"，而《药》的结尾是"这是怎么一回事呢？……"，这一句话正隐喻着社会的疑问和人民的疑问。《故乡》的结尾是："……希望是本无所谓有，无所谓无的。这正如地上的路；其实地上本没有路，走的人多了，也便成了路。"《白光》的结尾配合着陈士成的身世，是叙事，也是抒情：

"开城门来……"
含着大希望的恐怖的悲声，游丝似的在西关门前的黎明中，战战兢兢的叫喊。

此外，《孤独者》《伤逝》都是散文体的抒情的结尾；《幸福的家庭》《肥皂》《高老夫子》《端午节》的结尾都是讽刺的刻画；《明天》的结尾隐喻着诗的象征；《长明灯》的结尾虽然不十分了解，很明显地含有诗的象征的抒情意义。其他的作品，像《孔乙己》《风波》《阿Q正传》《社戏》《祝福》《在酒楼上》《示众》《弟兄》《离婚》，这些小说的结尾虽然近似纯正的叙事，然而严格地分析起来，也都含着抒情的意旨。

事实上，在鲁迅的作品中，由于人物事态的片断性与终结形态性，因此，作品内容底深度并不在于借情节上的结局来完成，而更需要一种诗的结尾。这种抒情的画面或叙写的结尾具有一种抽象的诗的融和力，凝化作品的中心主题，人物的身世与形象，片断的终结形态的事物，成为一个有机的整体，更真实地在读者的印象中具现出来。小说《弟兄》的失败，缺乏抒情的结尾也是主要的因素之一。

拜林斯基在论《俄国小说与果戈里的小说》里，曾经这样深刻地评论了果戈里的作品：

……你说吧，果戈里底每一篇小说，对于你所发生的首先是怎样的印象？难道他不会使你这样说吗？"这一切是多么单纯、普通、自然与真实，同时可又多么独创与新鲜呵！"难道你不会这样惊奇吗？为什么你自己不能想到这同样的思想，为什么你自己不能构想出这些同样的人物，他们是那样普通，那样熟悉，那样常见，而他们周围的环境，又是那样日常的，那样普通的，那样在实际生活中被你所厌恶了的，但是在他诗的表现中，却是多么有趣与迷人呵！这就是真正艺术作品的第一个标志。再，你和他小说中的每一个人物，不是很快就熟识，像是很久就已认识而且相处得很久了吗？（略一句。）你不是还能凭你的想象，将他的肖像加以补充吗？你不是还能补加一些特点，像被作者所遗忘了的？你不是还能讲出几段关于那个人物的故事，像被作者所忽略了的吗？你不是很能自信而且可以赌咒地说，作者所写的一切，都是千真万确的事实而不是幻想的捏造吗？这到底是什么原因呢？因为那些作品如果带上了真天才底标帜，那总是依照着不易的创作规律创造出来的。那种构思底质朴，事件底明显，那种戏剧性底贫乏，作者所描写的那种事件琐碎与平常——这些就是那创作所以能如此真实与不欺骗的原故。这是写实的诗，是实际生活底诗，为我们所熟知的那种生活底诗。……故事愈通俗，愈平常，这就是说，假使那小说底内容愈能引起读者底注意，那么作者方面也就愈需要有伟大的天才。当一位中才的作家，来描写强烈的情感与深刻的性质之时，他能怒立，能紧张，能说几句响亮的独白，讲几件美丽的事物，也能以漂亮的结构、雅致的形式、很好的内容、成熟的故事、绮丽的词句，即以自己的博学、智慧、教育与生活经验底结果来欺骗读者。但如果要他描绘生活之日常的图画，描写普通的与散文式的生活，那你相信着吧，这将成为他真正的绊脚石了，他那滞钝、冷淡与无灵魂的作品将永远不能负你的期望。……

这一段评论引用在鲁迅的身上也是完全合适的，因为鲁迅的创作道路正是果戈里和一切伟大的作家们所行走过来的共通的途径。

鲁迅的散记体的小说是叙述的诗，缺乏描写；结构是直线的演绎体的样式，缺乏情节的错综；"我"的独白和抒情的结尾，近似散文的体例——这在本质上说明了鲁迅的散记体是属于文化累积期中最朴质的一种小说形态。同时，也正在本质上，鲁迅作品底散记体的形态的开展，几乎无法借助于全面的布局，错综的人物的发展，动人的精致的描写，奇巧的结构……这些高度发展的小说的手法；因此，在这种形态的展开上，作者本身如果没有非凡的天才，深刻的思想力，挚热的情感，精纯的文字的艺术，决不能把它运用为表现深广的理念与典型的人物的文学形式。

正是运用散记体,鲁迅体现了典型的形象、社会的意识,独创了诗的艺术风格,这在小说史上是一个杰出的光辉的成功。

四

散记体是体现作家的感情与理念的最亲切的文学形式,然而作品中的感情与理念必须寄托在一种生命形象上,作为它的活动与表现的主宰——这就是作品中的人物。

由于全篇小说缺乏全面展开的画幅以及人物事态的终结形态性,因此,鲁迅体现人物总是利用人物底内在的社会的有机联系,他不描写社会的有机联系的诸形态底表象的自然画,他在小说的事态发展中体现人,利用社会的有机的联系接合人,描写人。

在《故乡》里,一个贫穷的曾经是少爷的新智识分子,因为搬家的事回到了"故乡",于是,很自然地,鲁迅让这个"老爷"(曾经是"少爷")和他的佃户(曾经是"少爷"的童年的好友)在"一层可悲的厚障壁"(阶级)之前见面了。在《明天》里,鲁迅借单四嫂子死儿子的故事,写出了鲁镇生活的一面。《祝福》里,逼死祥林嫂的是"吃人的封建社会";鲁迅十分成功地表现了这一主题,并且刻画了一个被迫害的女性的形象,而没有作任何繁赘的人物描写与事实叙述。《阿Q正传》中阿Q典型的体现法是鲁迅这一艺术手法底真实的容貌与巨大的成功。

在这一意义上,鲁迅作品中的人物底生命形象(人物形象的个人面与社会面)的描写,常常是通过结构意义而着笔的。鲁迅描写阿Q的个体形象的"瘦""癞疮疤""黄辫子",这一切决不是为描写而描写出来的特征,而是因为这一切特征在故事发展中具有"作用"

的原故。而在人物的社会形象的体现上，鲁迅具有更深刻的目的与意义。常常的，在以体现社会体相或是象征理念为中心主题的作品里，小说中的一切的人物事态都是在这一社会意识性的中心主题的周围结合起来的客体，于是人物的社会形象常常也是由这一主题出发而决定的。例如在《弟兄》里，全部的布局与人物是在描写沛君的"友爱"的虚伪的实质。《长明灯》，象征着革命者与封建势力的斗争。《风波》中的那些人物，在显示乡村生活的一片断；《明天》中的那些人物，在显示村镇生活的一景……

但是同时，在这一结合意义上而出现的人物，因着散记体的开展形态的限制，常常不能获得完整的生命形象与具相的社会联系，他们常常只是为了构成某一社会体相或是某一环境气氛而出现，他们在小说的结构中是一种缺乏生活相的人物。当然，在一篇小说里，这种人物是必不可免的，例如《药》中的驼背五少爷，《祝福》中的卫老婆子，这都是决定的帮闲角色的人物。然而《明天》里的蓝皮阿五并不应该是一个帮闲角色，也被写成了"闲人"；甚至于单四嫂子，也近乎是一个"闲人"。——事实上，鲁迅意向中的《明天》的主题是鲁镇生活走向"明天"的一幕"今天"的人的悲喜剧的描写；但是因为在作者创作过程中人物底小说的结构意义强于现实的生命形象的体现，人的形象因之没有凸现，社会的体态随着也模糊了；于是这决定了"明天"的失败。同样，在《药》里的那个被杀头的革命党（夏四奶奶的儿子），在《长明灯》里的那个直嚷："熄掉他吧！"的"疯子"（反封建斗争的革命者），也都成了"闲人"。

与鲁迅的散记体的开展形态相应合着，鲁迅描写人物不采用雕刻的实体画的手法，而采用传神的轮廓画的手法。在这一手法上，鲁迅把握了艺术的典型的概括底本质的诸要点。鲁迅作品中人物底传神的轮廓画的特点,并不是人物底外形诸细节的描画,而是具现人物内心活动的行动以及反映人物心理性情的对话的写述,是一种人物典型底抽象的性格的概括。

关于这,鲁迅自己在《我怎么做起小说来》里这样写着:

> 忘记是谁说的了,总之是,要极省俭的画出一个人的特点,最好是画他的眼睛。我以为这话是极对的,倘若画了全副的头发,即使细得逼真,也毫无意思。我常在学学这一种方法,可惜学不好。
>
> (《南腔北调集》)

通过日常生活的常态中人物的行为描写典型的手法,这是一切伟大的现实主义作家创造典型的基本的手法之一。因为人物底外形的揭示与描画,并不能表现一个人物的内心深处,不能表现一个人物底真实的性格与灵魂。一个人物的性格的根总是在日常生活的过程中生长起来,总是在日常生活的诸事态中,通过心理的活动,具现为行动、语言的。因此,鲁迅在作品中常省去人物肖像的刻画,而写述人物的动作与对话。《风波》中九斤老太的"一代不如一代"、赵七爷的"穿竹布长衫"与"盘辫子",《药》中康大叔的口吻,《离婚》中七大人的气派,这都是很好的说明。而孔乙己的形象,祥林嫂的身世,阿Q的典型……他们的逼真、生动、感人,并不是人物外形的刻画的力量,而是灵魂和性格的素描的成功。

例如鲁迅对孔乙己的描写:

> 孔乙己是站着喝酒而穿长衫的唯一的人。他身材很高大;

青白脸色，皱纹间时常夹些伤痕；一部乱蓬蓬的花白的胡子。穿的虽然是长衫，可是又脏又破，似乎十多年没有补，也没有洗。……孔乙己一到店，所有喝酒的人便都看着他笑，有的叫道："孔乙己，你脸上又添上新伤疤了！"他不回答，对柜里说："温两碗酒，要一碟茴香豆。"便排出九文大钱。他们又故意的高声嚷道："你一定又偷了人家的东西了！"孔乙己睁大眼睛说："你怎么这样凭空污人清白……""什么清白？我前天亲眼见你偷了何家的书，吊着打。"孔乙己便涨红了脸，额上的青筋条条绽出，争辩道："窃书不能算偷……窃书！……读书人的事，能算偷么？"接连便是难懂的话，什么"君子固穷"，什么"者乎"之类，引得众人都哄笑起来……

…………

孔乙己喝过半碗酒，涨红的脸色渐渐复了原，旁人便又问道："孔乙己，你当真认识字么？"孔乙己看着问他的人，显出不屑置辩的神气。他们便接着说道："你怎的连半个秀才也捞不到呢？"孔乙己立刻显出颓唐不安模样，脸上笼上了一层灰色，嘴里说些话；这回可是全是之乎者也之类，一点不懂了。在这时候，众人也都哄笑起来……

……孔乙己自己知道不能和他们谈天，便只好向孩子说话。有一回对我说道："你读过书么？"我略略点一点头。他说："读过书，……我便考你一考，茴香豆的茴字，怎样写的？"我想，讨饭一样的人，也配考我么？便回过脸去，不再理会。孔乙己等了许久，很恳切的说道："不能写罢？……我教给你，记着！这些字应该记着。将来做掌柜的时候，写账要用。"我暗想我和掌柜的等级还很远呢，而且我们掌柜也从不将茴香豆上账；又好笑，又不耐烦，懒懒的答他道："谁要你教，不是草头底下一个来回的回字么？"孔乙己显出极高兴的样子，将两个指头的长指甲敲着柜台，点头说："对呀对呀！……回字有四样写法，你知道么？"我愈不耐烦了，努着嘴走远。孔乙己刚用指甲蘸了酒，想在柜上写字，见我毫不热心，便又叹一口气，显出极惋惜的样子。

有几回，邻舍孩子听得笑声，也赶热闹，围住了孔乙己。他便给他们茴香豆吃，一人一颗。孩子吃完豆，仍然不散，眼睛都望着碟子。孔乙己着了慌，伸开五指将碟子罩住，弯腰下去说道："不多了，我已经不多了。"直起身又看一看豆，自己摇头说："不多不多！多乎哉？不多也！"于是这一群孩子都在笑声里走散了。

在这短短的不过一千字之中，孔乙己——一个封建农村中贫困的冬烘先生底忠厚迂腐潦倒的形象，整体地显现出来了，这是鲁迅的艺术手法的非凡的成就，同时也是具体的说明。

不过无论如何，这种偏重人物性格概括的传神的轮廓画的手法，在体现"典型的环境中的典型人物"的课题上，并不是一种完善的手法。这种手法常常只通过人物底内心体现于外形的动作或语言来体现形象，这些人物缺少细节的真实的个体描写，缺少深入的内心活动的本体的解析。于是，因着缺乏人物的血肉形象的描写，因着缺乏人物的社会生活环境的全相的表现：在《阿Q正传》里，与阿Q的生活网结着的王胡、小D、赵太爷、假洋鬼子、邹七嫂、吴妈等人物的形象，与阿Q的生活联系着的农民、地主、投机的革命官僚——举人老爷、把总老爷等——社会阶层的画面都被忽略了。这些社会层的代表的人物们只是偶然地在阿Q生活过程中出现一下，在完成了他们的小说中的结构任务之后，作者就把他们摆在一边了；这些人物既没有明确真实的形象，又没有个人的生活体相，只有他们的姓名表示他们个体的存在而已。传神的轮廓画的手法配合着鲁迅的散记体的开展形态，这原是构成鲁迅作品底诗的风格的因素之一。但是同时，当它结合着作品主题底比较狭窄的社会意识性的时候，这一方面障碍了重量的巨型作品发展的途径，一方面成为鲁迅作品中一些轮廓画的缺乏生活相的"闲人"的由来。

鲁迅的作品中描写人物的个体形象，无疑地以祥林嫂最为仔细。最先，鲁迅写述她的来历和容貌。

> 她不是鲁镇人。有一年的冬初，四叔家里要换女工，做中人的卫老婆子带她进来了，头上扎着白头绳，乌裙，蓝夹袄，月白背心，年纪大约二十六七，脸色青黄，但两颊却还是红的。卫老婆子叫她祥林嫂……

在祥林嫂改了嫁之后，因为死了丈夫和孩子，又回到鲁镇来做工的时候，受了人们的冷淡，嘲笑，厌弃，卑视，这使她"整日紧闭了嘴唇，头上带着大家以为耻辱的记号的那伤痕，默默的跑街，扫地，洗菜，淘米"；到后来，捐了门槛之后又受了一次致命的打击；在这里，鲁迅在描写了她的凄苦的容貌之外，又描写了她的受了创伤的灵魂：她"不但眼睛窈陷下去，连精神也更不济了。而且很胆怯，不独怕暗夜，怕黑影，即使看见人，虽是自己的主人，也总惴惴的，有如在白天出穴游行的小鼠；否则呆坐着，直是一个木偶人。不半年，头发也花白起来了……"而她在临死之前的形象是更凄惨的：

> 五年前的花白的头发，即今已经全白，全不像四十上下的人；脸上瘦削不堪，黄中带黑，而且消尽了先前悲哀的神色，仿佛是木刻似的；只有那眼珠间或一轮，还可以表示她是一个活物。她一手提着竹篮，内中一个破碗，空的；一手拄着一支比她更长的竹竿，下端开了裂：她分明已经纯乎是一个乞丐了。

像这种配合着身世发展的真实生命的描写，在鲁迅的小说中是很少见的，阿Q如果能够得到如此真切的彩绘，他在艺术上的典型的完成的意义上，将是完满无缺的了。

虽然如此，鲁迅作品中的人物的画像是朴素的，描写人物的字汇与手法并不丰富，然而在主体上，鲁迅把握了一切伟大的作家底表现方法的主旨。鲁迅底素描人的悲喜剧的作品，它们的布局不在情节的变幻与新奇，而在人性，人与人的关系的扩深的描画。在《明天》和《离婚》里，我们能够看见在契诃夫的小说里闪烁着的诗的晶体。鲁迅的刻画人的性格与形象的作品，虽然由于散记体的风格与开展形态，缺乏细节的织锦画，可是鲁迅体现阿Q形象的某些手法的原则，果戈里也正采用着创造了乞乞科夫。因为鲁迅描写人物，不仅把握着人物的典型的性格，而且把握着人物的社会的本质。《故乡》里的闰土是一个浑厚可爱的形象，然而他也在灰堆里藏了十多个碗碟，想在运灰的时候，一齐搬回家去。——因为在事实上，闰土已经不再是一个在月夜里，在海边的沙地上，"项带银圈，手捏一柄钢叉，向一匹猹尽力的刺去"的"十二岁的少年"，而是一个苦累于"多子，饥荒，苛税，兵，匪，官，绅"的农民。同样，作为五四时代新女性的典型的子君，她的形象有坚强面，也有平庸面和怯弱面。在这一意义上，小说中的人物才不是一个肤浅的表象了的形象，而是一个真实的素描了的人物，成为一个永生的艺术的人物。

与素描的人物的画面相调和，鲁迅作品中的风景也是十分简朴的淡写；尤其是因着在根柢上，在散记体的小说结构中，写景并不占重要位置的原故。

一般地说来，鲁迅的作品中是没有纯描写的画面的，描写总是与叙事交织着结合着。例如在《风波》里：

> 临河的土场上，太阳渐渐的收了他通黄的光线了。场边靠河的乌桕树叶，干巴巴的才喘过气来，几个花脚蚊子在下面哼着飞舞。面河的农家的烟突里，逐渐减少了炊烟，女人孩子们都在自己门口的土场上泼些水，放下小桌子和矮凳；人知道，这已经是晚饭时候了。
>
> 老人男人坐在矮凳上，摇着大芭蕉扇闲谈，孩子飞也似的跑，或者蹲在乌桕树下赌玩石子。女人端出乌黑的蒸干菜和松花黄的米饭，热蓬蓬冒烟。……

这一幅安静幽闲的"无思无虑"的农村生活画，作为一场"风波"的背景，具有深刻的表现性与重要的结构意义。这写景，同时也是叙事。

在《白光》里：

> 空中青碧到如一片海，略有些浮云，仿佛有谁将粉笔洗在笔洗里似的摇曳。月亮对着陈士成注下寒冷的光波来，当初也

不过像是一面新磨的铁镜罢了,而这镜却诡秘的照透了陈士成的全身,就在他身上映出铁的月亮的影。

还有在《社戏》里:

两岸的豆麦和河底的水草所发散出来的清香,夹杂在水气中扑面的吹来;月色便朦胧在这水气里。淡黑的起伏的连山,仿佛是踊跃的铁的兽脊似的,都远远的向船尾跑去了……

这两段写景都是景与人的合写,在人物的身世上、行动上,也就是在小说的结构中,具有构造环境氛围的意义。

同时,鲁迅的写景常常通过感觉的概括与感情的溶化而着笔,例如《在酒楼上》有一段废园的描写:

窗外沙沙的一阵声响,许多积雪从被他压弯了的一枝山茶树上滑下去了,树枝笔挺的伸直,更显出乌油油的肥叶和血红的花来。天空的铅色来得更浓;小鸟雀啾唧的叫着,大概黄昏将近,地面又全罩了雪,寻不出什么食粮,都赶早回巢来休息了。

在这一段描写里面,没有一句不表现感觉上的声响、动作、色调,而这些凄凉的景物的呼吸,更使全篇小说的阴黯气氛变得冷凛。这种描写的着色,不仅需要作者作文字上的精思,更需要情绪上的调和;因为首先,作者对这些人物的身世与这些景物的彩色,非有深的感动不可。

通过散记的叙述,以传神的人物画,以朴素的风景画,鲁迅凝化叙事、写景、抒情为一个整体。鲁迅的作品的最完成的形态是和谐的诗篇，全文中没有一点紊乱的枝节与堆砌的穿插，没有一个废字废词，一切的描写与叙述，都经过挚热的爱与憎的溶化，审慎的语言的洗炼；辞如流水，如醇酒，全篇像一幅淡色的墨水画。这样的艺术的"单纯"的作品：如《孔乙己》，如《祝福》，如《孤独者》，如《伤逝》，如《野草》中的《过客》……

五

在鲁迅的小说里，我们看见一些真实感人的形象，如孔乙己、阿Q、祥林嫂、魏连殳……我们看见非凡的素描典型的艺术手法，不过同时，我们还看到另外一种形态的人物。

在《故乡》里，鲁迅除了描写闰土而外，还附带描写了一个人物——豆腐西施杨二嫂：

"哈！这模样了！胡子这么长了！"一种尖利的怪声突然大叫起来。

我吃了一吓，赶快抬起头，却见一个凸颧骨，薄嘴唇，五十岁上下的女人站在我面前，两手搭在髀间，没有系裙，张着两脚，正像一个画图仪器里细脚伶仃的圆规。

我愕然了。

"不认识了么？我还抱过你咧！"

…………

哦，我记得了。我孩子时候，在斜对门的豆腐店里确乎终日坐着一个杨二嫂，人都叫伊"豆腐西施"。但是擦着白粉，颧骨没有这么高，嘴唇也没有这么薄，而且终日坐着，我也从没有见过这圆规式的姿势。那时人说：因为伊，这豆腐店的买卖非常好。但这大约因为年龄的关系，我却并未蒙着一毫感化，所以竟完全忘却了。然而圆规很不平，显出鄙夷的神色，仿佛嗤笑法国人不知道拿破仑，美国人不知道华盛顿似的，冷笑说：

"忘了？这真是贵人眼高……"

在《离婚》里，除了描写爱姑而外，还描写了一个七大人：

客厅里有许多东西，她不及细看；还有许多客，只见红青缎子马褂发闪。在这些中间第一眼就看见一个人，这一定是七大人了。虽然也是团头团脑，却比慰老爷们魁梧得多；大的圆脸上长着两条细眼和漆黑的细胡须；头顶是秃的，可是那脑壳和脸都很红润，油光光地发亮。爱姑很觉得稀奇，但也立刻自己解释明白了：那一定是擦着猪油的。

"这就是'屁塞'，就是古人大殓的时候塞在屁股眼里的。"七大人正拿着一条烂石似的东西，说着，又在自己的鼻子旁擦了两擦，接着道，"可惜是'新坑'。倒也可以买得，至迟是汉。你看，这一点是'水银浸'……"

…………

"咈啾"的一声响，爱姑明知道是七大人打喷嚏了，但不由得转过眼去看。只见七大人张着嘴，仍旧在那里皱鼻子，一只手的两个指头却撮着一件东西，就是那"古人大殓的时候塞在屁股眼里的"，在鼻子旁边摩擦着。

如此地描写了的豆腐西施和七大人，在根柢上是表象的讽刺画了的人物；他们是作者主观感印的某一方面复写，而不是客观的真实形象的体现。这种形象的手法与鲁迅创造典型形象的现实主义艺术方法是全不合致的。关于这鲁迅自己在《故事新编·序言》里曾经写着：

  第一篇《补天》——原先题作《不周山》——还是一九二二年的冬天写成的。那时的意见，是想从古代和现代都采取题材，来做短篇小说，《不周山》便是取了"女娲炼石补天"的神话，动手试作的第一篇。首先，是很认真的，虽然也不过取了弗罗特说来解释创造——人和文学的——的缘起。不记得怎么一来，中途停了笔，去看日报了，不幸正看见了谁——现在忘记了名字——的对于汪静之君的《蕙的风》的批评，他说要含泪哀求，请青年不要再写这样的文字。这可怜的阴险使我感到滑稽，当再写小说时，就无论如何，止不住有一个古衣冠的小丈夫，在女娲的两腿之间出现了。这就是从认真陷入了油滑的开端。油滑是创作的大敌，我对于自己很不满。

然而这"油滑"，这讽刺画的手法，也自有它的根源。
差不多和他写小说同时，鲁迅也开始了杂文的写作，关于杂文的样式，鲁迅在《且介亭杂文集·序言》中写着：

  近几年来，所谓"杂文"的产生，比先前多，也比先前更受着攻击。……
  其实"杂文"也不是现在的新货色，是"古已有之"的，凡有文章，倘若分类，都有类可归，如果编年，那就只按作成的年月，不管文体，各种都夹在一处，于是成了"杂"。……现在是多么迫切的时候，作者的任务，是在对于有害的事物，立刻给以反响或抗争，是感应的神经，是攻守的手足。潜心于他的鸿篇巨制，为未来的文化设想，固然是很好的，但为现在抗争，却也正是为现在和未来的战斗的作者，因为失掉了现在，也就没有了未来。

　　很显然的，由于杂文的急迫的战斗任务，所以杂文的风格与手法，不仅要求简洁、明快、洗炼的文词，而是还更要求辛辣的尖锐的刻画；但是这与鲁迅的散记体的诗是不相融合的，于是，这产生了杂文和小说手法的参涉，产生了表象的讽刺画的人物。

　　不过在鲁迅创作的初期，这种杂文手法的参涉是十分微弱的；初期的鲁迅的杂文反而更富于散文性。因此，在鲁迅一九一八——一九二五年写作的小说集《呐喊》和《彷徨》里，豆腐西施和七大人是这一类尖刻化的讽刺形象画的仅有的两个人物；在一九二二年写作的《补天》里，鲁迅自己所承认的"油滑"，也只不过是《补天》中"古衣冠的小丈夫"一个人物形象的描写而已。可是，在鲁迅完全停止了小说的创作，连续写作了八年（一九二七——一九三五）的杂文之后，杂文的手法对鲁迅更为亲切也更为熟悉，那时候的情形就很不相同了。

　　鲁迅在一九二二年写了《补天》，一九二六年又写了《奔月》和《铸剑》。《补天》中的女娲，《奔月》中的羿和嫦娥，《铸剑》中的眉间尺，大体说来，都是在历史的诗的气氛与真实的人的生活状态中体现出来的形象。但是在一九三五年创作的《理水》《采薇》《出关》

里，内容就更多现代的现实人情的讽刺画，缺乏真实的史实与人物的彩绘了。不过在鲁迅以后创作的《非攻》与《起死》里，手法与结构反有了改变。《非攻》可以说是一篇纯粹以写实为主题的历史小说，虽然因著者长久地疏远了小说创作的手法，这篇小说的内容没有能超出史实的记述性的束缚，也没有能写出生动的个体形象，可是却构成了写实的小说的风格。在《起死》里，手法与结构又向另一方面进展了一步。《起死》的故事虽然缺乏情节的中心，庄子的对话也多半是《庄子》、《至乐篇》和《齐物论》中原文的转译；不过鲁迅在小说里使骷髅复活了，它获得了情节的转换，不仅表现着鲁迅摆脱杂文手法参涉的努力，同时也显示着鲁迅的小说未来发展的方向；而《故事新编》中全部历史小说的创作手法的变动，正说明着这两种手法参涉的过程。

当鲁迅的晚年，在思想方面，他确认了更深广的科学的世界历史观；在创作历程上，他在终结了散记体的小说创作之后，又摆脱了杂文手法的参涉，他的小说的形态、结构、体现人物的创作方法，都启示着将有更进一步的成熟的发展。在这里，鲁迅已经为他创作纪念碑型的小说清除了障碍，展开了远大的未来的道路。很是不幸，正在这时候，当根深蒂固、枝叶繁茂，正将绽放灿烂的花朵的前夕，他在中国的原野上倒下了。

六

苏联文学史家与莎士比亚研究者斯米尔诺夫（A. Smirnov）教授在论文《莎士比亚及其遗产》里，认为"全部莎士比亚的创作主题"的伟大意义是在"新道德与新宇宙观的确认"，是在"弃去向来一切封建宇宙观的原则与准绳"地描写了人、事、物，体现了新的观念的拟理。生活在二十世纪的半殖民地半封建的中国的鲁迅，他的创作主题具有更积极的战斗意义。在他的全部作品中，他不仅宣布了新的历史观与宇宙观，而且显示了未来的"新生活"的希望和远景。鲁迅的诗的拟理——不论是《呐喊》中底叛逆的宣言与明天的憧憬，或是《彷徨》中的悲愤的自白——对于战斗中的人民大众，比生活在十六七世纪的英国社会中的莎士比亚底哲理性的言词，不仅更为现实，而且更为具体，也更为感人；因为鲁迅作为一个当代的战士而生活战斗，他用最高的理念来希望，用最大的热情写出了这一切的原故。

虽然在创作上，鲁迅怀着极强的爱憎而写作，但是并没有因此失去了客观的现实的体认。他写作《阿Q正传》，他的意图是在暴露阿Q的劣根性，搏击旧社会意识形态的形象之一；不过同时，他创造了阿Q的典型。——在《阿Q正传》里，鲁迅的艺术方法正启示着现实主义与革命的浪漫主义结合的本质的形态。

鲁迅出生在一个士绅的旧家，有相当广博的中国旧文学的造诣。后来留学日本的时候，又读到许多外国的作品。在他的文学作品之中正存在着这两种力量的交流。一般地说来，鲁迅的散记体底直线的叙述形态，是从中国旧小说和文言文的作品中萌芽出来的，小说的样式和结构的方法是由于外国作品的影响；而描写人物形象的传神画的表现方法则是这两种力量交织的形态。

关于外国作品的影响，鲁迅曾经在《中国新文学大系·小说二集·序》里明确地写着：

> 凡是关心现代中国文学的人，谁都知道，《新青年》是提倡

"文学改良",后来更进一步而号召"文学革命"的发难者。……

在这里发表了创作的短篇小说的,是鲁迅。从一九一八年五月起,《狂人日记》《孔乙己》《药》等,陆续的出现了,算是显示了"文学革命"的实绩,又因那时的认为"表现的深切和格式的特别",颇激动了一部分青年读者的心。然而这激动,却是向来怠慢了绍介欧洲大陆文学的缘故。一八三四年顷,俄国的果戈里(N. Gogol)就已经写了《狂人日记》;一八八三年顷,尼采(Nietzsche)也早借了苏鲁支(Zarathustra)的嘴,说过"你们已经走了从虫豸到人的路,在你们里面还有许多份是虫豸。你们做过猴子,到了现在,人还尤其猴子,无论比那一个猴子"的。而且《药》的收束,也分明的留着安特莱夫式的阴冷。但后起的《狂人日记》意在暴露家族制度和礼教的弊害,却比果戈里的忧愤深广,也不如尼采的超人的渺茫。以后虽然脱离了外国作家的影响,技巧稍为圆熟,刻划也稍加深切,如《肥皂》《离婚》等,但一面也减少了热情,不为读者们所注意了。

事实上,除了鲁迅自己意识着的影响之外,在鲁迅的作品里还可以看见些隐约的痕迹。像《孤独者》的阴沉的色调很像契诃夫的某些作品,而《过客》的情节很像屠格涅夫的《门槛》——在《门槛》里,女郎要"进去",在《过客》里,客人要"走"。不过无疑的,不论是《孤独者》的色调,还是《过客》的情节,都有它独自的生命与意义,而且《孤独者》和《过客》中的人物、事实、憧憬,都与契诃夫的作品、屠格涅夫的《门槛》有完全不同的艺术的深广面。这两篇作品都是鲁迅的诗的作品。

鲁迅在他的小说里，不铺张巧合的结构，不杜撰惊奇的故事，他描写"真实"的人与人生，他创造艺术的形象，在形象的生命光辉中体现社会的形相与理念的憧憬。通过诗的真实具现人与人的世界底真实，这是莎士比亚、巴尔札克、托尔斯泰、高尔基……一切伟大的现实主义作家的创作道路；也正在这条道路上，鲁迅完成了孔乙己、阿Q、祥林嫂、魏连殳等永生的艺术雕像，绘写了辛亥革命前后中国封建农村社会中农民底生活与形象的图画，写了五四运动前后的新旧智识分子底意识形态与代表人物的剪影。

中国的文言文与"俄国的果戈里，波兰的雪克微支，日本的夏目漱石、森鸥外"（《我怎么做起小说来》）等外国作家养育了鲁迅，然而鲁迅远远地高高地超越了这一切；他独创了诗的风格，自觉地运用了现实主义的艺术方法。

在艺术上，这是天才的艺术，这是真正的伟大。

虽然，鲁迅在《呐喊》里，"在《药》的瑜儿的坟上平空添上一个花环，在《明天》里也不叙单四嫂子竟没有做到看见儿子的梦"（《呐喊·自序》），而用了曲笔，在《彷徨》里表现着伤痛忧郁的情愫，然而这正反映着心理与时代精神的网影，交织在前一代的战士的作家底艺术作品中的一幅画。

终他的一生，鲁迅以极严肃的态度从事创作，他从不写他不深知的生活，为他所生疏的人物。因为生活行动受环境的严厉的限制与迫害，杜绝了与人民大众一起生活的机缘，鲁迅在晚年写作的小说都采用历史的题材，计划中一部长篇也是唐代的故事。

鲁迅不幸生活在二十世纪初期的中国，中国社会的特质以及它的发展的路，决定了鲁迅不光是一个执笔的作家，同时是一个持戈的战士，鲁迅不能安心从事写作纪念碑型的作品，这是旧社会的迫害，是人民的损失。

鲁迅的作品，在量上，他不能和莎士比亚、巴尔札克、托尔斯泰、高尔基相比，然而在作品的质上，在艺术的完成度上，在四万万五千万人民底第一个伟大的作家的意义上，他能与世界任何伟大作家并列，他应该与世界伟大作家并列。

鲁迅死了，鲁迅的艺术永生。

一九四〇年十二月

曹禺的道路

一

剧作家曹禺，从《雷雨》开始，以卓越的精思、才力、技巧，在舞台上展开声色灿烂的悲喜剧，受到了广大观众的欢迎。

我们热爱这样一个非常才能的作家。我们热望他的非常的成就和光辉。可是，我们惋惜的是，在这样一个作者里，我们虽然看到不少戏剧技巧与舞台艺术的精进，却还没有能看到浮雕的典型的形象，典型的世界，伟大的思想境地，不朽的生命的梦和诗。在作者优美的文笔中开放的花，闪烁着的光彩、富丽、绚烂，却近乎金属性的镀制品，仿佛人工的涂彩晦暗了自然的生命的真纯。

这有，当然，也应该有，他的现实的根源。在这里，我们希望能作一个艺术根源上探讨的尝试。

这探讨必得先从思想的领域开始。

到现在为止，曹禺一共写了六个大剧：《雷雨》《日出》《原野》《北京人》《蜕变》《家》。这六个剧画出作者创作道路行程的投影、曲折和方向。

在这六个剧里，只在《雷雨》书前，作者题道"四幕悲剧"，其他的一律都题为"剧"。在保持严格的戏剧观念的作者，"悲剧"的含意与"戏剧"显然不同。《雷雨》的主题可见得并不是一个寻常的主题。

《雷雨》是一个嫡系亲族乱伦相爱的故事：同母的兄妹恋爱，继母和她的继子恋爱；而一个母亲又在自己的儿女身上看到自己的命运，结果是一家人的死亡与疯狂。这是人生中千百年难得遇到一次的悲剧。

作者为什么选择这样一个十分偶然而且离奇的故事来写他的"悲剧"？

在《序》里，曹禺自己写道：

> ……累次有人问我《雷雨》是怎样写的，或者《雷雨》是为什么写的，这一类的问题。老实说，关于第一个，连我自己也莫明其妙；第二个呢，有些人已经替我下了注释，这些注释有的我可以追认——譬如"暴露大家庭的罪恶"——但是很奇怪，现在回忆起三年前提笔的光景，我以为不应该用欺骗来炫耀自己的见地，我并没有显明地意识着我是要匡正、讽刺或攻击些什么，也许写到末了，隐隐仿佛有一种情感的汹涌的流来推动我，我在发泄着被抑压的愤懑，毁谤着中国的家庭和社会。然而在起首，我初次有了《雷雨》一个模糊的影像的时候，逗起我的兴趣的，只是一两段情节，几个人物，一种复杂而又原始的情绪。

在这里，作者自己申明了：批评家后来替作者下的"注释"——譬如"暴露大家庭的罪恶"——作者只可以追认,却并不是他的本意。那么,作者意图显示的是什么呢?

这还是要看作者自己的陈述:

> 雷雨对我是个诱惑。与雷雨俱来的情绪蕴成我对宇宙间许多神秘事物一种不可言喻的憧憬。雷雨可以说是我的"蛮性的遗留",我如原始的祖先们对那些不可理解的现象睁大了惊奇的眼,我不能断定《雷雨》的推动是由于神鬼,起于命运或源于哪种显明的力量。情感上《雷雨》所象征的对我是一种神秘的吸引,一种抓牢我心灵的魔。《雷雨》所显示的,并不是因果,并不是报应,而是我所觉得的天地间的"残忍"(这种自然的"冷酷",四凤与周冲的遭际最足以代表,他们的死亡,自己并无过咎)。如若读者肯细心体会这番心意,这篇戏虽然有时为几段较紧张的场面或一两个性格吸引了注意,但连绵不断地若有若无地闪示这一点隐秘——这种种宇宙里斗争的"残忍"和"冷酷"。在这斗争的背后或有一个主宰来使用它的管辖。这主宰,希伯来的先知们赞它为"上帝",希腊的戏剧家们称它为"命运",近代的人撇弃了这些迷离恍惚的观念,直截了当地叫它为"自然的法则"。而我始终不能给他以适当的命名,也没有能力来形容它的真实相。因为它太大,太复杂。我的情感强要我表现的,只是对宇宙这一方面的憧憬。

> 写《雷雨》是一种情感的迫切的需要。我念起人类是怎样可怜的动物,带着踌躇满志的心情,仿佛是自己来主宰自己的运命,而时常不是自己来主宰着。受着自己——情感的或者理解的——的捉弄,一种不可知的力量的——机遇的,或者环境

的——捉弄；生活在狭的笼里而洋洋地骄傲着，以为是徜徉在自由的天地里，称为万物之灵的人类不是做着最愚蠢的事么？我用一种悲悯的心情来写剧中人物的争执。我诚恳地祈望着看戏的人们也以一种悲悯的眼来俯视这群地上的人们。……我是个贫穷的主人，但我请了看戏的宾客升到上帝的座来怜悯地俯视这堆在下面蠕动的生物。他们怎样盲目地争执着，泥鳅似的在情感的火坑里打着昏迷的滚，用尽心力来拯救自己，而不知千万仞的深渊在眼前张着巨大的口。他们正如一匹跌在泽沼里的羸马，愈挣扎，愈深沉地陷落在死亡的泥沼里。……在《雷雨》，宇宙正像一口残酷的井，落在里面，怎样呼号也难逃脱这黑暗的坑。自一面看，《雷雨》是一种情感的憧憬，一种无名的恐惧的表征。这种憧憬的吸引恰如童稚时谛听脸上划着经历的皱纹的父老们，在森森的夜半，津津地述说坟头鬼火，野庙僵尸的故事。皮肤起了恐惧的寒栗，墙角似乎晃着摇摇的鬼影。然而奇怪，这"怕"本身就是个诱惑。我挪近身躯，咽着兴味的口沫，心惧怕地忐忑着，却一把捉着那干枯的手，央求："再来一个！再来一个！"……

在这一意义上产生出来的《雷雨》，悲剧，十分明显的，在题旨上，它是以神秘化了的命运为"悲"的本质的希腊悲剧的概念，与亚里斯多德的"悲剧要使人怜悯和恐惧"的学理，二者相成的产物。

一个被侮辱与被损害的妈妈（鲁妈），她"造的孽"（二三五页），犯下来的罪，她自己身受还不算，又由她的无辜的儿女用死来担待，天地间还有什么比这个更"冷酷"的呢？不顾苦痛的生命的挣扎，尽管有的"悔改了'以往的罪恶'，想由一个新的灵感来洗涤自己"（周萍），或者有的仍然"踏着艰难的老道，想重拾起一堆破碎的梦而救生自己"（蘩漪），却一律都在死亡的手里被窒息死去。就是两个一无过咎的初生的生命，一个纯真的女儿（四凤），一个纯善的少年（周冲），也不能逃去死的遭际；天地间还有什么比这个更"残忍"的呢？而这个"残忍"与"冷酷"的故事，显示着宇宙间"主宰"的真实相的一面：力量，魔。这一主宰是《雷雨》的主题。

四凤为什么会和周萍相遇而且相爱？为什么有一颗"强悍的心"的蘩漪会爱"一棵弱不禁风的草"的周萍？为什么鲁妈（侍萍）偏偏又在三十年后走进周朴园的家，眼看自己的儿女重复自己的命运的路？为什么四凤向她妈妈立了"天上的雷劈了我"的誓，终于她就死在电火的灼击里？为什么这一切发生得如此之"巧"？为什么这幕悲剧的演员们，竟没有一个是稍弱一点的角色？而这幕悲剧的演出，竟没有遇到一丝的差池、牵碍？为什么一切是如此不可避免地决定地发生了？

鲁妈才到周家，她忽然看到三十年前她的家具和照片，她明白了这是谁的家，这时在她的哭诉里，作者暗示了这一切的回答："哦，天哪。我是死了的人！这是真的么？这张相片？这些家具？怎么会？——哦，天底下地方大得很，怎么？熬过这几十年偏偏又把我这可怜的孩子，放回到他——他的家里？哦，好不公平的天哪！"（一四〇页）

后来，鲁妈和周朴园见了面，他终于认出了她是侍萍，这时作者又在他们的对话里，点出整个悲剧的主题：

朴　你——侍萍？

鲁　朴园，你找侍萍么？侍萍在这儿。

朴　（忽然严厉地）你来干什么？

鲁　不是我要来的。

朴　谁指使你来的？

鲁　（悲愤）命！不公平的命指使我来的。

朴　（冷冷地）三十年的工夫你还是找到这儿来了。

鲁　（愤怨）我没有找你，我没有找你，我以为你早死了。我今天没想到这儿来，这是天要我在这儿又碰见你。

…………

朴　我看过去的事不必再提起来吧。

鲁　我要提，我要提，我闷了三十年了！你结了婚，就搬了家，我以为这一辈子也见不着你了；谁知道我自己的孩子偏偏命定要跑到周家来，又做我从前在你们家里做过的事。

朴　怪不得四凤这样像你。

鲁　我伺候你，我的孩子再伺候你生的少爷们。这是我的报应，我的报应。

当鲁妈知道了四凤和周萍的关系，她又一再地重复着"命"和"天"：

鲁　（扶起四凤）你为什么早不告诉我？

四　（低头）我疼您，妈，我怕，我不愿意有一点叫您不喜欢我，看不起我，我不敢告诉你。

鲁　（沉痛地）这还是你的妈太糊涂了，我早该想到的。（酸苦地）然而天，这谁又料得到，天底下会有这种事，偏偏又叫我的孩子们遇着呢？哦，你们妈的命太苦，我们的命也太苦了。

当鲁妈看见周萍在四凤屋里的时候,她喑哑地喊出了一声"天!"在悲剧的结尾,四凤已经说出来她有了孕,蘩漪叫来了周朴园,于是父亲叫周萍去拜认他的生母,这时候,结束四凤的生命的,也是一个字——"天":

朴　跪下,萍儿!不要以为自己是在做梦,这是你的生母。
四　(昏乱地)妈,这不会是真的。
鲁　(不语,抽咽。)
萍　(怪笑,向朴)父亲!(怪笑,向鲁妈)母亲!(看四凤,指她)你——
四　(与萍互视怪笑,忽然忍不住)呵,天!(由中门跑下,萍扑在沙发上……)
…………
(远处听见四凤的惨叫声……)

自然,曹禺的"主宰",比鲁妈、四凤口中的"命"和"天"要复杂得多。这"主宰",在作者的意识根柢上,它是希伯来先知们的"上帝",希腊悲剧家们的"命运",和近代的人所叫的"自然的法则",结合起来的一个二元的"观念"。作者当然不信上帝,在《雷雨·序》里写得很明白:"周冲……的死亡和周朴园的健在都使我觉得宇宙里并没有一个智慧的上帝做主宰。而周冲来去这样匆匆,这么一个可爱的生命偏偏简短而痛楚地消逝,令我们情感要呼出:这确是太残忍了。"然而,作者却相信这种"残忍"自有一个"主宰"。

这"主宰"在悲剧《雷雨》里是真正的主人翁。

在《雷雨》里,周朴园的严厉专横,鲁贵的卑鄙,周冲和四凤的天真,周萍和蘩漪的苦痛的葛藤,鲁妈的凄惨的身世;每个人物的性格,每桩人事和人情,都是十分细密十分真实地绘写了的。这显示着在生活中的作者,怀有深切的社会经历与观感,由这样的经历与观感产生的,是作者的"性情中郁热的氛围",是周朴园的家庭,是蘩漪的遭际,是鲁大海的出现,这映照着作者的"主宰"中"自然法则"的观念。但是在《雷雨》里,主题是观念的"主宰"的力与魔,不是现实社会的生与相。观念的命运的一元更强于社会学的"自然法则"的一元。所以贯连一切极为真实的人物与人世的,是一个极不真实的故事。在这一意义上,周萍和四凤的爱是最典型的,这是"悲剧"的症结,也写出了主宰的力与魔的具形。蘩漪怎么会爱周萍?作者回答道:"这只好问她的运命,为什么她会落在周朴园这样的家庭中。"一个"有火热的热情,一颗强悍的心,她敢冲破一切的桎梏,做一次困兽的斗"的女子,爱上"一棵弱不禁风的草",一个有了儿子的母亲爱上她的儿子的哥哥,又和同母的兄妹的恋爱纠结在一处;在这里,这个"命运",决不仅仅意指着"自然的法则",显示主宰的"残忍"的意义要更强于所谓"暴露大家庭罪恶"(何况这个家庭根本不"大")的意义。

所以,《雷雨》与其说是一个社会中人的悲剧,不如说是一个自然中人的悲剧。人的故事只是这篇悲剧的形体,宇宙的主宰才是这幕悲剧的灵魂。

但是这个二元的"主宰",它比神秘的"命运",比实证的"自然的法则"(这宇宙性的"自然",是被还原了的人的世界,人的社会),都"太大,太复杂",作者"始终不能给他以适当的命名,也没有能力来形容它的真实相"。在作者，这是一种"不可理解的""宇宙隐秘的理解"。而在读者，则仍是一个"迷离恍惚的观念"。

由于人物的真实，由于观念的虚渺，悲剧《雷雨》不是作为神秘剧，而是作为社会剧被欢迎了。

《雷雨》不是真正的社会剧，不过它是作者向现实踏出的最初的一步，它的成功确定了作者努力的方向；这是一条伏线，引出了以绘写社会为主题的《日出》。

在《日出》书前，曹禺引用老子《道德经》和《圣经·新约》，点出一幕社会悲剧的主题和内容：

> 天之道其犹张弓与？高者抑之，下者举之；有余者损之，不足者补之。天之道损有余而补不足，人之道则不然，损不足以奉有余。
>
> （老子《道德经》七十七章）

> 上帝就任凭他们存邪僻之心，行那些不合理的事。装满了各样不义、邪恶、贪婪、恶毒。满心是嫉妒、凶杀、争竞、诡诈、毒恨。……行这样事的人是当死的。然而他们不但自己去行，还喜欢别人去行。
>
> （《新约罗马书》第三章）

作者也和老子一样，认为《日出》中的"人之道"是和"天之道"相对立的，因为在作者意识根柢上也存在着一个冥冥中的"天"。在《跋》里，曹禺写道：

我常纳闷何以我每次写剧总把主要的人物漏掉，《雷雨》里原有第九个角色，而且是最重要的，我没有写进去，那就是称为"雷雨"的一名好汉。他几乎总在场，他手下操纵其余八个傀儡。……同时，在《日出》，也是一个最重要的角色，我反而将他疏忽了，他原是《日出》唯一的生机，然而这却怪我，我不得已地故意把他漏了网。……

《雷雨》里不出场的角色是雷雨，这时在《日出》中就是太阳。虽然它不像雷雨，是悲剧的主题，它只是日出的生机，"天之道"的象征。可是，它也一如雷雨，是二元的观念的产物。不过在《日出》里，社会学的一元远强于观念论的一元，它不但显出了全身，隐没了观念的命运，甚至还以它的存在否定了它。这确立了《日出》的进步的社会学的基地。

《原野》，也是由这样的思想引领而出的一幕悲剧。和《雷雨》中的爱与死一样，在《原野》里，复仇与死只是剧的形体，而命运的否定，人与命运的抗争才是它的主题。

仇虎就是与命运抗争的人。一开幕，从急驶的火车上跃下来的仇虎，他戴着铁镣出现了，可是在结尾，奔逃了一夜之后，无巧不巧的，他又碰到了那铁镣，他不肯戴这个东西，他情愿死，他用匕首向心口一扎，死前，"（他忽然把铁镣举到眼前，狞笑，而快意地——）哼！（一转身，用力把铁镣掷到远远铁轨上铛锒一声）"。然后他的尸身方才倒下。人，用牺牲，战胜了命运。他没有戴那铁镣。

但是这个人是多么的软弱！在命运束缚之下，他没有别的路可走，只有一条死路！他走这条路根本是不必要的。仇虎本是一个农民，被人诬陷做土匪下狱，这时不过是一个逃犯，可是侦缉队和官兵竟出动大队人马,澈夜地在林中搜捕他,像办一个江洋大盗一样。顶奇怪的,仇虎一碰到铁镣之后,便不走了,就说:"这帮狗杂种!四面围上了。"又对金子说:"不用走,前面也是卡子!你刚才没听见四面都放枪?"但是他却又叫金子逃走,金子既然能逃得出去,他自己又为什么不走?

仇虎为什么不能走一条生路?

仇虎虽然"暴声"地说了:"金子,你求什么?你求什么?天,天,天,什么天?没有,没有,没有!我恨这个天。你别求他,叫你别求他!"(三〇三页)他却终于没有能够走出森林,没有能够逃开铁镣,仇虎终于非死不可,必须以死才能战胜命运;这在潜意识中,作者仍是肯定命运的存在,以及他的力量、魔的。在剧中,焦氏说梦见焦阎王"穿一件白孝衣,从上到下满身都是血,他看见小黑子,一句话也不说,抱起来就不放手,眼泪不住地往下流。刚一叫他,忽然他变了个老虎,仿佛见了仇人似的就把小黑子叼走了"。小黑子见了仇虎进门,就"恐怖地哭起来";焦大星觉得"这孩子的睡像怎么这样——怕人——仿佛死了似的"。又对仇虎说:"我心里难过发冷,仿佛是死就在我头上似的。"焦氏对仇虎说,看见他身旁站着有两三个屈死鬼,黑腾腾:"你满脸都是杀气。哦,我看见,黑腾腾,好黑的天,呵,我看见你的头滚下去,鲜血从脖颈里喷出来。"金子三次看见焦阎王的相片活了,阎王的眼动起来了。焦氏用铁杖打死小黑子的时候,仇虎和花氏同声喊出了:"呵,天!"——这,在在都是命运的神秘的力与魔的重描;虽然或许,铁镣的命运象征着一个社会性的命运。

在《原野》里,作者勇敢地叛逆了命运,但是仍然没有脱离观念的思维的领域;在这领域中,作者对社会学的未来世界的理解,只能是纯观念的形态：原始的憧憬——天之道的再现。

《原野》里反抗命运的人——仇虎，不是作为一个农民（社会的人）描写出来的，而是作为一个原野的人（观念的人）描写出来的。一开幕，仇虎出场的时候，展开的就是一片意象的世界：

秋天的傍晚。

大地是沉郁的，生命藏在里面，泥土散着香，禾根在土里暗暗滋长。巨树在黄昏里伸出乱发似的枝丫，秋蝉在上面有声无力地振动着翅翼。巨树有庞大的躯干，爬满年老而龟裂的木纹。矗立在莽莽苍苍的原野中，他象征着严肃、险恶、反抗与幽郁，仿佛是那被禁梏的普饶密休士，羁绊在石岩上。……

在天上，怪相的黑云密匝匝遮满了天，化成各色狰狞可怖的形状，层层低压着地面。远处天际外逐渐裂成一张血湖似的破口，张着嘴，泼出幽暗的赭红，像噩梦，在乱峰怪石的黑云堆点染成万千诡异艳怪的色彩。

…………

仇虎一手叉腰，背倚巨树望着天际的颜色，喘着气……

而仇虎，这个令人惊怪的奇特"丑陋的人形"，"眼里闪出凶狠，狡恶，机诈与嫉恨，是个刚从地狱里逃出来的人"，在进了森林的时候，就以纯观念的形象现出身来。在那个神秘的，充塞"原始的残酷""原始的生命"，蟠踞着"生命的恐怖，原始人想象的荒唐"的森林里，白杨仿佛是环立着的白衣的幽灵，杈枝披拂的路像一个巨兽张开血腥的口，"满天响起白杨树叶的杀声，林里黑影到处闪动着……"在这个诡异如幽灵所居的境界，花氏是"一只受伤的花豹"

（二四八页），迷了路的仇虎"如同一个恐怖的困兽"（二八九页），甚至成了一个原始的人："仇虎到了林中，忽然显得异常调和，衣服背面有个裂口，露出黑色的肌肉。长袖撕成散条，破布束着受伤的腕，粗大的臂膊如同两条铁的柱，魁伟的背微微地伛偻。后脑勺突成直角像个猿人，由后面望他，仿佛风卷过来一根乌烟旋成的柱。回转身，才看见他的大眼睛里藏蓄着警惕和惊惧。时而，恐怖抓牢他的心灵，他忽而也如他的祖先——那原始的猿人，对着夜半的森野震颤着，他的神色显出极端的不安。希望，追忆，恐怖，愤恨连续不断地袭击他的想象，使他的幻觉突然异乎常态地活动起来。在黑的原野里，我们寻不出他一丝的'丑'；反之，逐渐发现他是美的，值得人的高贵的同情的。他代表一种被重重压迫的真人，在林中重演他所遭受的不公。"这样一个失去了现实的社会，甚至也失去了历史的历程的原始的人，于是"惊惧，悔恨，与原始的恐怖交替袭击他的心"，于是被鼓声震住了，于是看见了幻象的人、鬼、阎王……并且发生一个农民的意识和心理中不可能发生的幻觉：阎王不公，乃至于阎王小鬼都变成自己的仇人（焦阎王）。

这些原始的森林，森人的鼓声，神秘的迷路，恐惧，悔恨，变幻的人与鬼的幻象，体现观念的形象，本身就是一串观念的形象。不但是这，甚至于那沉郁的原野，那阴沉逼人的焦阎王的家，正中右窗上悬着"穿着连长的武装，浓眉，凶恶的眼，鹰钩鼻，整齐的髭须，仿佛和善地微笑着，而满脸杀气"的"焦阎王半身像"，黑香案上"供着狰狞可怖、三首六臂金眼的菩萨"，都近似观念世界的氛围；在这氛围中的人物：仇虎粗野，花氏强悍，焦氏狠毒，白傻子痴呆，焦大星忠厚，他们的性格都如此绝对的单纯，单纯得近乎原始，全失去了社会的阶层的特性与本质。

《原野》是一个纯观念的剧。这是一个虚构，一个浪漫的想象。而且它不得不这样，因为它的主题，它所体现、所企图否定的对象本身就是一个观念。

经过《原野》，作者由命运的观念的否定进而作原始的憧憬。当他赋予这憧憬以新的内容，并且作为社会学的憧憬而加以肯定的时候，于是产生了题名《北京人》的悲剧。

在《北京人》里，在没落的封建家庭"和在棺木里打滚的人们"中出现的北京人，"约莫七尺多高，熊腰虎背……两眼炯炯发光，嵌在深陷的眼眶内，塌鼻子，大嘴，下巴伸出去有如人猿……"，这样一个超出人类演化和遗传之外，"体格头骨"仍然一如五十万年前的人类的始祖，而且性格也和原人一般的粗野，"说打人就打人"，这样一个"猩猩似的野东西"，这是一个观念的象征。这是《日出》中的太阳，在《北京人》中走出了幕来。

这象征，"人类日后无穷的希望都似在这个人身内藏蓄着"的人，并不仅是一个观念的形象，还是一个社会学的形象。仇虎的形象具有原始的力和野，但是这力量反而引他向死。北京人也"整个是力量，野得可怕的力量"，这力量就引出了生。瑞贞要出走，大门锁了，正为这个焦急，这时：

北京人 （徐徐举起拳头，出人意外，一字一字，粗重而有力地）我——们——

——打——开！

瑞 （吃一惊）你，你——

北京人 （坦挚可亲地笑着）跟——我——来！（立刻举步就向前走。）

瑞　　（大喜）愫姨！愫姨！（忽又转身对"北京人"，亲切地）你在前面走，我们跟着来！

北京人　　（点首。）

在这时候，哑巴的北京人忽然发言了，并且他"像一个伟大的巨灵，引导似的由通大客厅门走出"。在他后面"跟着来"的"我们"，是前进的瑞贞们，憧憬未来的"明日的北京人"。

在这里，作者所向往的已经不单是原始人的野性、力，而且是养成原始的纯真的生活形态，借"研究人类的学者"袁任敢的"沉重的声音"，作者说道：

这是人类的祖先，这也是人类的希望。那时候的人要爱就爱，要恨就恨，要哭就哭，要喊就喊，不怕死，也不怕生。他们整年尽着自己的性情，自由地活着，没有礼教来拘束，没有文明来捆绑，没有虚伪，没有欺诈，没有阴险，没有陷害，没有矛盾，也没有苦恼；吃生肉，喝鲜血，太阳晒着，风吹着，雨淋着，没有现在这么多人吃人的文明，而他们是非常快活的！

因为感于现实社会中人性的卑劣进而向往原始人的近乎无知的纯真，因为否定产生卑劣的人性的现实社会进而否定人类社会发展的行程与成果，这样的观念的内涵，不是社会学的见地批判的向往，而是无条件的原始的憧憬，这憧憬虽然寄在前进的瑞贞们——"明日的北京人"——身上，具有社会学的命意，然而是纯观念的，它是好的，然而是不真实的。

不过在作者，虽然这样，却在这中间肯定了新人的群体。《北京人》是作者向现实踏入较深的一步，向理想迈进较远的一步，向诗追求更大胆的一步；这是一个转化点，留有旧的痕迹，也现出有新的方向。

二

一个曾经在"光怪陆离的社会里流荡着"，看见过"多少梦魇一般的可怖的人事"的作者，"不甘于模棱地活下去"，苦闷而又激动，"如痴如醉地陷在煎灼的火坑里"：他对人们的爱恋和热望，"所得的是无尽的残酷的失望"，而"一件一件不公平的血腥的事实"，刺刀似的刺了他的心，逼成作者按捺不下的愤怒。在失眠的夜间，他"睁着一双布满了红丝的眼睛绝望地愣着神，看看低压在头上面的屋顶，窗外昏黑的天空，四周漆黑的世界……"他如《旧约》里那热情的耶利米所呼号的一样，"我观看地，地是空虚混沌；我观看天，天也无光"。作者"感觉到大地震来临前那种'烦躁不安'，眼看着要地崩山惊……在这样心情下，'已经听见角声和打仗的喊声'"。于是作者"要写一点东西，宣泄这一腔愤懑，要喊'你们的末日到了！'对这帮荒淫无耻，丢弃了太阳的人们"（《日出·跋》）。

于是作者写了《日出》，第一个社会的悲剧。

在这个剧里，在情感的火焰中燃烧着的作者，以跳跃的心，奔流着愤懑和痛苦的血，以颤栗的手，意图一刀剖开"损不足以奉有余"的社会。但是，正如一切从思维领域走进生活的矿山的作家，纯情感的理知引领着作者引申老子的思想，将"天之道"和"人之道"对立起来，将"损不足以奉有余"的社会作为情感性的对象，"天之道"的对立者来把握。不管冥冥中是不是有一种所谓的"天之道"存在着,不管现实中的"人之道",由社会发展而来的产物,何尝不是现阶段的"天之道"?不管冥冥中的"天之道"仅仅只是一种空想,一种观念,它要在将来,由人的手实现时,方才能够存在,这"天之道",又何尝不正是社会的"人之道"?不管这一切,作者的社会烛照着情感性思维的火光,抽象了,实际上是被还了原。作者所把握的主题于是从社会的命题降为自然的命题,降为一个观念——罪恶的人生。

所以在《日出》里,作者以陈白露们一群"鬼"的生活世界为中心,而不是银行家潘月亭的世界;作者绘写了小东西、翠喜、黄省三的遭际,潘月亭、李石清的处境,却省略了"损不足以奉有余的社会"中两个真正的主角——金八和"太阳就在他们身上"的人们。《日出》的心脏是"损不足以奉有余的社会里最黑暗的一个角落",不是最本质的角落。《日出》里的人物只是一群"蟠踞在地面上的魑魅魍魉"和他们的牺牲者,不是典型的剥削关系的代表人。于是悲剧演出的人物与地域,从整个的社会缩到社会的一角,从全面的阶层世界缩到腐烂的阶层的一隅。人物的性格和生活,被罪恶与黑暗的一面掩蔽,削弱了常态的典型的社会的一面,而在这一面正存在着最本质的罪恶与黑暗。并且,不但过鬼的生活的陈白露一再意识地重复"太阳不是我们的",就是一个从外面走来的方达生,与白露的生活世界毫无一点联系,也硬生生地随住福升意识着地说:"对了,太阳不是我们的。"(九七页)银行家潘月亭作为一个倾倒白露的色情人物出现了,金融家金八,"时时操纵场面上的人物,代表一种可怕的黑暗势力",社会悲剧的根源的代表者,仅仅只是小东西口中的"黑胖子",一个流氓的首领;而那些"太阳就在他们身上""拥有光明和生机的人们",则隐在幕后,抑郁暗塞地哼着,"如一群含着愤怒的冤魂"。

就这样,《日出》社会画幅里的人物和世界虽然真实,然而单纯。单纯原为艺术完成的典范。但是这单纯不是社会的,是思维的。这单纯以片面代全体,不是全体综合的具现。画幅中有人物,有形象,生动而逼真,但是不是典型;有人物生活的世界,但是是一个氛围,不是实体。

这样纯情感造因的思维的单纯,在《日出》之后的《北京人》里,在显示着作者深入生活的理知的诗里,也存在着痕迹。《北京人》的题旨实际上仍然含有天人之道对立的观念,《日出》中天之道的太阳是在幕后,在《北京人》中则走出幕来。《日出》中的人之道是一个黑暗罪恶的世界,在《北京人》中是一个腐败没落的家庭。这家庭,由于它是作为天之道的象征——北京人,纯真、勇敢、刚强、质朴的原始人——的对立者,于是它以一群腐败、懦怯、阴险、自私的人们具现出了它的形象;因而失去了它在现实中复合的社会关联与斗争的诸形象,于是这个家庭以及这个家庭中的人物都陷入了单纯的孤立。

这里的单纯与孤立,它的意义决不在于结构的表象,它有更深的内容。

虽然,作者没有告诉我们《北京人》一剧发生的时间,不过就瑞贞去的方向和道路看来,显然是在抗战之前不久。可是,当我们将《北京人》和《家》并列起来的时候,我们不禁惊异的是:抗战之前的《北京人》中的家,竟仿佛是北伐之前的《家》的续篇;《北京人》中的思懿宛然是一个泼辣的凤姐,愫芳正是黛玉进入中年的写照。但是,从北伐之前到抗战之前,这些年来中国的社会和家,本质上起了多么巨大的变化,岂止是形态上由兴盛到衰落而已?从

《红楼梦》的时代到我们的时代,这期间的人物的社会心理与形态,岂能依然是故有的风貌,时代的风雨没有留下一丝的痕迹?曾家是一个大家,但是,"那样一个大家庭和整个封建势力并没有彼此纽结的血缘关系,只是关起大门来开演一个悲剧,而对于暴发户的资本主义,并没有在活的社会交涉里面表现出它底抵抗或迎合,只是单纯地负了一笔债和讨债底威逼,而且这也不过仅仅尽了促成这个悲剧上的一点观念上的作用。至于当时应有的民族斗争和社会斗争的政治浪潮,在这里没有起一点影响,而新的人生理想,新底力量的存在,也仅仅只在人物底对话里面说明式地暗示几句而已"(胡风:《论曹禺底〈北京人〉》)。——正是在这里,在人物的生活世界与性格的内涵里,存在着单纯和孤立的本质。

而且,不单没落的旧世界的人物如此,就连新世界的人物也是一样。那个"猩猩似的野东西"北京人,"一个修理卡车的工人",他本身就是一个象征。那个北京人的研究者,"学者"袁任敢,他的样子也"活像一个修理汽车的工人",也和北京人有相同的"陷塌的狮子鼻",他单独住在曾家,没有家庭和社会生活,孤立地生活在世界上。他的女儿袁圆,十六岁了,没有受过学校教育,也没有经过社会习俗的熏陶,她说哭就哭说笑就笑,"活脱脱像一个莫明其妙的娃娃",在家里,有时"持弓挟矢,光腿赤脚,半裸着上身,披起原来铺在地上的虎皮","叫嚣奔腾,一如最可怕的野兽",纯然是一个原始的小北京人;而小柱儿,"刚从林中跃出来的小鹿",憨厚的农人之子,也由她打扮成功一个小北京人。这,在作者,在在都喻有深意;可是这深意却未能使人物深刻、具象,反而在人物身上投下了单纯的阴影。

当写《北京人》的时候,作者已经扩深了他的社会学的内涵,这也扩深了他的剧作中的题旨。《北京人》中的家虽然孤立，它自身却是一个有机的世界。作者憧憬的光明面与现实的光明面不同体，却同方位，所以契合了社会学的真实。而且，进一步，在主题上，由这个没落的封建的片断的家，引出了全面的"家"的画幅。

在全面画幅的"家"里，也同样，虽然展开了戏剧主题的社会的阔度，作者却是持着情感思维的刀，走近现实的身畔施行解剖的，同时也用这把刀解剖了现实中生活的人。

这是一个典型的封建社会中的"家"，祖孙三代，五房子孙，有老太爷、老爷、少爷、老姨太太、太太、少奶奶、丫头……结集在一个家里；但是，在这个"家"里只有自身的内部的人物活动，看不到外界的社会力量的冲击，只看到争取婚姻自由的家庭革命，看不到"家"所生根的社会基础，以及它在现实浪涛中怎样不得不趋向崩溃的因素和情势；看到"家"的形体，看不到"家"的社会的生命的趋向。

巴金的《家》是一个真实的故事，可是是一曲浪漫的歌；曹禺以这个歌为底样，构成了他的画幅。所以《家》不是史画，只是"一阙旧社会的挽歌，一只新社会的序曲"〔民国三十一年（一九四二）十二月三十一日《大公报》广告〕。

正如表现《日出》中"损不足以奉有余"的社会一样，作者没有社会学地把握"家"的最本质的体象，通过它来具现封建社会，却扩大了"家"的最触目的一面，以片面代替了全貌。于是作者重重地描写了冯乐山、克明、克安、克定，用"伪善、丑恶、卑鄙、自私和顽固"（五十一页）的代表，构成"家"的社会画幅；舍弃了"家"的生活的真实的面貌，单以腐败和丑恶的彩色，点染了家和家中的人物。

于是在《家》里，冯乐山看新房的时候，作者让他当众"目光逼人"地赏识了鸣凤；克安和克定闹房的时候，"对新人几乎不知羞耻地胡调起来"。虽然，作者借此描写了冯乐山伪善的道德面孔之下的狰狞，克安、克定"平日用种种虚文浮饰所掩饰的丑恶"，但是尊长的伪善和尊严，正如其他的"种种虚文浮饰"一样，在封建的"家"中，不仅是生活的形式，而且也是生活内容的一部；这样过分夸张的外形的刻画，在某种程度上，反破坏了家的礼教的氛围和本质的面目。同样，觉新和钱梅芬婚姻的不成功，在巴金的小说里是由于钱太太闹意气而拒婚，曹禺则归罪在冯乐山身上。本来站在觉新和梅芬之间的是两个家长，是整个的封建社会，现在却还原成了一个个人。鸣凤的遭嫁，在作者的剧中，也不是由于高老太爷的意志，而是冯乐山的要求，于是将封建社会中奴役女性的本质的一面，简化成伪善者冯乐山个人的罪恶。而冯乐山，整个封建势力的代表者，在《家》里，一如《日出》里的金八，被过分夸张地丑恶化了，甚至于神秘地非人化了。他杀了鸣凤、婉儿，而且"杀了梅表姐的也是他"（二九九页觉慧语），"四下里都是他的影子"，"他不是人"（三〇二页婉儿语）。于是他成了一个恶魔，一个观念的象征的影子。顽固的代表克明，只是一个迂君子；卑鄙的代表克定，只是一个下流痞，从他的口里说出手饰"拿去抵押做了生意"，失尽了北伐前封建大家子弟的气派，倒仿佛像是抗战期中新型的投机商人。至于年青的一代，在家里是个叛徒同时也是被压迫的晚辈的觉慧，则成了一个英雄，"见着长辈们也无所顾忌"，说着领导者的话："四妹，你走过那段黑路就好啦"，"你要学习自己走黑路"。但是北伐之前的觉慧，哪能这样在家里大显威风，而他自身，封建社会里出来的第一代逆子，竟这样坚强、确信，没有一点矛盾、软弱、彷徨？鸣凤，

"家"的牺牲者中的一人,被写成一个懂词乃至于懂佛的女子,于是她自杀的意识根源,不在愚昧的传统的封建意识,而在她出世的虚玄的哲学思想,无形中冲淡了封建势力的罪恶的素质,轻描了它的狰狞。

这样的"家",在本质上,只是一个意识的集体:家中的人是"宝盖下面一群猪",和不愿做猪的人,而"家"则是主观上"宝盖下面一群猪"的住所,污恶的渊薮,不是客观上几千年来人所居住的家,人类社会生活的一个形态。这个"家",是意识的形象,不是社会的形象。

"封建势力"以及"封建家庭"作为一个名词,固然是抽象的,然而作为一个人类社会的存在,它是一个有肉有血的历史的生命,这是现实的存在,生活中的东西,不是观念中的事物,暴露"家"的丑恶与腐败,作者原求扩深社会的形象;但是,所猛烈暴露的只是丑恶,而单单的丑恶并不能成为生活;于是反而狭仄了家的社会本质。在生活整体的全貌的丑恶中生活着的人,也不是绝对单纯的:如某人伪善,某人顽固,某人卑鄙,某人自私,实际上常常是复合的,可能一个人既伪善,又顽固,或者又卑鄙,又自私;更可能同时还很和善。意匠化了的观念的代表者是单纯的,因而距离生活是遥远的。

这样感情意识性的单纯,在悲剧里,或在否定性的剧里,它不过浮泛了性格与世界,在喜剧里,或在肯定性的剧里,它就戏画了人物和生活。

作者没有写过喜剧,只有一个短剧《正在想》是类乎喜剧的作品。在《正在想》里,作者写出了什么呢?作者将一个穷愁潦倒的人家,写成一个欢天喜地的世界,剧里的人物,都变得有趣,呆得热闹，戏画成了一群制造笑料的木偶。

正以相同的方法，作者写了肯定性的剧本《蜕变》。

《蜕变》的主题是"我们民族在抗战中一种'蜕'旧'变'新的气象"（《后记》），但是这蜕变不是历史社会的行程，而是"生物界里一种新陈代谢的现象"。社会的生命在这里还原成了自然的生命，人，一定社会中的人的变，成了生物界中昆虫的脱壳。扮演这样昆虫脱壳现象的人物，在《蜕变》里分做两种，一种是代表"被淘汰的腐烂阶层日暮途穷的哀鸣"的旧，一种是代表"我们民族战士在各方面奋斗的艰苦"的新。人的阶层，它的腐烂与清新，在这里依着"人性"划分开了，失去了社会学的基地和关联。于是《蜕变》中的人物和世界凌空孤立，超越现实社会机构之外，由从天而降的梁监理员以绝对的权力压倒腐朽的"阶层"，没有遇到历史社会行程中一丝的碰击，磨擦，阻逆，搏斗，丁大夫们一帆风顺地成贤成圣，演出了一幕"蜕旧变新"的喜剧。

感情意识地植立了主题的作者，也感情意识地决定了他的人物。在《蜕变》里，无论是新或者旧的扮演者，正如作者其他作品中的人物，都是绝对单纯的形象。丁大夫是新人之中的模范，理想的百分之百的英雄，无论在性格上、行为上，都没有一丝弱点。她的心无时无刻不在为祖国受难的伤兵们身上，当敌机临空炸弹爆发之中，她仍然为他们开刀；在急救站上"开了一夜的刀"，一晚上没有睡觉，一回到医院里就"又到病房看病去了"（一五六页），前线急救站上有"两个"重伤兵，她立刻连夜坐汽车跑去救治；不顾自己的身体，不顾明天的工作，不顾在长期抗战中她的责任，不顾她的体力是否能够支持这样无间息的劳顿；她的热心无穷，她的力量也无穷。她爱她的儿子，她想念他，不忍亲手给他施手术，这都是母性辉煌的一面，是弱点，然而正是她的强点。梁监理员则不仅是英雄，而且成了神人，他做出了事实上所不可能的"奇迹"。事前没有准备担架，没有分配人员，也没有找好"坚固的民房"。紧急警报都发出了，无论坚固的或不坚固的民房，大概都锁上大门了，他却能在"两分钟以内"，搬走几百个伤兵。一夜的工夫，凭他的介绍函件，就弄来了蚊帐，弄来了金鸡纳霜，似乎黎县做好了若干顶的蚊帐在等着，济南府的金鸡纳霜，不用款项就可以"交货"的；而在他的督励之下，前方正在进行大反攻，战事紧急的时候，司令部竟能将二十部卡车出借？其他的新人，个个都是英雄，他们只有公的生活，没有私的生活；甚至只要一看他们的名字，就可以想象到他们的性格：谢宗奋——奋勇，陈秉忠——忠诚，温宗书——书生气，光行健——健干，超出在他们之上的，是公众景仰的栋梁——梁公仰。在旧人之中，秦仲宣是他们的首领，后来做了汉奸，狡伪私惰的马登科次之，后来只做了奸商，卑猥的孔秋萍又次之，成了没落分子，老夫子况西堂又次之，勉强做一个混日子的书记。这些理论图式化了，等级整然的角色，有强，有弱，有半强半弱……合在一起扮演了"蜕变"，这"蜕变"，只是一幕观念的粉墨画的喜剧。

喜剧，这是作家的真实的试金石。以虚伪代替真实的，以粉饰代替传真的，立刻就分明出来。在抗战中，像丁大夫这样的英雄，诚然不是没有的，但是她是可能的英雄，却未必是成功的英雄，更未必就是如此绝对的英雄。就是变相的巡按大人或者某某大人的梁监理员，也是一样。而在作者，梁监理员不单是一个人，实际上象征着权力的化身。梁监理员和这些英雄们的"小团体"（二二五页），与整个的政治社会生活隔离地生活着，自成一个新的世界。这个新的世界，它的动力不是全民的抗战，而是一个以个人为中心的机构。

第三幕里，徐护士对夏霁如说到丁大夫："她一天到晚这么忙，我们为什么还给她做错了事，叫这个老太太心里头不舒坦呢？"丁大夫又对陆葳说到梁监理员："好好地干，我的孩子。我们不能叫这个苦干的老头儿有一点失望的。"作者又描写梁监理员的勤务兵朱强林道："在他的眼里，梁是一个最和善可亲的老人，他死心塌地为他做事。"这样的"个人中心"的世界，与作者天人之道的对立论，超社会阶层的人心说，是遥遥相应的。这固然可见作者思想敦厚和善之处，但是一走进现实世界里，在高空中翱翔着的哲学，立刻便堕入中庸的泥潭中了。

这个"蜕旧变新"的故事，从"严冬的季节"展开，到四月的春季结束，充分地表现出作者对于这个过程寄与的希望。看出中国在变动中，自然可见作者的锐眼，但是脱离了社会的基地，腾空地观看着，于是失去了质，只看到形。

从《日出》到《家》，无论悲剧与喜剧，在题旨上，都反映着作者理知的阴影，以及他的创作方法上所遭遇的最严重的问题。

三

在《日出》的《跋》里，作者对于他的戏剧写作有过自白：

> 诗人的诗，一时不得人的了解，可以藏诸名山，俟诸来世，过了几十年或者几百年，说不定掘发出来，逐渐得着大家的崇拜。一个弄戏的人，无论是演员、导演，或者写戏的，便欲立即获有观众，并且是普通的观众，只有他们才是"剧场的生命"。……写戏的人最感觉闷而又最容易逗起兴味的就是一个戏

由写作到演出的各种各样的限制,而最可怕的限制便是普通观众的趣味。怎样一面会真实不歪曲,一面又能叫观众感到愉快,愿意下次再来买票看戏,常是使一个从事于戏剧的人最头痛的问题。孟实先生仿佛提到"获得观众的同情对于一个写戏的人是个很大的引诱"。……其实,岂止是个引诱,简直是迫切的需要。莎剧里有时更加进些无关宏旨的小丑的打诨,莫里哀戏中也有时塞入毫无关系的趣剧,这些大师为着得到普通观众的欢心,不惜曲意逢迎。……

在这一意义上曹禺构成了他的场面,也在这一意义上曹禺获得了成功。

以观众为对象的作者,把握着剧的真正的性质,以人物的活动造成情势,依情势推展剧情,借紧密的穿插,生动的对话,展开剧的场面;在场面中作者使冲突逐步发展,自然而然地更高,更高;观众的情感的热度也随之更高,更高,当高到顶点的时候,终而至于最后的爆发,以无比的力量打击在人的心上。

紧张——这是曹禺剧作的特色。

但是,单调的紧张就会失去了紧张,直线的升高也正如平铺的开展,曹禺的紧张包含着情感因素的丰富的变化,具有剧的力学。在紧张的构成中,作者在每一个场面里都使冲突形成回旋和激荡,间或爆发小的火花,扩大观众心中感情的容量,用惊,用惧,用哀,用喜,构成感情因素的交综错合,扩深人心的深度,于是最后的爆发和整个的冲突得到了最强的热和光,使人流下眼泪,怀着沉重的心。

曹禺的第一部作品《雷雨》,它的场面的构成就是纯"雷雨"的。

第一幕，这是一个郁热的夏天，暗云遮满天空，蕴酝着一场风暴。由鲁贵和四凤的对话，引出整个周家乱伦恋爱的葛藤，由蘩漪和周萍的对话，引出侍萍的故事，这是一声声的远雷。第二幕，起风了，鲁妈（侍萍）到了周朴园的家里，而且她和他见面认了出来，乌云四布，发出第一个雷声。第三幕，故事移到了鲁贵的家，周萍、蘩漪都到了这里，这时满天电光闪烁，乌云浓黑如墨，雷声隐隐，暴雨随时可以降落。第四幕，故事又移到周朴园的家，在第三幕的隆隆的闷雷与闪电中，冲突发展到了顶点，于是如火山一般地爆发了霹雳——雷雨。

当鲁妈才到周家，还没有和周朴园见面的时候，她忽然发现这个屋子里的家具，都是她从前的旧物，爱的记忆和生的苦痛交袭着她：

鲁　（回想）凤儿，这屋子我像是在哪儿见过似的。

四　（笑）真的？您大概是想我想的梦里到过这儿。

鲁　对了，梦似的。——奇怪，这地方怪得很，这地方忽然叫我想起了许多许多事情。（低下头坐下。）

四　（慌）妈，您怎么脸上发白？您别是受了暑，我跟您拿一杯冷水吧？

鲁　不，不是，你别去，——我怕得很，这屋子有鬼怪！

四　妈，您怎么啦？

鲁　我怕得很，忽然我把三十年前的事情一件一件地都想起来了，已经忘了许多年的人又在我心里转。四凤，你摸摸我的手。

四　（摸鲁妈的手）冰凉，妈，您可别吓坏我。我胆子小，妈，妈，——这屋子从前可闹过鬼的！

鲁　孩子，你别怕，妈不怎么样。不过，四凤，我好像我的魂来过这儿似的。

四　妈，您别瞎说啦，您怎么来过？他们二十年前才搬到这儿北方来，那时候，您不是还在南方么？

鲁　不，不，我来过。这些家具，我想不起来——我在哪儿见过。

四　妈，您的眼不要直瞪瞪地望着，我怕。

鲁　别怕，孩子，别怕，孩子。（声音愈低，她用力地想，她整个的人，缩，缩到记忆的最下层深处。）

四　妈，您看那个柜干什么？那就是从前死了的第一个太太的东西。

鲁　（突然低声颤颤地向四凤）凤儿，你去看，你去看，那只柜子靠右第三个抽屉里，有没有一只小孩穿的绣花虎头鞋。

四　妈，您怎么啦？不要这样疑神疑鬼的。

鲁　凤儿，你去，你去看一看。我心里有点怵，我有点走不动，你去！

在这样有点残忍的逼人心灵的笔下，在这样惨痛的感情的回旋里，谁的心能不紧张起来，屏着气，大张着眼睛，看着四凤走到柜子前面去开抽屉？这是在震耳的雷声前迸发出来的耀目的电光的烧灼。同样，在悲剧的霹雳降临前，在第三幕末尾，一个苦命的妈妈在暴风雨中抢天扑地的悲呼："哦，我的孩子，我的孩子，外面的河涨了水。我的孩子。你千万别糊涂！四凤！"谁的心不为这个妈妈苦痛？谁能遏住他的同情的眼泪？

在《原野》里，焦大星遇着仇虎，和他叙旧，一心把仇虎当做老友，推心置腹地告诉他："你吃了官司，我爸爸只让我看了你两次，再找你，你就解走了。上十年找不着你。今天见了你，你还是我的熟识哥儿们。可是虎子，许你待你老弟好，就不许你老弟也有点心么，虎子，这是我的一件丢——丢人的事，我不愿意别人替我了（'了'作'了结'解）。不过我找着他，万一对付不了他，我不成了，虎子，我死后你得替我……"而仇虎正怀着报仇的心，预备和他血刃相见。这是一个回旋，使人往事件和情感的深渊中走进，下沉……后来大星拿刀杀金子，恶狠狠地举匕首刺她，金子用手挡去，刺破了手背，流出血，金子围绕方桌躲避，大星追赶，把她逼到墙角，抓住了金子，举起匕首向下，金子闭上了眼等死。这是一个激荡，引人向上，向上，升到悬崖的峰巅，只要向下一落，立刻全都完了；但是，作者轻轻的一笔："你别走"，一手就拉到了平地。

这激荡，这回旋，是非常的成功。

《日出》里面，陈白露救了小东西赶走黑三之后，忽然瞥见地上的日影，她对潘月亭叫道："喂！你看，你看！太阳——太阳都出来了。"她跑到窗前，对着日光，窗外隐隐有吱吱的雀噪声，她满心欢悦，手舞足蹈地嚷着，"你看，满天的云彩，满天的亮——喂，你听，麻雀！春天来了。哦！我喜欢太阳，我喜欢春天，我喜欢年青，我喜欢我自己。哦，我喜欢！"在《家》里，觉新和瑞珏在新房中白白的低诉，这都是剧的优美的高点。

而人，在这样回旋激荡的高点中生活着的人，在作者矫杰的笔下，也各各获得了一定的身份和形象。人的活动是构成场面的因子，可是场面同时也活生了人，这是和小说不同的剧的人物描写。作者的人物都有和他的形象分离不开的场面（行动）：《雷雨》里周朴园逼蘩漪吃药，《原野》里金子硬要焦大星说淹死他的妈，《北京人》里曾思懿当文清的面还信给愫方，这都一笔就画出了人物性格凸出的一面。就是剧中次要的人物，也都经过苦心的布置。《日出》里，张乔治哈哈一笑拒绝了陈白露借钱，写出这个"最优秀的产品"的真面目，在《家》里，克安闹房的时候，起初只是附和克定，叫着"好，好"，"对，对，对"，举动中存着分寸，后来渐渐地情不自禁，才由矜持而放手参加调笑，在行动和心理的发展过程中，克安现出了他的身份：堕落，但是比克定持重。《北京人》里，借孩子们玩耍，将农夫的儿子小柱儿扮成北京人，作者写出了思想的憧憬，没有落下一点痕迹……

这一切杰出的描写与成功，原该完成怎样光辉的艺术生命，可是，由于"一面会真实不歪曲，一面又叫观众感到愉快"的二重重心的写作态度，没有能够得到坚实的收获。

由于"获得观众的同情"的引诱与"普通观众的趣味"的限制，更由于主题中人物和社会的单纯性，在场面中，感情高点的构成和社会典型的体现没有统一，这一切成功所体现出来的世界，常常是剧，是剧中人，而不是生活和人的典型。回旋与激荡所获得的感情的高点和场面的高点，不是社会的高点和典型的高点，剧的优美的高点也不是人的真实的高点。

《雷雨》里的一切雷电只是为了画出一幅命运的悲剧。在《原野》里，为了要结成复仇的悲剧的葛藤，凶残的焦阎王和狠毒的焦氏的儿子焦大星，他不得不如此的忠厚、老实，不但不像是在这样的父母手下长大的孩子，甚至也不像在这个家庭环境中生活的人。他不得不什么都不知道，不知道从前金子许过仇虎的亲事，也不知道他父亲陷害仇家的故事，他和他所生活的社会没有一点系联，他甚至于能允许金子和仇虎的关系继续存在，情愿戴绿帽子，只是要她"别走"。为了要结成命运的死的葛藤，作者让焦氏亲自下手去杀仇虎，结果杀死了她的孙子。可是，当焦氏进房去杀仇虎之前，她不在房外先谛听一下动静，她不怕仇虎醒着？她听不出小儿的鼻息和仇虎的不同？事实上，侦缉队随后就来，她何需进去杀他？她眼睛看不见，她的铁杖也不过"通条似的"（一一三页），并不够粗，如果一击不中要害，岂不反而坏了大事？加之她已经年老了，再狠再毒，杀人也不是件易事，她何必定要亲手去杀他？

观念，趣味，与真实的不相统一，在结构的重心和剧的结尾上，明显地留下了塑造的刀痕。

《原野》里，仇虎的见鬼、迷路，乃至于死，都失去了真。在《日出》里，陈白露的死，也没有得到真切的情势。逼死陈白露的债，时间不过一星期，数目只在两千元上下（福升语）。可是，我们觉得，以潘月亭的局面，以他对白露的迷恋，白露不至于买点东西就非欠债不可。即令她欠了债，这些商人又真的会得那么齐，不到一个星期就一起跑来逼债；两千元（或二千五百元）在白露，也并不是毫无办法的。单就福升念给她听的第一批账单来看，金店就占六百五十四块四，绸缎公司占三百五十五块五毛；她历年的衣服首饰合起来，总凑得足这个数目，这笔债实在逼不死她。——但是在剧里，风尘生活中的白露被作者写成一个诗人，她骄傲，她倔强，她厌倦了生活，她说，"我是卖给这个地方的"，她不走，她只有死。然而，她不是爱生活么？不是"喜欢年青，喜欢我自己"么？她不是看清了人生，也看清了社会，她难道还看不清金钱是什么？她这么年青，这么美，为了这点债，她又不是第一次欠债，她就去死？

如果说：白露是充满了矛盾，看透了人生，厌倦了生活，她才死的。这样，她就又是一个哲学家了。这个哲学家，在失去了爱之后，就该"睡"了。她没有睡，她活着，留恋着昏热的风尘生活，甚至于都不想"走"，可见得是一个凡俗的人，不是一个超社会的诗人。所以白露的死，剧的气氛迷漫着人生的悲画。同样，《北京人》里哑巴的北京人开口说话，这也是剧。事实上，袁家动身的时候，曾家自然要下锁开门的；而且思懿说过"叫他们小夫妻俩给袁家人送行"，（三二二页陈奶妈语），何用北京人举起拳头说："我——们——打——开！"

这样的痕迹，也留在对话的描写上面。和人物行动相结合着的对话，从生活中提取出来的纯正的口语，给与人物以生命的语言，原是剧作家曹禺的才能又一面光辉。但是，为了维持场面上情绪步踏的紧张的旋律，在剧里，对话不得不滔滔地，如流水一般，在事和人的上面流过；这样的对话，生动，有声有色，波涛在激荡回旋中显出灵巧，浪花冲激四射，也显出力。可是，湍急的水流没有深的蕴藏，也不是广大的海。不是从灵魂的深处流出来的，也流不进灵魂的海中。那样的水流，在广阔的河床上，静，可是远。

这样的对话里，正如在场面里，"普通观众的趣味"是一个有力的因素。有时候，当作者向这边稍稍侧重的时候，立刻就显出了趣味与真实不相统一的形态。《原野》里，常五在外面叫门，金子和仇虎在屋里调情，常五等急了，问她"在干什么啦"，她"（还抱着仇虎，闭着眼，慢慢推开他，蓦地回头向中门，放开嗓音，一句一句地，也长悠悠地）别忙噢！常五伯，我在念经呢……"这样的动作伴着这样的对话，仿佛一个故作的颤音，出现在乐章中间。在《家》里，觉新和瑞珏正作自白的低诉的时候，觉英从床下钻出来，问谁叫他到床下躲着的，他狡猾地回答道："陈姨太！她说在床下面就听得见天上的牛郎织女打喳喳。"这个音调，也出现得突兀，破裂了先前婉静的诗章。《日出》《原野》里一部分对话，过分的流利、圆滑，有的地方乃至于近乎油滑，影响了形象的坚实。

然而，作者始终以惊人的笔力，控制着这种油滑边际上的插话，常常他一手就将它提升到严肃的边际。在《原野》里，白傻子和焦氏对话，焦氏说金子是老虎，会吃人的：

白　老虎？（不信地）嗯！我看过她！

焦　你看过老虎，你还来干什么？

白　（鼻涕又流下来，舌尖不觉翻上去舐）那——那我来看看，她会吃我不？（又抹一下鼻涕。）

焦　（可怜地）唉，狗蛋，你日后也要个老虎来吃你么？

白　（老实地）老……虎要都是这样，我看还……还是老虎好。

焦　（酸辛地）傻子，别娶好看的媳妇。"好看的媳妇败了家，娶了个美人丢了妈。"

白　不……不要紧，我妈早死了。

焦　（看看白，叹一口长气）嗯，孩子们长大了，都这样，心就变了。

白　嗯？

焦　（低声喃喃，辛痛地）忘记妈。什么辛苦都不记得了。（低头。）

这样的对话本是近乎流俗的东西，而且傻子也不傻了，显出过分的曲从。但是，作者只用一句话一结，立刻就赋予了完全不同的内容。同样，在《家》里，接着觉英的话之后，觉新微叹着说："天上的牛郎织女是见不着面的！"这样能放能收的手法，是作者的成功，也是作者的大胆。

不过艺术，在本质上，不是大胆。这正仿佛一个作曲家，为了迎合听众，故意在乐谱中制造奇音，然后再设法调整它在旋律中的和谐。有时，以作者的才力，当然，是美满自然的；可是有时，就不免露出破绽。在普通观众低级边际的哄笑声中试炼诗的韧度，这实在是不必要争取的成功，同时也是不必要的冒险。当然，我们并不反对语言的粗俗，因为真正的粗俗是生活中的东西，是真实；但是流俗不是粗俗，流俗是文字上的粗俗的变形。

以这样的情绪、人物、对话构成的场面，具有剧的最大的素质，它以紧张和生动护住了人，置身在场面的回旋激荡中的观众，常常无暇作理智的分辨和思考，就相信了剧中的一切。

《原野》序幕里，跳下火车，脚上带着铁镣的仇虎，一出场就向白傻子逗凶，可是事先他并不知道这个人痴呆；假如白傻子是另一个人，惊逃走了，叫了人来，仇虎不是自己找了麻烦，误了复仇大事？如果说，仇虎不怕，他有枪；才从狱卒手中脱网的逃犯，哪里来的手枪？作者告诉我们，仇虎是一个农民，原先家里有田地，仇虎自己也说他是个"好百姓，苦汉子"（二八三页），可是，八年监狱一坐，怎么就成了一个"眼里闪着凶狠，狡恶，机诈与嫉恨"的人？说话举动神情，无一不像一个地痞，不像一个"弟兄"。由于仇和恨，农民的仇虎就失去了社会阶层的根性？做了八年苦工，反而养成了他一身的本领，戴着脚镣从急驶的火车上跳下来（四十八页），一点没有受伤；甚至于侦缉队上都知道"人少办不了他"（二二七页）。也养成了他挥金如土的性格，将金戒指"扔在塘里"，这颗嵌宝石的金戒指，又是哪里来的？

在《原野》里，从最初的序幕到最后的一幕，都布满了裂痕。但是，即使这样，《原野》仍以一个动人的故事出现在观众的前面。尤其是《雷雨》，那样一个千古难逢的故事，作者不仅使观众相信了它，而且还感动了他们。在这里，在曹禺的全部剧作里，存在着一种非常的构造情势的才能，这情势产生的场面，将故事与主题，人物与故事，融成一个不可分的整体，紧凑，生动，逼人，让人喘不过口气来思想。故事纵使不是真实的，然而情势是真切的。所以《日出》在表现"损不足以奉有余的社会"以及这一社会中典型人物上，是失败了；但是它却令人难忘地展开了一群鬼的图画和金钱逼人的世界，在这一意义上，《日出》是一个控诉，它得到了成功。

不过这样的成功，是剧，不是诗。

《原野》是作者的诗，然而我们看到，那只是一个"剧"。在《日出》里，作者"用多少人生的零碎来阐明一个观念"，"人之道损不足以奉有余"，并且以这个观念作为结构的联系和结构的统一。于是，陈白露的生活世界（包括顾八奶奶、胡四等），潘月亭的生活世界（包括金八、李石清等），小东西的生活世界（包括翠喜、黄省三等），方达生的生活世界（算是劳作的人们的同行者）结合在一起了；但是，他们的"萍水相逢"的关系是多么偶然，生硬，没有一点决定性的社会因素。为了通过个人维持这个联系，不得不以陈白露的生活世界作为结构的中心，潘月亭则是一个桥梁，连着金八的世界，方达生则是另一个桥梁，连着小东西、翠喜、黄省三的世界，也隐连着"拥有光明和生机"的人们。因此，作为悲剧的桥梁的潘月亭和方达生的都不得不削弱常态的典型的社会的一面，牵就题旨中的观念的一面。银行家潘月亭不得不作为一个色情的人物出现，他被白露如一个孩子似的玩弄着；虽然他是精明干练的，扣工资，押房屋，买公债；却又不得不如此的软弱无能，事前得不到一丝消息，被金八如一个孩子似的玩弄了。作者心目中的吉诃德——方达生，他飘然地走了进来，没有"吉诃德"的光明处勇敢处软弱处，也没有碰到吉诃德的打击，他反而像是《日出》里的希望和生机。站在这个结构中心的陈白露，中国的畸形的茶花女，她只得到社会画幅结构上的意义。她的死，小东西的死，黄省三的疯，潘月亭的破产，结合在一处，应该凝现出一个金钱社会的狰狞的面目。但是作者曲宥她的纯洁的"心"，将白露和她的生活世界本质的因素——金钱的复合关系，只用一句话交代过去："钱，钱，钱，为什么你老这样子来逼我。"（二七一页）作者不肯让她死得太惨，死得太脏，却死于一笔不一定就逼死她的债。这笔债，乃至于白露的死，在观念的海里漂淡了社会的彩色。

这样的人物，是演员，是"剧"中的人物。

在剧里，表现这样人物的特征的手法，是铺张。在《原野》序幕的布景中：

> 开幕时，仇虎一手叉腰，背倚巨树望着天际的颜色，喘着气，一哼也不哼。……他扔下石块，嘘出一口气，把宽大无比的皮带紧了紧，一只脚在那满沾污泥的黑腿上擦弄，脚踝上的铁镣恫吓地响起来。他陡然又记起脚上的累赘。举起身旁一块大石在铁镣上用力擂击。巨石的重量不断地落在手上，捣了腿骨，血殷殷的，他蹙着黑眉，牙根咬紧，一次一次捶击，喘着，低低地咒着。前额上渗出汗珠，流血的手擦过去。他狂喊一声，

把巨石掷进塘里,喉咙哽噎像塞住铅块,失望的黑脸仰朝天,两只粗大的手掌死命乱绞,想挣断足踝上的桎梏。

这里面形容的字汇,如"宽大无比","满沾污泥","恫吓地","擂击","巨石","捣","喘着","渗出","狂喊","失望"……都唯恐下得不重,不够,不惊人,剧的颜色不深。这形态在结构上也存在着。《原野》第二幕结尾,仇虎杀了大星,屋外枪声四起,这时常五跌进来;在如此紧张的场面中,让农民的仇虎表演西洋拳术中的数数,获得了剧的回旋;但是,乡下的金子有那么老的胆子,敢在官兵包围中间,随着仇虎走出去,没有一点疑虑、迟疑、惊恐?在《日出》里,陈白露自杀之前,她拿起镜子自己照着,流下眼泪,"哀伤地"说出:"这——么——年——青,这——么——美,这——么。"于是吞下了安眠药片。在《北京人》里,愫方出走之前,和文清、曾皓都晤别似的见了面。这都是够"剧"的,但是就人物的性格看,在这样的情形下,骄傲的白露应该活下去,情感的愫方则应该留下来。

这铺张,片面的扩大和膨胀,剧和真实不相统一的一个形态,是认识的产物。这不止于是手法,甚至于也是方法的一面。在《家》里,作者以爱的葛藤为中心,同时又扩大家的丑恶与腐败,这二者的生活体象和人物杂糅在一起,彼此间没有在一个冲突中心中得到统一的有机的系联,于是紊乱了步伐,许多高的回旋互相干涉,乃至于消灭。例如就爱的葛藤说,闹新房的铺张只是一个膨胀了的枝节;就《家》的绘写看,梅和琴的出场是不必要的;在剧里(这和在小说里大不相同),觉民只是一个闲人,他和琴的爱情全部省略了,作者只有借他们一起出场表示他们的关系,实际上还不如将婚姻自主的抗争集中在觉慧身上。第四幕,当觉民的婚姻得了胜利,家的中心首脑高老太爷倒下之后,《家》的故事已经告终了,这时又铺张出一幕瑞珏的死,虽然有觉慧的出走陪衬,但是这在故事本身只是主题的观念的说明。

由此,在主观的二重重心认识的局限下,把握了剧的真正的素质的作者,正在获得成功的方面,遇到了限制,束缚了他的才能。

四

真正的剧,伟大的剧,同时也是诗。

在剧里,场面构成的完美,人物的生动,对话的逼真,如果不能绘出现实生命的内涵,不能体现典型的形象,即使主题中包含着社会学的命题,而且提出了作者的控诉,这控诉只是现象的、技巧上的,不是现实的、美学上的。

现象的、技巧上的控诉,可以使人在剧场中流泪,鼓掌;现实的、美学上的控诉则有超出这以上的意义,可以千百年地生活在人类灵魂的深处,使人类思想崇高,使作家伟大。

莎士比亚在这一意义上,他也是一个诗人,一个真正的诗人。

莎士比亚不是以剧,而是以诗,才能超越他的同时代的另一个天才蒋生(Ben Johnson,一五七二——一六三七)。观念论的理性主义,布尔乔亚的局限性,狭窄了蒋生的目光,也束缚了他的思想的勇度、宽度、深度。蒋生以卓越的智力和严格的技巧构成的完美,只获得了作品的优秀,却不是伟大。

莎士比亚的诗,是真实的诗。几乎在他笔下的每一个人物背后都浮现出社会的巨影。相应着他的思想范畴的广阔,他的诗的领域也无限宽广，他的诗的生命如浩瀚的大海，无涯，汹涌冲击着，说着永恒的语言。

明锐的剧作家曹禺，他是意识着这个的。在作品里，作者除了展开喧闹的场景而外，总竭力布置"另外一个天地"，这常常是"一个梦境"，仿佛《家》里高府办喜事时的梅园，在幕后展现一片幽香的境界。

从《雷雨》以来，作者都在剧作里寻求着诗。

《雷雨》的故事就是一个诗的尝试。《日出》里陈白露的死，《家》里瑞珏的死，全有诗的气氛。《雷雨》的序幕和尾声，《日出》里工人的歌，都是构成诗的氛围的明显的意迹。在《原野》里，作者社会学地处理希腊悲剧中诗的因素，绘写了思想的憧憬，这憧憬，这诗，又在《北京人》中显出身来。

但是，戏剧的诗也正如真正哲学的诗，它必须真实，无比的真实。它容许想象，但是不能造作和虚拟。

对于真实的诗，观念的思维是一个致命的伤害，《雷雨》的故事是一个说明的例子。

首先，它失去了真。

在《原野》里，作者告诉我们仇虎是一个农民。可是在作者的笔下，却成了一个江湖好汉之类的人物。跳火车，手枪，金戒指，弟兄们的接应，侦缉队悬赏围捕，这都是说明。当仇虎扔金戒指下水的时候，他对金子说道："我知道你不希罕这个，你是个规矩人。好，去吧！（一下扔在塘里。）"后来，当他杀了焦大星之后，金子"（喘不出气，指着他的手）哦，你的手，你的手"；仇虎"（举起一双颤抖的手，悔恨地）我的手，我的手。我杀过人，多少人我杀过，可是这一双手头一次是这么发抖。……"农民的仇虎，过了八年监狱生活，他在什么地方"杀过人"，而且杀过"多少人"？——明显的，为了象征命运，于是作者给农民的仇虎加上一副铁镣。为了写仇虎在森林中原始的美，于是决定了他在人间容貌的丑恶；为了写原始性的力，于是粗野的仇虎，失去了一切农民的根性，成了一个匪徒。

在这种诗的人物的假象上，唯心的人性论有时也投下它的暗影。情感意识地将天人之道对立的作者，在作品里，将人物性格也分做天人两种，并且对立起来。一种是人物的社会的性格。另一种是超社会超阶层今古不变的"人心"。在《日出·跋》里，作者自己写道："《日出》里这些坏蛋。我深深地憎恶他们，却又不自主地怜悯他们的那许多聪明（如李石清、潘月亭之类）。奇怪的是这两种情绪并行不悖，憎恨的情绪愈高，怜悯他们的心也愈重。究竟他们是玩弄人，还是为人所玩弄呢？写起来，无意中便流露出这种偏袒的态度。目前的社会固然黑暗，人心却未必今不若古，堕落到若何田地，症结还归在整个制度的窳败，想到这一点，不知不觉又为他们做一些曲宥，轻轻地描淡了他们的责咎。"于是被曲宥了的人物就以失了色的形象出现了。应该心手俱狠的潘月亭只是一个软弱无能的人物；风尘生活中的陈白露，生活上没有一丝堕落的痕迹，说着聪明而又深刻的社会哲学，曾经嫁过一个前进的诗人，又有一个前进的朋友在她身伴；完全是一个浪漫的女诗人的风貌。作者所讽刺的吉诃德——方达生，没有应有的软弱，却是白露与太阳之间的桥梁。

同样，《北京人》里的愫方，她是一个惋顺哀静，舍己爱人，典型的封建社会中柔弱的女性，在几千年社会制度封建道德的压迫之下成形的灵魂，她竟能看了一两本书，就同意瑞贞带着她深爱的文清的孙子出走，甚至于勇敢地当面诀别她亲爱的姨父和文清，抛弃了家，走到茫茫的人海中去。还有曾霆，当听到他母亲说要生的时候他所发生的情感，他的回答"唉，生吧！"以及他"突然由通大客厅的门跑下"的举动；全不是十七岁的孙少爷，《昭明文选》的学生，两厢《红楼梦》的读者所能了解所能想到的。这都是作者对于良善的人心的怜悯与宽容，给了他们自觉的新路。

此外，在剧里，趣味的倾向也同样地影响着人物。为了引起普通观众的趣味，于是许多变形的丑角出现在舞台之上。《日出》里，令人作呕的顾八奶奶，满口洋文的张乔治，流气十足的胡四，油腔滑调的福升，都是这一类人物。《原野》里的白傻子，对仇虎说人家叫他傻王八蛋，有时叫他狗蛋，问仇虎"这两个名字哪一个好？"后来焦氏问他："狗蛋，你滚到哪儿去了？"他就回答"我——没有滚到哪儿去"，后来又向金子说鼻涕的滋味。这纯粹是一个文明戏里的小丑，可是他是《原野》中一个真正的唯一的农民。——而《日出》，由于两个真正的主角没有出场，由于站在结构中心的是陈白露，社会画幅上的多余的人，银行家和吉诃德只是两个桥梁，小东西自始至终如一个木偶，翠喜不过露一露面，白露又如一个女诗人，在她四周又陪衬着许多丑角；所以这个社会的悲剧，被很多人看成白露个人的悲剧和一群小"鬼"的喜剧。在《原野》里，农民的仇虎，他在森林里看见幻象的鬼，又看见阎王判官牛头马面，终于全都变成焦阎王，和他意识中怀想的完全悖逆，这在实际上，是曲从旧趣味和新观念，二者混合成的一幕戏剧，在这一幕里，仇虎也正如白傻子一样，只是一个小丑。

作者认为"莎剧里有时更加进些无关宏旨的小丑的打诨，莫里哀剧中也有时塞入毫无关系的趣剧，这些大师为着得到普通观众的欢心，不惜曲意逢迎"。但是，莫里哀写的是喜剧，不能与一般的剧作并论。至于莎士比亚中的小丑，他们本身就是社会阶层中的一种人民。在莎剧里，常常，扮演丑角的并不是他们，反而是国王与贵族本身。丑角以真正的"人"的形象出现，与王公们并立在舞台之上。

在《哈姆莱特》里，扮演丑角的是御前大臣普娄尼阿斯和他的女儿，甚至装疯的哈姆莱特。在《暴风雨》里，扮演丑角的是王公大臣，是萨伯斯金、安东尼欧、冈察娄，而不是奴才加立般，小丑特林古娄，醉管家司台芳诺。奴才、小丑、醉管家们的谈话和思想，比王公们坦白，刚直，大胆，不像廷臣们那样卑猥；在剧里，奴才加立般欢唱着"自由"的歌；并且借着他们，莎士比亚描写了王位的来历——得位之前先得起血腥的念头：谋杀。

在莎士比亚的剧里，小丑的打诨决不是曲意的逢迎。这打诨随着人物的身份各各不同。哈姆莱特的疯话中没有一丝浮浅的笑剧的成分，普娄尼阿斯的对话则隐存着奸诈与卑微。借哈姆莱特的口，莎士比亚说出丑角的意义："演丑角的人除了脚本规定的以外不要再多说；因为他们有的只顾自寻开心，引得一大部分愚蠢的观众发笑，而那时候剧中正有些必须严重考虑的问题；这是顶讨厌的事，表示出这丑角顶可怜的愚妄。"（第三幕）所以"丑角要使那些顶容易发笑的人笑"（第二幕），不是使那些存心花钱寻找笑料的人笑，使愚蠢的观众笑。

在曹禺的剧里，变形的丑角的出现还有另外一个因素：这是作者自己的强烈的激情。

作者写《雷雨》，"与原始或者野蛮的情绪俱来的还有其他的方面，那便是性情中郁热的氛围"。写《日出》，也是由于"这些年在光怪陆离的社会里流荡着，看见多少梦魇一般的可怖的人事"，这些印象化成多少严重的问题，灼热作者的情绪，使作者"如痴如醉地陷在煎灼的火坑里"。由于"情感的激动，终久按捺不住了"，于是怀着一腔愤懑，还是把它写出来。这样，作者以压抑不住自己的夸张的讽刺的文笔，写了肥胖蠢俗而故作天真，"笑，笑，以至于笑得令人想哭，想呕吐，想去自杀"的顾八奶奶，写了"最优秀的产品"满口洋文的张乔治，等等。

我们同情作者的情感，我们也了解这种人物的面目，但是，在情感的造因下形成的人物和世界，常常不是真实的本体，常常是片面的表象，有时甚至于只是假象。因为情感不是认识，并且也不能够代替认识。

创作的路，只有真知。在这条路上，才能获得典型，完成诗。

真知属于社会学的范畴，不是情感意识的范畴。

真知的作家，他能在黑暗的世界里，以智慧的眼，透过现实的心，迷蒙的雾，看到遥远的人类的黎明。这黎明是具象的社会，不是抽象的性或是力。力或性的憧憬，在近代智识分子的作品中是常常出现的。这是一种思想上的安慰或寄托，一种苦闷的解答。然而，力或是性本身是空洞的，虚幻的，只有社会才是真实的具体的存在；并且在根本上，任何形态的力或是性，都是由社会产生，生根在社会中的。所以现代伟大的作家都向着科学理论的方向走去。

力或是性的憧憬者，尽管向往的是平常人所不能想象的事物，然而这思想活动的圆周，没有超出智识分子的观念范畴之外。当一切的原始都为人类的手所开化，人类的历史向着未来展开的时候，憧憬原始的力或是性，这与赞颂向往机械的力的作家们，同属一个思想的形态。

这样的思想阻碍了作家真知和全知，他无力深入事物的根，只能从他的观点出发观看。必然的，他所见的社会和人物是片面的，往往只是假象的侧影，不是真身全貌；他所见的世界和历史也将如此，结果只有沉入个人的内心世界中去找道路。这是现实主义者与非现实主义者分路的地方。

观念——尤其是中庸的玄学的观念，不能代替认识。不能认识世界也不能绘写世界。诗由真实而来，失去了真的，也失去了诗。

莎士比亚在《仲夏夜之梦》、在《暴风雨》中，使自然甚至精灵人化，这与在《原野》中使自然和人原始化，在《北京人》中使社会和人原始化，是两个明显的不同的方向。一个是伟大的古典主义者的路，一个是现代欧美作家的路。

就意境说，《原野》远比《雷雨》诗化，但是《原野》的诗只是一个观念，因此，失去了真的也失去了诗。《北京人》中的憧憬，虽然与现实的行程有社会学的暗合，但是仍然不是诗。

情感意识的社会观不仅狭小了作者的视野，片面化了人物和世界，甚至还意识化了人物和世界。《蜕变》里的人物是定了型的，在《家》里也是一样；年老的一辈伪善，顽固，卑鄙，自私，年青的一辈则有的软弱、妥协（觉新），有的缓进、稳健（觉民），有的激进、勇敢（觉慧）。每一个人代表着一个观念，实际上则仅是一个观念，因为生命中没有比这更多更复合的血肉。时时，人物甚至意识着自己在剧中的性格和身份，有的由他们自己的嘴说出来，有的则借别人的话来点破。在《日出》里，像陈白露、福升都说"太阳不是我们的"，像方达生指出白露的性格和心境，"聪明，倔强，心里痛苦，嘴头上硬，眼神儿软，恐慌，犹疑，不满……闷死自己"（六三页）。《北京人》里，一再地说明耗子、耗子。奇形怪状的北京人在曾家突然出现时，"曾家的人——除了瑞贞——都有些惊吓"（一四〇页）。

第一眼看到那样一个人，谁都会惊吓的，为什么瑞贞就不？这是因为在作者的观念上，她是北京人的同路人，所以不应该惊吓。在《家》里，鸣凤也自己说道："我不会走错路的，我总是一个人走黑路的。"作者不通过生命形象体现真实，而直接地作观念的明示，于是为观念画出了形象。更时时，在作者的剧里，出现了超社会学的人物，例如《雷雨》里疯狂的蘩漪，竟能当着自己的儿子直白和他哥哥的关系，还有《原野》里强悍的金子，这都是性心理学上的形象；《蜕变》里超人的丁大夫是生物学上的形象；《日出》里厌世的白露，《原野》里森林中的仇虎，都是心理学上的形象。然而这些人物，因为社会形象的晦暗，都成了单纯的生命。

人物片面化，人物意识化，加以与天人对立论相联系的绝对的人心论，这一切，阻碍着典型人物的创造。当作者又曲从普通观众的趣味，在场面中感情高点的构成重于典型的体现的时候，人物就不得不流为假象，甚至于变形。人物都求射出极强的戏剧的光，不是极真的社会的光。所以看了作者的剧，常有这个人"太"怎么样了的感觉。创造典型的艺术是压缩，在作者则是扩张。不凝现人物，而是以片面作诗的夸张，代替全面。在作者，不是现实转化为诗，而是现实诗一般地转化为现象，为象征。

这在作者在生活历程中以深切的爱憎感知过的人物身上，在真切的封建世界的形象身上，还看不清晰，但是在作者所生疏的人物身上，就明悉地显现出来。例如《日出》里的金八，《家》里的冯乐山，几乎只是两幅漫画。《雷雨》里的鲁大海，《原野》里的仇虎，一个之不像工人，正如另一个之不像农民，鲁大海换个地位，就是《家》中的觉慧；仇虎加以诗的扩大，就是《北京人》中的北京人。而粗暴的原始力的充沛，则是这四个人共同的特色，也是这四个英雄所体现的共同的观念。

　　由于情感意识的局限，由于场面的构成剧重于诗，这迫使作者在许多地方，不得不侧重着技巧。这技巧常常是因袭来的。《雷雨》和《原野》的题旨，爱与死，复仇与死，都是希腊悲剧中体现命运的冲突中心。《雷雨》的序幕和尾声，作者在《序》里说明"仿佛有希腊悲剧 Chorus 一部分的功能"，也是现代英美电影中常常采用的回忆的写法。《原野》里的仇虎，进了森林，成了奥涅尔的琼斯皇，《北京人》受有两园——大观园和樱桃园的影响，《正在想》作者说明是根据 Niggli 的 *The Red Velvet Coat*，而《日出》的故事实际上由小仲马的《茶花女》演化而来。在风尘生活中生活在生的疲倦里，又在青春的奢华娇美中死去的白露，正是小仲马的茶花女玛丽格特。玛丽格特，和白露一样，在堕落生涯中仍然保存着纯洁的心，但是她的生活习惯不允许她改变生活，她觉得只有长夜放荡的昏热的生活才能支持她的生命。有一个老伯爵替他挡还债务，有一个年轻的 N 伯爵崇拜似的爱她，她嫌他愚蠢，不假给一点颜色，后来不得已时又被迫求助于他。这时又有一个青年真挚地爱她，她也爱，他们在乡下一起过过真正的生活。后来又回到黑暗的火坑里，在这里面埋葬了如花的生命……甚至于《茶花女》里的人物，在《日出》里都找得到他们的对应者：普于当斯—顾八奶奶，加斯东—胡四，N 伯爵—张乔治，老伯爵—潘月亭，亚芒—方达生。《日出》第一幕，白露拒绝方达生的规劝，这场面就是亚芒第一次和玛丽格特会面的写影。玛丽格特的语法、神情、意态，完全一如白露。亚芒不忍玛丽格特在放浪酗酒与长夜失眠中生活，说："你这种高兴太使我难过了。"她就回答："那么，我发愁好了。"也在这时候，她告诉亚芒，他养不活她。又说："我们懂得这种爱情是怎么一回事。"白露也向方达生说过类似的话。顶相像的：玛丽格特有本书《曼农·勒斯戈》，白露也有一本书《日出》，都是她们的爱情的纪念品。

当然，一个如花的生命，这么年青，这么美，就悲惨地离开了人生，这死，是真正的人生的悲剧。但是，玛丽格特是个什么人，小仲马还他一个什么灵魂。曹禺则粉饰了他的茶花女，提高她的身份，教她说着哲学和诗的语言。《日出》的社会画幅扩展开了，但是在渲染的画笔之下，失去了人物的深刻和生命的坚实。这里存在着曹禺剧作的特点，也存在着他和真实的诗作者的差异。《日出》末尾："砸夯的工人们高亢而洪壮地合唱着轴歌。'日出东来……'，沉重的石春一下一下落在土里，那声音传到观众的耳里是一个大生命浩浩荡荡地向前推，向前进，洋洋溢溢地充塞了宇宙。""屋内渐渐暗淡，窗外更光明起来。"这在实际上，正如作者自己所描写的，仿佛柴霍甫的《三姊妹》里，"那三个有大眼睛的姐妹悲哀地倚在一起，眼里浮起润湿的忧愁，静静地听着窗外远奏着欢乐的进行曲，那充满了欢欣的生命的愉快的军乐渐远渐微……"但是，在柴霍甫，这军乐声在三姊妹对生活的挹郁、希望的渺茫、徒然的生存悲哀、忧愁着的静默中，奏出了真实的情感和生命；而在《日出》，"如一群含着愤怒的冤魂，抑郁暗塞地哼着，充满了警戒和恐吓"的歌声，突出在人的世界里面，不相调和，只写出作者观念的象征。

严格地整体地分析起来，作者剧作中的人物和世界，常常是学识和智力结合成形的产物，成功于技巧多，成功于真实少。尤其封建家庭以外的人物如此。而观念的思维，社会学的憧憬，诗的气氛，观众的趣味，在在都影响着创作，也都是剧作构成的因素。由于出发点的分歧，所以作者的笔，不得不浪费了许多在渲染上，在枝节上，将刻绘典型人物与社会的笔，将写大生命的笔来写小动作，表现观念与憧憬，寻求诗与趣味。

于是，以优秀的技巧，以卓越的才能，在作者的剧里，人物辉煌着丰富的戏剧性，却缺少生活的深入性。整个的剧，是以鲜丽的彩色交织烘托糅合而成的，天青的底子上，有鲜红的线条，鹅黄的纹路，宝蓝色的花，银白色的彩，咖啡色的图案……完成了复杂，而不是单纯。

完成的剧，也就是诗，是单纯的。

渲染的浮华与夸张的声音都不是诗。在诗里，情节的复杂变幻并不是主题内容的丰富，声色不是光彩，真正的生命是真实，由于真实才能完成复杂的单纯。在剧里，这是莎士比亚的路。

在《哈姆莱特》里，莎士比亚发表了他的戏剧论。借哈姆莱特的口，他写道："自古至今，演戏的目的不过是好像把一面镜子举起来映照人性；使得美德显示她的本相，丑态现出她的原形，时代的形形色色一齐呈现在我们眼前。若形容得过火，或是描摹得不足，虽然，可以令门外汉发笑，却要使明眼人为之唏嘘了。"（第三幕）虽然这是对演员说的，说的是动作对于语言，然而在语言对于真实的作者，又何尝不是有同样的意义？哈姆莱特又赞美这样的一出"不能使一般大众满意"的戏剧道："……这戏的文字不带香料而意味自浓，词句间也没有令作者犯矫饰的地方；认为这是纯正的写法，平稳而甜蜜，比起外表妖艳的作风要美得多了……"（第二幕）又借普娄尼阿斯的口说道："简炼是智慧的灵魂，繁冗便成了骈枝外饰，所以我要力求简约。"

从人物、语言到风格，莎士比亚都保持着这一作风。这是走向诗和艺术的完成的大路。在这条路上，不仅需要创造的才力，而且需要认识的巨眼。

在《日出》的《跋》里，曹禺以为"《日出》这种悲剧的原因如若能由一个剧作者找出来，说出究竟，那未免视一个写剧的人的本领太高了"。可是这正是一个伟大的剧作者必须具有的本领。因为真正的生活画决不是风俗画或是风景画所能代替的，现实不是现象，典型不是人性（莎士比亚所说的"人性"是具体的）。从现实出发体现社会与人物，不是从意识出发解剖社会与人物。在创作上，一个是化学的过程，一个是物理的过程。

作家是整个的生命，观念的理知会影响创作的方法，这两者是一致的。所以从现象看，《日出》里潘月亭的破产，黄省三的疯，小东西的死，陈白露的"睡"，"这是一个腐烂的阶层的崩溃"（《日出·跋》）。可是从现实看，则是一个腐烂阶层的分化与增长；从现象看，《蜕变》写出了蜕旧和变新；从现实看，蜕变只是变形，不是变质，蝉脱了壳之后仍然是蝉，金八之类的臭虫又何尝不在蜕变，而且脱了壳之后的臭虫，愈老愈大愈毒，吸起人血来也愈多。从意识的天之道看，《日出》里应该有太阳，《北京人》里应该有北京人；从现实的人之道看，《日出》和《北京人》里的光明的代表者应该是叛逆的英雄，不应该是象征的太阳和北京人。

只有求得真知全知，然后才能求得真实，求得诗。观念只能引导非凡的才能走中庸的路，和虚伪的题材厮混；这是可惜，而又可痛的。

这一切，在明锐的剧作家曹禺，是全都深思过的。一直，从《雷雨》到《家》，作者都在前进中。《雷雨》到《原野》，这一个期间的作者，仿佛一个充溢着夏之郁热的诗人，是浪漫的，是热情的；奔流怒放，止不住同情的泪，藏不住愤懑的恨；与其说理智控制了情感，不如说是一种思维的反射节制住了情感。《北京人》之后的作者,渐渐如一个怀有秋之肃静的画家,是写实的,是冷静的。场面、人物、对话,各方面都加强了理知的控制。江泰的出现,显示了作者在涵养和修养上,在体现真实上的进展;顾八奶奶、张乔治都是作者主观情感上的丑角,而这是一个真实的丑角。小柱儿和白傻子比较,不唯有更真的形象,也有更深的内容。在《家》里,作者正面地写出了两个《日出》里没有出场的人物——冯乐山和觉慧,虽然是意象化了,却显示着向社会深度与阔度的迈进。从《雷雨》到《原野》,主题几乎只是冲突的解决,全剧都用来解决冲突,没有扩深,酝酿,只是爆发。《北京人》、《蜕变》和《家》,主题得到了开展性,伸展了冲突,又解决它。在结构上,从《北京人》起,修正了残酷的死的悲剧的倾向,只是必须死的人物,方才让他以死作结局。从《雷雨》到《原野》,因为竭力构成死的结穴,许多人物都死得不自然,因而影响剧情的真实,甚至于令人感到在动作对话场面的构成上,作者是长的,可是短于通过行为具现典型的性格和生活、创作主题、人物和故事。从《北京人》起,作者开始绘写生的悲剧和生的喜剧。

一贯的,从《雷雨》到《家》,作者运用着欧美现代戏剧的技术、音乐、光、色彩,甚至于心理学、精神学、医学;这样坚实的作风,鼓励了增进了一般剧作的水准,同时贡献了真实的成就。《雷雨》和《原野》,将象征的力写成诗,写成故事;在《原野》里,将丑与美作相对的描写;这都是具有美学意义的尝试,只是观念论地处理了它们。在《雷雨》里,作者以周冲来调和人物性格的明暗;在《原野》的第三幕,《蜕变》的第三幕,都用一幕多场的写法,一个构成神秘变幻的氛围,一个构成紧张生活的画面;《日出》以后的剧,人物名字中时时隐喻着人物的性格;可见作者匠心的细微之处。

而将欧美的戏剧技巧融进中国的生活,这尤其是作者擅长的一面,根据 Niggli 的 *The Red Velvet Coat* 写出的《正在想》,除了精神氛围而外,人物,语言,行动,无一不是中国的。在曹禺全部剧作中充溢着的中国气息,以及风俗画的绘写,这是最可宝贵的收获之一。

作者在《雷雨》中的热情,《日出》《北京人》中的憧憬,都显示着思想开阔健壮的方向。在《日出》的《跋》里,作者自叙他讨厌《雷雨》的结构,觉得"太像剧"了,技巧上的"招数"用得过分,向往着柴霍甫的深邃艰深的艺术,显示着作者对诗的本质的理解。曲从观众的逢迎渐渐地在变形变质,不用说,作者显然知道所谓的"普通观众"是些什么人。

现在,作者以他的卓越的力与笔,体会人事与人情,绘写人物与人生,已经超出在一般成就之上了。在作者前进的路上,情感意识的天人对立的社会学的统一,深入人与现实的核心,不止于外形,压缩地具现出来的,浮雕的典型,纪念碑的诗篇,都是在望的成果。《雷雨》的成功,是由于在真实的生活观感中孕育、绘写出来的人物,不是虚幻的观念。当《雷雨》的艺术,不用于表现神秘的观念,用于绘写真实的人间的时候,《北京人》就发出光辉。

本来,剧和诗,艺术,在这个国土里,任何人都可以像阿波罗(Apollo)一样,乘着黄金的车子在光荣的路上驶向艺术的殿堂(Pantheon),这黄金的车子就是——现实。

我们相信,作者的路仍在前进。这意思不在于说,作者距离艺术的殿堂远近如何,而在于说,作者的路,将有更为远阔的前途。

一九四三年七月

论《战争与和平》的艺术、历史、哲学

一

在伟大的灵魂，仅仅表现真实的艺术，领域和范畴都太狭小了；于是他走向历史，但是这仍是时空之内的世界，他于是走向哲学的境地。

托尔斯泰在《战争与和平》里写了社会的人物，也写了历史，哲学。

但是无论多么伟大的灵魂，他的思想的路走得愈远、愈深，即使是愈哲学，也就愈明晰地写出他自己来。

在思想上，愈抽象的也就是愈具体的。

《战争与和平》显然分成两部分，第一部分（一、二部）人的故事构成社会的历史，第二部分（三、四部）则在战争和历史中叙写人物的故事，论证哲学的命题。

历史以战争为中心，战争的中心在一八一二年。托尔斯泰于是从一八一二年的战争，从历史事件的原因，探求历史与社会的哲学。

托尔斯泰认为历史事件的原因不是英雄和君主的"权力"，"而是参与事件的一切人们的活动"（尾声二部七），这"一切人们"是一个整体，他们联合的关系像一个"圆锥体"，"权力"行使人是圆锥的顶，"他最不直接参与事件，而比一切的人更将自己的活动用于布发命令"（二部六）；拿破仑下令法军开到俄国，或是亚历山大下令拥护布旁皇室，这并不是拿破仑或是亚历山大的意志，而是"参与事件的一切人们的活动"。但是这"一切人们"中的每一个人都有他的自由意志，同时每一个人还有他感觉不到的对必然律的服从；所以"为什么发生战争与革命？我们不知道；我们只知道为了完成这件事或那件事，人们联合在某种团体中，并且全部参与事件；我们说，这是人类的本性，这是定律"（尾声二部七）。

在这个结论和定律里，托尔斯泰逃避了现实社会的分析，进入形而上学的思考。他把一定阶层的"政权"看成是一个人，一个人或是几个人的"权力"。他使现实世界中的"权力"脱离社会学的领域，化成玄学中的抽象的名词；并且和自由意志论相结合，把一定阶层的"权力"的意志和全体人民（所有的阶层）的意志看做是一个意志一个整体（圆锥）；又和必然律相结合，认为这意志是必然的，是"我们感觉不到的服从"（二部十二）。于是一定阶层的"权力"的一切行为，都是必然的，因为是全体人民的意志，所以也是合理的。如果这"权力"的行为"恶"，这是全体人民的意志参与的活动，所以这是全体人民的"恶"；责任不在一定阶层及其"权力"，而在全体人民。并且因为有"必然律"，因此，这"恶"是必然的，是不可否定的。可否定的现实世界中的"恶"，看成玄学中的不可否定的"恶"，于是托尔斯泰无路可走，只有走向玄学中的"善"，走向宗教。

依据他的哲学，托尔斯泰写了他的历史。

为什么有一八〇五年以来十年间的俄法战争？它的意义是什么？托尔斯泰解释道："十九世纪初叶欧洲事件的基本重要的现象，是欧洲各国人民自西向东以及后来自东向西的军事运动，这个运动的开始是自西向东的运动。为了西方人民能够完成他们向莫斯科的军事运动,必须:(一)他们在军事团体中容纳众多的人数,以便能够克服东方军事团体的抵抗;(二)他们否认一切已有的传统与习惯;(三)在完成这个军事运动时,他们要在顶上有一个人,这个人为了自己及他们,要能够辩护这个运动中所发生的欺骗、抢劫与屠杀。"于是,在历史上产生了一七八九年法国的革命,破坏旧的政制,逐步在产生团体新习惯新传统;于是兴起了拿破仑,为了完成这个目的,"一个没有信仰,没有习惯,没有传统,没有名望的人,甚至不是法国人",升到法国和西方人民的头上(尾声第一部二)。

这正仿佛托尔斯泰自己提出来的,有这么一个问题:"苹果熟时下坠——它为何下坠?是因为地心吸引,还是因为果柄萎枯,还是因为被太阳晒干,还是因为风吹动,还是因为站在下边的小孩想吃?"(三卷一部一)而他竟作了站在下边的小孩的回答:"因为我想吃。"这在思想本身,是真挚的回答,而在事实本身,是完全的错误。

这样纯主观的论断,不仅误解了历史的性质,进一步也误解了历史的内容。

为什么发生一八一二年的战争?"因为什么产生了这非常的事件?它的原因是些什么?"

在批评了历史家们之后,托尔斯泰回答了:"拿破仑和亚历山大的话似乎能决定战争发生或不发生,他们的行为是同样的非本意的,正似每个兵士的行为,他由于抽签或征发而从军,这是不得不然的,因为要使拿破仑和亚历山大的意志得以执行(似乎事件是这两个人决定的),无数的条件的凑合是必要的,这些条件中没有一项,事件便不能发生。这几百万人(真正的大权是在他们的手里),这些放枪运送给养和大炮的兵士们,必须同意去执行这些单独而软弱的人的意志,并且被无数复杂不同的原因引入战争中。"(三卷一部一)所以,战争的原因,不是拿破仑或是亚历山大,而是几百万兵士的意志,他们有"真正的大权",他们开始了战争。拿破仑或是亚历山大是"权力"圆锥的顶,他们单独而软弱,他们的战争意志实际上是几百万兵士的意志;但是意志有它的必然性,所以几百万兵士的意志正就是历史的意志。所以托尔斯泰认为:"帝王的心在上帝的手里。""帝王——是历史的奴隶。""历史,即是人类无意识的共同的群体的生活,利用每分钟的帝王生活,作为到达它的目的之工具。"(三卷一部一)

严肃的思想家的托尔斯泰,以追究到底的执着与真挚,"把人类看作各种观点——神学的、历史的、伦理的、哲学的——上的观察对象",寻找并且"找到一般的必然律"(尾声二部八);他已经遥遥接近事物的本体了,只要从形而上的世界跨进现实世界,把人类看作社会学观点上的观察对象,他立刻就能得到真实的结论。但是他停留在观念论的领域里,他在精神世界里行走着,并且把现实世界也升华到形而上学的领域,和他一同行走。他在意识的根柢上认为一切现存的都是必然律,而且合理,有时思考深了,虽然不免发生怀疑(例如破坏现存体制的革命和战争),但是这怀疑不能达到否定现存体制的结论,因为他的哲学中没有包含否定的命题;于是他由思考进一步为一切现存体制来作解释,而当不能解释时,最后他就抓住"自由意志"和"上帝"。

一八一二年的战争结果是俄国胜利了。关于胜利的原因,在一切的历史里都记载着俄国农民的功绩,因为没有广大的农民的激起,法军在莫斯科无需撤退,在撤退的路上也不会招致如此惨重的伤亡。

这里是一位美国历史家海斯（Hayes）在《近代欧洲政治社会史》里的记载：

> ……莫斯科的被焚暗示俄国农民总动员，起来抵抗危害他们国家的外国军队。法军军需欠缺，冬天不可能驻扎在一个被毁坏的城市，怨怒的俄国农民及库图佐夫将军的支队，现在能够安然隐藏在相距甚近的南部，时对法军作突如其来的袭击……

托尔斯泰在他的历史里写了什么呢？虽然托尔斯泰承认了这个事实："法国拿破仑军队败亡的原因，一方面是他们在很迟的时候，没有冬季行军的准备，便深入俄国腹地，另外一方面是战争与焚烧俄国城市，引起了俄国人民对敌人的仇恨。"（三卷二部一）但是他写了什么呢？他写了法军的深入，占领莫斯科，抢劫与莫斯科大火，法军等待和撤退的失策。但是托尔斯泰认为民众的激起是皇帝的功劳："民众的激起（这大概是皇帝亲自莅临莫斯科而产生的）是俄国胜利的主要原因。"（三卷一部九）而且这只是淡淡的一笔。托尔斯泰所一再强调的是库图佐夫"忍耐与时间"的战略的重要，仿佛没有民众的激起，单是等待，就能使法军吃马肉一样（三卷二部十六及四卷四部五等处）。而民众是怎样激起的呢？——托尔斯泰写了保古洽佛罗村的农民，他们叛乱（三卷二部九至十四），托尔斯泰写了莫斯科的工人，他们暴行（三卷三部廿三至廿五）。当然，这在动乱的时代充分可能发生，而且在俄国的社会和历史上是真实的，在某种程度上还是俄国革命的镜子；然而这不是一八一二年战争中民众活动的真实的全貌，托尔斯泰把这片面不全的画面写在他的历史里，代替了"俄国人民的激起"。托尔斯泰也写到游击战争（四卷三部二），但是那不是人民的激起，那是军队的"士气"。而军队是将军们率领的，所以仍然与人民无关。在这个题目下面，托尔斯泰只在一句话里提到农民，"在游击战获得我们政府的正式承认之前，已有成千的敌军——落伍的盗贼、抢劫者——被哥萨克兵和农民们消灭了，他们本能地杀死法军，正如狗本能地咬死逃跑的疯狗"（四卷三部三）。他用一大段士气（"这个未知因子"）的学理上的分析代替游击战的叙写，并且把"最先认识了这个可怕的武器的价值"，"不顾军事学的原则，消灭了法军"的功绩归在皆尼斯·大卫道夫身上；农民的游击战是"狗的本能"，将军的游击战是科学和功绩，所以战事胜利的原因是——将军和皇帝。

在战争的开始里，托尔斯泰看到"帝王——是历史的奴隶"，战争的原因是"人数最多的兵士"——"圆锥体的最下层与基础"（尾声二部六）。但是在战争的胜利里，这时托尔斯泰就没有看到"圆锥体的最下层与基础"，没有看到"兵士"和兵士所由来的广大的人民。在他所谓的该有"几百万"的原因中他只看到圆锥体的最上层与顶，沙皇贵族和将军。这里存在着观念论的自我矛盾，也存在着它的阶层性的特质。它在历史上投下了阴影。

这特质，在更深的哲学命题里，在纯正的形而上学里，表现得更加的明晰。

在《战争与和平》里，托尔斯泰讨论到生命的意义，生和死。他的思想借安德莱公爵表现出来。

安德莱觉得自己接近死亡的时候，他想："爱？什么是爱？""爱扰乱死。爱是生。一切，一切，我所了解的，只是因为我爱我才了解。一切有，一切存在，只是因为我爱。一切与爱关联。爱是上帝，而死,——意思是,我是爱的一部分,回返普遍的永久的源头。"……安德莱于是睡着了。他在梦中看见死来推门,"一个苦恼的恐怖支配了他。而这种恐怖是死的恐怖;它站在门外"。他抵门,抵不住,最后"两扇门无声地打开。它,进来了。它是死。于是安德莱公爵死了"。"但是他死的顷刻之间安德莱公爵想起他是睡着的;在他死的顷刻之间,他自己出力,醒了过来。""'是的,那是死。我死——我醒了。是的,死是——醒觉',这思想忽然出现在他的心灵中,先前遮隐'未知物'的幕,现在,在他的心灵的眼界中升起了。他似乎感觉到先前束缚在他心中的力量现在解放了。感觉到那种稀有的轻飘,这轻飘一直未离开他。"(四卷一部十六)

托尔斯泰的这段描写,虽然如他自己所说的,"这些只是思想而已。这些思想中缺少什么,有的是片面的个人的智慧的,缺少明显。还有同样的不安与含糊"。但是无疑的,"他觉得这些思想是安慰的"。在这里托尔斯泰将生死和爱联结起来,他在自我,在个人的"了解"里,寻求生命的意义和灵魂的生路。

托尔斯泰的"爱",正如他的哲学中的"善",只是个人的精神世界的东西。这个"爱"不包含现实的社会的意义,这是一种非人间的"神圣的爱"(三卷三部二十二),安德莱在昏迷中仔细地思想过它:"是的,在我面前展开新的快乐,它是不能从人身上被夺去的快乐,在物质力量之外,在对人的,物质的,外界影响之外,唯一的心灵的快乐,爱的快乐!……""是的,爱,但不是那种爱——为了什么,要获得什么,或因为什么目的而爱……爱邻人,爱仇敌。爱一切——在一切的表现中爱上帝。……"这在本质上,正如《复活》里涅弗留托夫在到西伯利亚的路上所感到的,是一种"对一切人类的""同情与怜悯的纯粹的感情"。这个"爱"的根本是个人的善，是"心灵的快乐"，自己的灵魂的生路。所以爱人和行善的意义根本是在自我。彼挨尔解放农奴，他的意义只是他"为自己而生活，毁坏了自己的生活"，而"为别人而生活时，才明白了一切人生的快乐"（二卷二部十一）。并不是为了人民和世界的幸福。安德莱的话，表面上在和彼挨尔争论，实质是完全一致的，他为"毁坏了自己的生活"的贵族们，那些"生长在有无限权力的传统中，多年来，他们变得更暴躁，变得残忍、野蛮，他们知道这个，但他们不能约束自己，并且变得更不幸，更不幸"的"好人们"，"觉得可怜"，他"为人类尊严，为良心的平安，为纯洁"主张解放农奴，同样，"不是为农奴们的脊骨和额头"。

寻求自我的灵魂的生路的托尔斯泰，由于没有着眼现实的世界意义，他有时甚至对自己的生活也充满消极的失望，他在《忏悔录》里写道："你的名声，驾乎果戈里、普希金、莎士比亚、莫里哀等世界上一切作家的名誉之上——但是，结果得到的，是什么呢？我找不出一点答复来。"

虽然，托尔斯泰无疑地是志愿为人类献身的，可是，由于他献身的爱和善，他的哲学里不包含否定现存体制的命题，在他的献身里也不包含自我牺牲，因此他比任何人更看重生命。他无比细微地描写安德莱公爵梦见死的恐怖和觉醒（死）的轻飘，正如普列汉诺夫在《卡尔与托尔斯泰》（一九一一年一月号《社会民主主义者》）里深刻论断的，"托尔斯泰竭力去证明所谓死的东西，并不是那么可怕的。但是，他之所以如此，完全是因为他自己对死抱着非常的恐怖"。

这里存在着托尔斯泰的"东方的，亚细亚社会体制的意识形态"（伊里奇：《托尔斯泰和他的时代》）底自我性的本质。

二

托尔斯泰的历史里,一八一二年的战争占了很重的分量,差不多有一卷(全书四分之一)的篇幅用来描写法俄两军的军事行动。托尔斯泰为什么要描写得这么详尽?除了描写而外,他还反驳这位那位历史家,说他们关于拿破仑的天才,俄军的侧面行军的成功,俄军追击法军的计划,乃至于关于拉斯托普卿在莫斯科的布置……他们关于这一切作肯定论的错误。这又是为了什么?严正的艺术家托尔斯泰,他是在浪费笔墨去画历史的细节吗?炫耀他的历史研究吗?发挥他的军事学识吗?不,他是严正地用这一切来论证他的哲学——他的玄学的"权力"论和他的必然的自由意志论。

哲学的投影不仅仅映照着结构,同样也映照着现实人物的创造。在《战争与和平》里,凡是托尔斯泰加了同情的肯定的人物,像彼挨尔、玛丽亚们,都笼罩着善和爱的光,不能像他不加同情的否定的人物那么浮雕一般明确,像瓦西里公爵、爱仑、道号洛夫们。尤其,凡是他加了同情的人物,都或早或迟地信仰了上帝,凡是他不加同情的人物,和上帝都没有关系。玛丽亚、彼挨尔是热诚的上帝的信徒。而理智坚强的无神论的安德莱,受伤之后忽然皈依"福音书"和托尔斯泰的"爱"(三章三部三十二),正如同宗教信仰淹没娜塔莎的感情生命,她是一个天真的孩子,在一次祈祷之后(三卷一部十八),就能忘记心灵上的伤痛,并且"穿着在祈祷时所穿的淡紫色衣服",重又歌唱青春的声音(三卷一部二十)。

娜塔莎,托尔斯泰称她是"俄国的灵魂",她"从她所呼吸的俄国空气中吸取了俄国的精神","能够了解每个俄国人心中的一切"

（二卷四部七）。但是她的"俄国的精神"不是来自人民世界的对生活的严肃和刚毅，而是来自贵族社会的对生活的享受与柔顺。她的最好的对照者是普希金的"俄国的灵魂"姐姬雅娜。姐姬雅娜在生活的悲痛里，挥泪拒绝了奥涅金，娜塔莎仅仅在爱情的别离里就痛苦着，时时地想："她最好的时光，却空空地不为任何人而损失了。"（二卷四部十三）于是她爱了阿那托尔·库拉根。姐姬雅娜和娜塔莎都是真实的，而在称呼她们为"俄国的灵魂"的意义里，映照着两个巨人主观和客观理念的影子。

在唯心论的托尔斯泰，他的人物形象里，他的"爱"与"善"里，能够容忍娜塔莎式的自私和柔弱，却不能容忍任何社会意义上的反抗和坚强——他叫做的"暴力"。

于是，代替人民激起的真相，代替农民的社会抗争与游击战斗，托尔斯泰在《战争与和平》里写了一幅保古洽罗佛村庄的农民，"粗野的""草原的人"叛乱的图画（三卷二部九至十四）。而在实际上，这是他自己的经验的复写。在俄皇亚历山大二世一八六一年宣布解放农奴之前，一八五六年夏天，托尔斯泰曾经自己草拟了一个解放农奴的方案，他召集了农民大会，提出他的方案。但是令人惊异的是农民们不接受他的提议。托尔斯泰在一封信上写道："我惊讶的是农民们拒绝了它，虽然有可以维持我的意见的意思，但是他们问我：是不是把我自己的土地也全部给他们。……他们，在我的言辞和提议里，只认为我是努力在欺骗他们，掠夺他们。他们茫然地抱着一种空想——他们像岩石一般地坚信：新皇即位典礼的那天，一切农奴都可以获得自由；我们不但有土地，恐怕地主们的全部土地都要拿来分配给我们的。"

在同样压抑不住的主观情绪里，几乎是皱着眉头，在托尔斯泰的笔下出现的莫斯科人民,只是一群酗酒的暴徒,仿佛是一伙失去了理性,无知而又狂暴的可怕的人。那些工人、鞋匠、酒保之流的人们,被他们的愚蠢所激起的"乌合之众""野兽",听了拉斯托普卿的话就用手"打,扼,撕",终于杀死韦来查根的插曲(三卷三部二十三至二十五),非常近似美国电影里描写法国大革命时人民群众的场面。

托尔斯泰的形而上的"爱"和"善"里不包含社会学的否定的命题。在他的哲学世界里,理想的社会应该是协调的成果,不应该是抗争的产物,所以他的教义是"毋抗恶"。在《论莫斯科人口调查》中,托尔斯泰写道:"大家在喊着关于我们社会制度的不安定,关于戒严令,关于革命的空气。一切的根源在什么地方呢?革命者指示的是什么呢?他们指示出贫穷,他们指示出财富的分配不均……假如革命者的意见是对的,就该做些什么呢?减少贫困与财富不均。怎么做呢?富人和穷人相分……但是照我看来,为善与施舍不但不是一件事,而且是两件完全不同的事,一部分还是相反的。金钱本身是恶……善却不是施舍,善是人们的态度。善是唯一需要的。"

在这样的意义上,娇弱的贤妻良母娜塔莎实在是托尔斯泰世界里一个理想的"灵魂"。忠良浑厚的彼挨尔是地主贵族理想的"善"的代表者。而"良善"的农民普拉东·卡拉泰耶夫,托尔斯泰称为"一切良善圆和的俄国人的化身","一个不可衡量的,圆和的,永久的,简单与真实精神的化身";这化身在本质上,他是托尔斯泰哲学的基础。他是农民的理想的"善"的代表者,托尔斯泰伯爵理想的"权力圆锥"的最下层和底,一匹辛勤而又温顺的羔羊。他一起来,便立刻着手做事,"他烘面包,炒菜,缝衣,削木,补鞋。他总是忙着做事"。他"快乐"而又"庄严"地忍受自己的命运,被人枪毙的时候,默默地"用良善的、含泪的圆眼睛"看着人……以如此的贵族与农民,以理想的顶和底构成的圆锥体的和谐,罗斯托夫管理之下的农奴就是一幅插图(四卷尾声第一部七)——虽然我们可以说,托尔斯泰是否定他的罗斯托夫的。

早在一八五六年的《地主的早晨》里,托尔斯泰就写下了幻想地主与农民协调生活的牧歌:"……为正义的事业奉献一生的他,在自己的眼前,看见了毕生无限的活动的分野,在他面前的是农奴,从他们身上解除贫困,把他们移到幸福的环境里,给他们传播教化,健全他们的道德……那是多么清高和应该感激的工作呵。……并且,地主的妻子,穿着素朴的白衣,到灰尘层积的农民学校、医院,以及不幸的农民那里去,给他们帮忙和安慰。"这牧歌,也正是彼挨尔曾经向往过的憧憬。

在这个牧歌的世界里,卡拉泰耶夫是典型的。彼挨尔和卡拉泰耶夫一同表现着托尔斯泰的思想,但是彼挨尔获得了真实,卡拉泰耶夫只是一个假象。因为在现实中,这样的一个贵族是存在的(像托尔斯泰本人),这样的农民则是一个理想。而这样的理想本身,是属于贵族阶层的东西。

固然,卡拉泰耶夫也是作为资本主义社会拿破仑精神的对立者出现的。生活在资本主义发展时代的俄国,眼看着自己的阶层与人民濒于危困的托尔斯泰,他对资本主义以及它的个人主义的精神抱极大的憎恶,他反对俄国走这条道路。他以卡拉泰耶夫的和平温顺,对立拿破仑的野心和私欲;并且以这个作为沉沦于恶德中的地主贵族们的北极星,彼挨尔——也就是托尔斯泰——首先向着他走去。

但是,一如《战争与和平》结尾所写着的:当罗斯托夫带着兵拔出剑，站在前面挡住的时候，以和平温顺就能通过，达到理想么？

这只是形而上的观念的玄想而已。

三

这样，我们能说托尔斯泰的《战争与和平》是主观主义的作品吗？

V. 弗理契（V. Friche）就大胆地作了这个论断。

在他的《L. 托尔斯泰》里，弗理契写道："在今天，想举出一位如托尔斯泰般的主观的作家来是极端困难的。——这里，所谓主观的这用语，以极普通的意义说，就是把完全个人的、主观的（那只有间接的客观的意义而已）经验，艺术地客观化的意义。"

弗理契依据 A. 格里科夫斯基的"优秀的托尔斯泰的研究"达到他的论点，他认为"把托尔斯泰创作的这一特色，暴露得几乎肌肤毕露的，不是别人，就是非卡尔主义者的 A. 格里科夫斯基"。

他写道："托尔斯泰，不单是简单的字义上解释的主观的艺术家，也是阶级的主观的艺术家。这，在非卡尔主义者的 A. 格里科夫斯基，也极织巧地把它指出来了：'根本地说，他不过是把他自身的世界，他自身的社会圈——过去现在的上流贵族，一切的鲍尔康斯基，一切的罗斯托夫，一切的阿普浪斯基以及其他，用自信把它浮雕地描绘出来而已。'"

并且，弗理契认为，托尔斯泰"把自己环境的黑暗面隐蔽了。换言之，他把面前的现象，不是从一切方面作客观的检视，反之，却把它作'倾向的'解释"。所以，在《战争与和平》里，地主与农民的关系当作牧歌般的描写了，甚至于都看不到农奴。沙皇与议员们的关系也是一样,《战争与和平》里议员们一八一二年以感激欢迎了亚历山大一世,"但是实际上,为保障这种表面的感激的欢迎,拉斯托普卿不能不作特种处置",这处置就是在贵族院门口,摆上两辆流送囚犯到西伯利亚去的马车。而当时的贵族对政府的国防案既不感激,商人因为被榨取了财富,同样也不感激。在人物身上,"托尔斯泰,把劳动者,特别是革命的劳动者,也和布尔乔亚与民主主义的代表者一样,作偏颇的、一面的、倾向的描写"。所以,"像这样,托尔斯泰的一切创作,否定了倡言把托尔斯泰当作'天才的巨匠',当作'客观的历史家'","他的创作是阶级底主观的、倾向的东西,倾向于封建大贵族阶级的方面,反对布尔乔亚、民主主义,以及普罗列塔利亚特"。

尽管有这一切的论断,尽管这其中有些点是真实的;然而,在我们读过《战争与和平》之后,我们并看不到这是一部"阶级"底主观的、"倾向的东西",却深深感到这是一部真实的人的史诗。

这里存在着 A. 格里科夫斯基所不能理解,V. 弗理契未能解析的,人和艺术的生命的奥秘。托尔斯泰和《战争与和平》,巴尔札克和他的作品的奥秘。

《战争与和平》同样是一部艺术方法与世界观搏斗而来的诗。

据 G. A. 伏尔科夫(Volkov)的研究,《战争与和平》原先的草图,想写的是一个十二月党人,在流放西伯利亚三十年之后,在一八五六年和他的家庭回到莫斯科的故事。一八六〇年托尔斯泰开始写这部书,不久他就放弃了。三年之后,他又拿起这个故事,但是观点扩大了,他回溯到一八二五年,从十二月党人政变的一年开始。后来,他又进一步推展到主人翁的少年时代,那就是一八一二年战争与和平的时代。开了几回头之后,托尔斯泰把故事推展到更早的时代：一八〇五至一八〇七年，这个短篇小说的计划，现在发展成了一个包含半个世纪的俄国历史与生活的内容的长篇了。这本书托尔斯泰想叫做"三个时代"（Three Periods）（一八一二、一八二五、一八五六），它的内容很像巴尔札克的《人间喜剧》，不过它的形式是用托尔斯泰十分欣赏的英国的"家庭小说"的形态，历史和社会事件不是独立的，而是交织着，作为主人翁的命运发展的背景。经过十次以上的开始，写得初初有个头绪，托尔斯泰又放弃了这个计划。他想单写一部关于一八一二年和它的前一个时期一八〇五年的故事，这就是《战争与和平》的计划。

三年苦力工作之后，到一八六六年中，第一次草稿完成了。内容约当今天看到的《战争与和平》的前二部以及第三部的开头，广大地绘写了贵族生活，战争到拿破仑和亚历山大一世的会面止。没有一八一二年的描写，小说的最后一部分也没有，而且也没有写到人民。那里面的主要画幅是安德莱和罗斯托夫的家庭，安德莱没有死，娜塔莎也没有和库拉根相爱，安德莱看到她对彼挨尔的情感，自动地放弃了他的未婚妻。安德莱又劝服索尼亚放弃尼古拉，并且缀合尼古拉和玛丽亚的婚事。两对新人在奥特拉德诺结了婚。法国人赶出了俄国。安德莱和尼古拉参加了一八一四年的国外战争，然后回到家里，被战争中断了的生活又回到了正常的状态。小说里没有哲学的形象普拉东·卡拉泰耶夫，也没有抗战的将领库图佐夫，代替他有一个奸狡，自负，醉生梦死，一心致力于朝廷阴谋的老头子；拿破仑与其说是否定地，不如说是肯定地表现出来。托尔斯泰那时候，想把这部小说叫做"善有善终"（All's Well That Ends Well）（伏尔科夫：《〈战争与和平〉是怎样写作的》，《莫斯科新闻》，一九四〇年七月二十五日）。

后来，在写作中，托尔斯泰开始发觉一八一二年的事件应该比他起初所想象的，更深刻地影响着俄国的社会和他的人物。通过历史文献的研究，由于他对事实的深知，托尔斯泰把握着一八一二年的意义，他看到了"家庭小说"的狭仄，他看到了在这一时代中真正的社会和人的生活的形态。于是，托尔斯泰扩深小说的历史背景，展开社会生活与历史人物的图画，参入哲学的观念，原先的主人翁们退到背景中去了，安德莱和彼挨尔的性格描写中添进新的因素，引出农民卡拉泰耶夫；安德莱家和罗斯托夫家人们的生活与苦痛，汇合了生活的主流，汇合了整个俄国人民的苦痛，引出历史与社会的远景。

这样写出来的《战争与和平》，这样艰苦的创作过程以及这个过程的成果告诉我们：作者的主观决定人的真实的影响，远不及人的真实决定作者的主观之强、之有力——自然，这是说总的方面，全部的作品。

所以，《战争与和平》依据哲学写出了历史，依据主观经历写出了人物；但是在真实的历史与人物之前，作者不能不变更他的意念，修正人物的形象，扩深他们的社会关系，乃至于影响到他们的性格。整个的小说所表现的历史与现实生命本身的运动，这一运动的方向，甚至与作者的哲学方向是相反的。

托尔斯泰的哲学是主观主义的。但是他的主观理念的对象是善和爱，是人类的真正的幸福。虽然这是形而上的玄想，但是这样的至善的灵魂被许可了以无私的心去接触真实，并且以严肃的生命的笔把它表露出来。这接触不是表象的，是内心的，深刻的。这形成了托尔斯泰的艺术的特质。

托尔斯泰的艺术是内析，不是外灼。这与他的哲学方法属于同一个形态。但是在艺术上，他以真知灼见极微细的客观，所以主观没有破坏史诗的真实，而且，以内在生活的画幅，以心灵的绘写，以生命的呼吸，丰富了文学的内容。

托尔斯泰的艺术辉煌着生命的光。《战争与和平》中一切战争与和平的生活画面，没有不是与人的生命联系着展开的。谢恩格拉本村之战（一卷二部十六至二十一）中活跃着安德莱的坚强，留下了年轻的罗斯托夫的痛苦的呼声："我为什么到这里来！"奥斯特里兹的卜拉村之战（一卷三部十一至十九）中，安德莱认识了他的英雄（拿破仑）以及他的渺小，思想到生命和死亡的空无，"伟大的整体或空无"，或者是"上帝"。保罗吉诺之战（三卷二部）中，安德莱想着"难道这是死亡吗？……我不能，我不想死，我爱生命，爱这个草，土地，空气……"但是，在冒出烟缕的旋转的黑球的爆裂中，"安德莱跄到一边，举起手，俯跌下来"，遇到了死亡。英国俱乐部中庆贺巴格拉齐翁的胜利引出彼挨尔与道号洛夫的决斗。决斗的结果是道号洛夫为他的母亲他的天使流下良心的泪，彼挨尔决心离开他的妻子，美丽、骄傲、愚蠢而又淫荡的女人（二卷一部一至七）。共济会入会仪式完毕之后，"彼挨尔觉得他是从什么长途旅行中回来的，他在这段旅行中走了好几十年，他完全改变了，并且放弃了从前的生活秩序和习惯"（二卷二部一至四）。罗斯托夫家猎狼的画幅，娜塔莎以农民的舞蹈与歌声，显露出她对"每个俄国人心中的一切"的了解，她的灵魂的欢乐与纯真（二卷四部七）。在圣诞节的典礼之中，娜塔莎向索尼亚发出生命的呼声："索尼亚！他什么时候回来？我什么时候才看见他呢？我的上帝呵！我多么为他为我自己而怕呵，我觉得一切是可怕的……"

不只是人的身世，而是人的心灵、生命，贯连着一切场面，全部的结构，成为一个整的生命。

这样的艺术，在本质上，是荷马的艺术的继承，更近一点，是普希金的艺术的发展。

普希金在《欧根·奥涅金》里，通过奥涅金的身世，以时髦的彼得堡、古老的乡村、故都莫斯科这三点为中心，素描出整个俄国的轮廓，"俄国生活的百科全书"。同样，通过瓦西里公爵、安德莱公爵、彼埃尔、罗斯托夫等的遭际，以彼得堡安娜的夜会、莫斯科罗斯托夫家的命名日、童山乡下安德莱的家庭生活做主干，托尔斯泰展开他的《战争与和平》。通过妲姬雅娜爱的等待与苦痛，普希金写了思恋的月夜和圣诞节的占卜；托尔斯泰也通过娜塔莎写了同样的画面。奥尔伽和连斯基正在结婚的两星期前发生意外，引出了决斗；这个悲剧性的布局托尔斯泰用在娜塔莎和安德莱身上，引出了情奔。普希金让妲姬雅娜和奥涅金在彼得堡的舞会上重逢，在舞会中以"灿烂的尼娜，涅瓦河的克洛佩特拉"陪衬"恬静"的妲姬雅娜；托尔斯泰也在舞会上让娜塔莎和安德莱再遇，并且用艳丽的爱仑陪衬"标致"的娜塔莎。奥涅金在游历高加索、克里米、奥德萨中，他感到生的"苦闷"。安德莱在参加政治活动以及战争之后，了解了死的意义；彼埃尔在被俘之后，则发现了生的道路。人物的心灵和情感的绘写，人事的悲欢离合的布局，与生活的史画结为一体。

但是托尔斯泰，以远为复合的结构方法，广阔地扩展了情节与布局，周详地描写了生活的细节以及众多的典型，深入内心的一切方面。仿佛用麻丝搓成的绳索，《战争与和平》全书包含许多章节，每一个章节中人物活动和家庭生活错综交织着；总起来，又以这绳索结成细密的社会生活的网。托尔斯泰的《战争与和平》完成了精深，以及精深的博大。

这精深与博大的整体，又如此的单纯与谐和。在人物，人生，在历史，战争，悲欢离合的海里，只有一两个枝节：罗斯托夫的猎狼（二卷四部三至六），俄军撤离莫斯科前拉斯托普卿伯爵的活动的辩驳（三卷三部二十四），因为膨大而显得不甚均匀。其余全部的形象、场面，各有它的特征和世界，各如其分，明晰如画；形象与形象，场面与场面，每一形象、场面与全部人物及历史，不可分离地融合为一。在结构的形体上，前二卷纯写人的真实，后二卷渗写哲学的论证，略有不一致的形迹；但是在结构的内容中，生活的万象和战事的全景，如精工的彩绘，而哲学的命题则如书中的水色和油光，晕润着全幅图画，全部历史的叙写充溢着深思。

托尔斯泰继承着普希金的路，扩展了它而且超过了它，达到了近代史诗艺术的峰巅。《欧根·奥涅金》如一幅淡色的水彩，《战争与和平》则如一幅深广的工笔的油画，巨大的浮雕。

这油画与浮雕的完成，一如普希金的水彩，它的力量，动人；不是以虚构，而是以真实。

当然，在《战争与和平》里，个别的人物和个别的事象，在许多地方，在战争与和平的历史形式方面，作者以主观代替了客观，但是不是全部的生活，以人的真实的生命为内容的历史。

V.弗理契以为托尔斯泰描写了"他自身的世界，他自身的社会圈"，这是主观。事实上，哪个作家所写的，不是他自身的经历以及生活的世界？离开了生活，还有什么创作？主观和客观，应该在人物和世界表现得真实或是虚假。托尔斯泰没有描写沙皇莅临时议院门前的囚车，这并不就显示着他的主观及"'倾向的'解释"，因为在那样激动而又危险的情况中，在皇帝（贵族阶层的首领）的颤抖的声音中，贵族们发出热情的欢呼，这是十分自然的情势；而在皇帝莅临之前，贵族们都乘车而来，于是"在十五日早晨，斯洛保大宫前停着无数辆马车"（三卷一部二十二），又有谁能分出哪两辆是囚车？虽然在亚历山大一世身上，托尔斯泰时时加以辩解和颂扬，尤其是对他后来的反动，但是，亚历山大在我们眼中浮起的形象，并不是一八一二年的英雄，只是一个软弱无能的君主，这不写出了一个真实的人？贵族议会之后，"第二天皇帝走了。所有被召集的贵族们脱下制服，又回到家里和俱乐部里，并且呻吟地向管家们发出命令征集民团，并且对于他们所做的事情觉得惊异"。贵族议会本身也许纵有"倾向的"片面化的地方，这结尾不真实地写出了贵族们热情的欢呼的内容？而在会议中彼挨尔的热情、决心与慷慨，这不写出了主人翁性格的一点？

托尔斯泰的哲学是矛盾的，托尔斯泰的艺术也是矛盾的。但是在这矛盾中有一个主导的力与光，这就是对于人民的爱。

托尔斯泰的哲学显示出一个灵魂对于人生对于土地的执着，对于爱和善的渴望。托尔斯泰的艺术则显示出这是一个属于人民的灵魂，诗学地说来，这是一个农民丛中的灵魂，以粗大而坚韧的手，以真挚和纯善的心，写下了人的故事与人的历史。所以，托尔斯泰的繁复、博大、精深的作品，它的风格是沉重，浑厚，质朴，没有一丝的轻巧与浮华。

《战争与和平》中没有正面绘写过地主与农民的生活关系，甚至于也没有农奴，只是一个意象化了的普拉东·卡拉泰耶夫。这虽有哲学的根源，不过，并没有妨害彼挨尔、安德莱、娜塔莎、瓦西里、爱仑……的真实，这些贵族的形象与贵族的社会是托尔斯泰史诗的主题。

这个贵族的社会，在昏庸的亚历山大之类的皇位之下，在残暴的朝臣阿拉克捷夫之类的斧钺之下，充斥着奸狡的官僚瓦西里公爵之类，糊涂的老罗斯托夫之类等等的人物；并且有年轻的尼古拉、罗斯托夫等领着大军做卫护的中坚，听阿拉克捷夫的命令，"杀那向前进的第一个人"。……而尼考林卡的梦境，显然决不是彼挨尔和普拉东·卡拉泰耶夫以和平温顺就能通过到达的。在这里，托尔斯泰底艺术的真实对托尔斯泰底哲学的假象施了致命的一击。然而这是人的真实，托尔斯泰不能隐瞒，非写在他的书里，写在他的历史的总结处不可。

托尔斯泰的艺术——真实，否定了他的哲学。这是现实主义底伟大的胜利之一。

一九四三年八月

普列汉诺夫的《普希金为艺术而艺术论》辩正

在普希金的全部作品里,都显示着一个纯真的人民的灵魂,这个灵魂怀着一颗至善的崇高的心,而这颗心燃烧着……

非常令我们惊异的,普列汉诺夫在他的《艺术与社会生活》里(根据中译本),认为普希金是一个"为艺术而艺术"的诗人。

普列汉诺夫的根据是普希金诗作《贱民》和《给诗人》中的诗句,他写道:

> 人民向诗人要求,要他用诗歌来改善社会的道德,但他给了轻蔑的,说起来是粗暴的回答。
> 向那边过去吧!平和的诗人
> 与你们有什么关系呀?
> 赶快在淫乱中化石罢——
> 竖琴的声音不能使你们复活!
> 对于我的灵魂,你们真像坟墓一般讨厌。
> 对于你们的愚昧与怨恨
> 到现在为止,有鞭笞
> 和牢狱,和斧钺存在着——
> 在你们狂乱的奴隶,这些正十分够了!

接着又写道：

关于诗人的工作的见解，由普希金表现在下面的他常常重复的言语中。——
也不为了生活的骚扰，
也不为了利欲与斗争，
我们是为了灵感，
为了甜美的辞句与祈祷而活着的！
在这里，我们就在我们的面前，于最明快的公式之中，看见为艺术而艺术的理论了。……

普列汉诺夫虽然这样建立了他的论点，但是后来他又写着：普希金的《贱民》和《给诗人》，不是回答"人民向诗人的要求"，而回答的是沙皇尼古拉一世和他的朝臣以及御用文人们的要求。这要求并不是"改善社会的道德"，而是要求诗人为沙皇政府宣传道义之大，"尼古拉想从他那儿期待着像库珂里尼克的戏曲'至尊的手救祖国'似的那种'爱国的'作品，连非常优秀的宫廷诗人，那不是此世的歌人 V. A. 邱珂夫斯基似的人，都努力想把对于道义的尊敬教给普希金"。在一八二六年四月十二日发的信中，他说道："我国的青年（即不断地成熟起来的一代人）……都感染着被包在诗的美装里的你的狂暴的思想了。你已经将难以医治的毒害给了许多人了，这件事情应该使你战栗。才能并非重要，重要的是道义之大……"（同书十二至十三页）

普希金怎样呢？他不但不战栗，他给了这些"贱民们"以"轻蔑的，说起来是粗暴的回答"。

这样的回答，我们能说是"为艺术而艺术"的主张吗？它难道不是"包在诗的美装里的狂暴的思想"？难道不是对于御用文人和宣传官方的"道义之大"的艺术的一种反击、一种抗争？如果是的，十分明显，这就不是仅仅以"艺术"为目的"为艺术而艺术"的理论。

就从《关于诗人的工作的见解》的片断不全的诗句来看吧，也并不如普列汉诺夫所说，就是"回避'生活的骚扰与斗争'"。这里的斗争不是和生活连结，而是和"利欲"连结的，很有理由可以相信这里的"斗争"是指和"利欲"相类似的东西，是一种不正当的斗争。我们只要看看这里的"祈祷"，就可以知道这几句话如果不是反语的讥讽，就有十分深刻的含意。普希金是个澈底的无神论者，他自己从来没有用诗来祈祷上帝，也决不会叫人用诗"祈祷"上帝的。

将"狂暴的思想"加以"美装"，这"美装"是普希金后期诗作的特色之一。尼古拉一世时代的检查制度极端严酷，普希金曾经为了《安德莱·解尼叶》（一八二七），为了《迦布里传奇》（一八二八）两次受人控告，几乎因此遭受流放西伯利亚的命运，所以他不得不用暗示、讥讽、反语、隐语，写他的思想和心情，甚至于他只有用密码写《欧根·奥涅金》的第十章。

没有深思这一切的原因与内容，仅仅根据从文字表面所得的理解，普列汉诺夫立刻就论断了普希金的方向。他把普希金和资产阶级的俗流的浪漫派、巴尔纳斯派等"为艺术而艺术"的作家归在一起，达到他的论证："为艺术而艺术的倾向，是艺术家和围绕着他的社会的环境之间存在着不调和的时候发生的。"并且，进一步，在列论了高第叶等的"为艺术而艺术"和大卫特等的"为功利而艺术"

之后，他将"不调和更适确地加上了特征"（二十四页），"补充以前的论断，像下面似的说道——艺术家及对于艺术的创造具有直接兴趣的人们的为艺术而艺术的倾向，是在他们和围绕他们的社会环境之间的那绝望的不调和的地盘之上发生的"（二十六页）。所以，普希金的"为艺术而艺术"，普列汉诺夫并不看做是偶然反映的不调和的思想或是情绪，而认为是他的"精神中的大变动"，"他的精神根本地变了"（同书九页）。

但是到底，普希金精神中的这个大变动，因为什么而起的呢？普列汉诺夫的回答是矛盾的。起初说是因为拒绝宣传尼古拉一世的道义（十至十三页），后来又说是因为他的"绝望"和"悲观"。那么，在这个"精神中的大变动"之后，普希金写了些什么"为艺术而艺术"的作品或是具体的主张呢？

可见，除了那几句诗之外，普列汉诺夫举不出来，并且实在也举不出来。因为，普希金没有写。

问题就在这里：判断普希金"为艺术而艺术"，绝望，悲观，全都是可以的、可能的。但是，必须举出证据来。

事实上，批评一个作家，论断一个作家的倾向乃至于他所属的阵营，必须以他的总的活动和总的方向来下决断，才能真实。而普列汉诺夫不单是抓住普希金某一时期的一部分作品中的一两首诗的片断（而且只是片断的字面上的意义）下了判断，并且他还根据别的时代别的国家中的"为艺术而艺术"作家的思想的历程，推断另一个时代另一个国家中的普希金也是如此。他看到法国的"浪漫派和巴尔纳斯派并不期待他们当代的法兰西的社会构造的变动，也不希望这样"，于是就得到："我们的普希金也不曾期待当时的俄罗斯的什么变动。而且到了尼古拉时代，他也一定不去希望这个了。因

这缘故，他对于社会生活的见解，就涂上一层悲观主义的色彩了。"（二十五页）

但是普希金的全部作品证明：普希金没有像在他之后的那些资产阶级庸俗的"为艺术而艺术"的作家们一样，从没有写过一篇无内容无思想意义，仅仅"为艺术而艺术"的作品。正在普列汉诺夫所谓发生"精神中的大变动"的尼古拉一世时代（一八二五—一八五五），普希金写成了他的伟大的史诗《欧根·奥涅金》，在后面的几章里展开了更比前几章深广的社会的史画；写了叛逆的《安德莱·解尼叶》（一八二七）和无神论的《迦布里传奇》（一八二八），写述人民抗争的故事《杜布罗夫斯基》《队长的女儿》《普格乔夫叛乱史》（一八三三）；卞拉姆金在他的《俄国史》里认为专制政治是对人民有利的，普希金写了《郭鲁亨诺村的历史》代替沙皇的大臣，他写了一位总管毁灭人民的故事，说明新式的专制政治和农奴制度的本质。沙皇任命全国知名的三十四岁的大诗人做"少年侍从官"（一八三三），他写了童话诗《金鸡的故事》报复了尼古拉（A. 史洛尼姆斯基：《论普希金的童话》），这篇童话诗的结尾是"暗示"与"教训"：

童话虽是虚构，其中却有暗示；
对于良善的青年们是一种教训。

在同一个时期写作的《贱民》（一八二八）和《给诗人》（一八三〇），正是和这同类的作品。连普列汉诺夫自己也承认，是向沙皇的御用文人应战的东西。在当时，普希金以"孤独的个人"来和整个的环境，整个的贵族阶层，整个沙皇的俄国冲突；事实上他不能不和沙皇妥协，他妥协了，这是事实。然而这个妥协是"表面的"，他的精神并不如普列汉诺夫所说的"根本地变了"，也没有回避了斗争，他只是变更了战斗的方式。他用暗示、讥讽、反语、隐语，甚至密码来写他的思想，他的"狂暴的思想"穿上了更巧妙的"美装"。在《希勒德沙里》里，他"装做谴责的样子"，用官方的轻蔑的语法，描写了一八二一年希腊独立战争的血的历史。当《铲形皇后》发表之后，受到广大的欢迎，普希金这样写道："我的铲形皇后了不起的时式，玩纸牌的人都押三点、七点和一点。在宫里老伯爵夫人和公主娜妲丽亚·彼得罗夫娜之间也发觉过类似的赌法，而且似乎并没有触怒谁。"在这里，如果以为普希金是在夸耀自己的成功，就大错了。普希金从来决没有降低自己到那种卑俗的地步，以蠢材们的称赞为荣。普希金在这里不啻明白地揭示给我们，卡尔曼的精神和行为，在社会上已经是多么的流行，多么的普遍，"了不起的时式"，就是在宫里也是一样，卡尔曼没有被斥责，反而是——被欢迎了。多么深刻而又具体的，普希金客观地写出了从宫廷起的意识上的卡尔曼化的卑劣。——这是普希金战术变更的一个辉煌的例子，他的"射击"变换了形式，然而加强了火力。

一个作家如果精神上有了变动，决不会让我们在他的作品里看不到一丝痕迹，无论如何，在他的抒写情感最亲切的抒情诗章里总可以看到形影。普希金在写《贱民》的前一年（一八二七），他写了怀念十二月党人的沉壮的《寄西伯利亚》、光华四射的《阿里昂》，而在同年，写了无神论的《迦布里传奇》，在次年（一八二九）还写了对家乡和人民寄了思恋、对下代寄了希望的诗章《当我沿着喧嚣的街道徘徊》。一八三〇年写了同样的回答御用文人的《给诗人》，同年写了《欧根·奥涅金》里描写战争与革命的俄国的一章（现在的第十章），还写了一幅农奴制度下的乡村的悲画。这时所写的不但不比十一年前（一八一九）的《乡村》减色，反而更深藏了，也更深刻：

> ……看看这里是什么景色：一排贫寒的茅屋，
> 在远方是黑土，原野的斜坡，
> 在上空是一片铅灰色的浓云。
> 那里是欢乐的田野，那里是幽荫的森林。
> 那里是小河，在院子里靠着低矮的垣墙
> 站着两棵可怜的小树点缀视线，
> 仅仅的只有这样两棵。其中的一棵
> 在多雨的秋天里完全赤裸了
> 而另外一棵的叶子，潮湿而且泛黄，
> 仅仅只是等待着北风。
> 仅仅就是这样了。在院子里活的狗都没有一条。
> 那里，真的，有一个小农民，在他后面跟着两个女人。
> 他光着头；膀子底下夹着一口小孩子的棺材
> 远远地喊那慢吞吞的孩子，
> 立刻去叫神父，并且打开教堂，
> "快些！等不及了！早就该埋了。"

尤其是把《给诗人》（这首诗在文字表面上，似乎比《贱民》还更"为艺术而艺术"的）和诗人在死前一年（一八三六）写的《纪念碑》结合在一起，就可以看到它决不是唯艺术的绝望的追求，而是一种自白，倾诉自己的心思：有理想的诗人要"独自的生活"，不必顾及现在的请求（做御用诗人），或是咒骂，或是侮辱，甚至于是赞美和盛誉。在《埃及之夜》里，诗人借卡尔斯基的口说道："……诗人的名称在我们这里是不存在的。我们的诗人并不受绅士们的保护；我们的诗人自己就是绅士，如果艺术的爱好者（见他们的鬼！）不晓得这一点，那就太糟糕了。……大概，有人开玩笑对你说过。似乎我是个大诗家，我也曾写过些不好的短诗，但和那些绅士诗家是全不相同的，同时我也不愿做这样的诗人。"

这"独自的生活"决不是脱离民众的，相反，正是把生路寄托在民众身上，才能勇敢地向贵族阶层如此的诀别。也正是因为这个，在《纪念碑》里才能展开自己和人民的豪壮远大的希望：

　　不，永远我不死亡——在神圣的竖琴里的灵魂
　　我的尸体将要永生和不朽——
　　我将要被赞美，在月下的尘世里
　　哪怕只有一个诗人生存。
　　我的传闻将要传遍整个伟大的俄罗斯，
　　每一个生存的人都要用他的语言向我召唤，
　　无论是骄傲的斯拉夫的子孙，是芬兰人，
　　如今是野蛮的童古斯人，还是草原的友人卡尔美克人。

普希金决不像普列汉诺夫由法国作家身上所推得的结论："不去希望当时俄罗斯有什么变动了。"他的希望正寄托在"变动"上。在这个沙皇的俄罗斯，人民被奴役，他自己在蠢材们的深渊中浮沉，被迫害，毁谤，侮辱，最后甚至于谋害了他的生命，他看得很明白，只有"在专制政治的废墟上"，他的名字才会为世代所记忆，为万族

所崇敬。虽然，普希金生活的时代，在政治上在思想上都是最阴霾的时代，梅特涅和亚历山大神圣同盟的势力统治着欧洲，压下了一个又一个革命；"社会主义者"的名词到一八三五年方才应用，而《共产主义宣言》在一八四八年方才出世。普希金只看到一八三〇年火花的闪烁，没有来得及看到一八四八年的烽火。生活在这样一个时代的普希金，希望如在暗夜中隐现的灯火，而他自己又无时无刻地遭受迫害和攻击；他的社会地位和环境妨碍他接近更进步的人群，他是孤独的一个人。当然，普希金不是一无矛盾的，他未尝不可能感到失望，然而我们可以确信的是普希金从来没有"绝望"。相反的，他永远地燃烧着《给卡阿达叶夫》和《寄西伯利亚》里的"崇高的幻想"和无比光明的希望。他有矛盾，但是在矛盾中坚持着人民的方向，坚持着他那一时代中最前进的思想。

就是在普希金写给沙皇的颂诗里（一八三〇年左右），也可以听到抗争的声音。在那些诗里，每一次他都提到当时没有人敢公开提出来的"赦免"和"宽大"；这决不是向沙皇阿谀或求荣，而是利用沙皇对他的看重，为朋友为弱小人民尽一点力。哪怕自己做个"小丑"。在普希金的草稿本上留有他对十二月党人就义的默想："在涂得污黑的底稿纸上从头至尾重复着同一种图画：堡垒的墙壁，两根柱子上面钉着一条横木，在绳索上，好似一缕缕丝线，吊着五个小小的人体。两次诗句的开端是简单地写着这样的字句：'我要是能够，和小丑一样……我要是能够……'"（A. 史洛尼姆斯基：《论普希金的童话》）在《纪念碑》里，诗人写着：

　　我将要那时永久被人民爱着，
　　　因为我用竖琴唤醒了至善的情感，

因为在我的残酷的世纪赞颂了自由，
并且给倒下的请求宽仁。

尼古拉时代的普希金不仅没有"变"，他而且更深藏了。他如果说了形式上近似"为艺术而艺术"的话，这话里的含义就是"为人民的艺术而艺术"；不是为沙皇社会的道义，也不是为自己。"为艺术而艺术"这种主张无论如何是个人主义的，这也是"爱你自己"的理论的一个形态，奥涅金的形象里就存在着这种精神（如他的冷淡）。而这正是普希金所深恶所抨击的。普希金不是个人主义的，他是人民主义的。他的心所向往憧憬的，是人民的幸福和自由——由于这，他才有自信不朽的可能，他才有"不朽"的可能。

普列汉诺夫误解了普希金的诗作核心的真谛，所以当他继续写到底下："为艺术而艺术"的法国浪漫派、巴尔纳斯派等，因为"他们对于以全社会的革新为目标的新潮流那盲目的态度，却使他们的见解成为错误的狭隘的片面的东西，同时也使实现在他们的作品中的思想的质低落了。于是，那当然的结果，就成为在经过写实主义的（自然主义的）流派而来的作家之中唤起了神秘主义及颓废的心醉之倾向的，法兰西写实主义的穷路的状态而显现了"（六十三页）。在这里，普列汉诺夫遇到了矛盾——在普希金里面，和这样的"状态"类似的东西一点也没有。而这时，他又不能承认普希金的"作品中的思想的质"不"低落"，如果这样，就要动摇他的"普希金为艺术而艺术"理论的根本。

普列汉诺夫一定为这个思考了很久，终于，他还是向观念论请来解围的救兵；为了弥补这个矛盾和漏洞，他不得不"在终结时，想单关于普希金来费两三句话"。

"在这个诗人毁击'贱民'的时候,我们在他的说话中闻到了许多愤怒,无论皮沙列夫怎样说,我们决非闻到了庸俗。诗人攻击着上流的群众,因为他们将厨房的釜看得比培尔卫兑尔的'亚玻洛'更尊贵——但是正是上流的群众,完全不是那站在当时俄国文学的视野之外的真正的人民。这是说,对于他,那偏狭的实际是难堪的东西。而且是同样,他全没想教导群众的那种希望。只是证明对于群众的他的完全绝望的见解,而在那儿并没有什么反动的气息。这就是普希金优越于高第叶似的为艺术而艺术的拥护者的地方。这个优越是有条件的性质的。……有智虑的普希金也许要像那差不多不能和他比较的少有智虑的高第叶所判断的一样,下了差不多一样的不成功的判断吧。将他从这个可以有的弱点救了出来的,是俄国的经济的落后。""……现在俄国是达到经济的发达的高度——能使为艺术而艺术的理论的拥护者,成为建立在一个阶级对于别个阶级的剥削的那社会秩序之意识的拥护者了。因此,在现在俄国就有不少社会反动的愚论,借'艺术之绝对的运动'的名而进行。但普希金的时代还不是这样的。这对于他是大大的幸福。"(六十三至六十五页)

然而这个"终结"只是更深一层的矛盾的混乱。"为艺术而艺术"的主张既是绝望的见解,何以它在"经济的发达的高度"的资本主义社会里是反动的,而在"经济落后"的君主专制的农奴制的社会里,存在着同样的阶层冲突的社会里,就不是反动的?何以一个绝望的反动的作家,如果在"经济落后的"农奴制的社会里,就会没有"反动的气息"?一个反动的"为艺术而艺术"的作家如果在一个经济落后的国家不显得反动,那只是因为社会冲突不十分激烈明显的原故。决不是就可以得救,在本质上不反动了。普希金为什么没有反动的气息?显然的,这个原因不应该单在"经济"上寻找,还应该到作家的本身上去追寻。而普列汉诺夫完全否定现实中作家个人的个别的客观，使一切作家的"个人"都一律服从普列汉诺夫主观中变的客观（经济高度），所以竟不顾俄国社会中的普希金的教养、思想、艺术方法和法国社会中的高第叶有什么不同，断言普希金如果处在高第叶的经济时代，在思想上在艺术上也将和高第叶走同样的道路，也就是说，和高第叶具有同样的思想和艺术。几乎是必然的，主观的观念论的根源引出了客观的机械论，在一位伟大作家身上投下阴影，掩蔽了他的光芒。

卢那卡尔斯基在《艺术的基本问题》里说到普列汉诺夫的批评，他说："……普列汉诺夫底文艺批评上。如他所承认，是有着一种折衷主义在的，那里保留着各种不同的遗留物，政论的批评和审美的批评二者都有……"这是一个深刻的观察和了解，普列汉诺夫的普希金为艺术而艺术的理论正是这两者的混合体，他的特质尤为明显地表现在底下一段申论里面：

> 普希金不曾嘲笑圣西门主义者们。不过关于他们，他也许听到过，也许并未听到过。他却是正直的宽大的人。但这个正直的宽大的人，从少年时代就习得了一定的阶级的偏见。废除一个阶级对于别个阶级的剥削，在他看来甚至是不得有的可笑的空想。倘若他听到了这废止的某种实际的计划，尤其假定这计划，像在法兰西的圣西门主义者似的，在俄国骚闹起来，他恐怕必定对他们施以激烈的争论和嘲笑的诗，并且以这些东西武装起自己来吧。关于俄国农奴状态比西欧的劳动者状态要优越的，他的手记的某篇——论文《途上冥想》——就使我们这样想……（六十四页）

这在普希金，实在是一个政论的审美论。普希金不曾嘲笑过圣西门主义者，正如普列汉诺夫所说；他也许听到过他们，也许根本没有听到过，即使他听到过他们，而他没有反对，也没有赞成。这十分可能普希金因为看到它是无结果的空想，所以保持一种审慎的缄默。可是这只是我们的臆想，不能作为任何论断的佐证。至于普希金对于农奴制度的态度，没有任何东西比他的《乡村》和《郭鲁亨诺村的历史》，也没有任何事实比他对十二月党人的友谊和追怀说得更为明白；他不仅不反对这种"废止一个阶级对于别个阶级的剥削"的"骚闹"，而且他还叛逆了自己的阶层以诗来"武装自己"，站在农奴的解放者们的一边。他在《欧根·奥涅金》里就嘲笑了奥涅金的不澈底的解放农奴——用免役税代替力役。他在《途上冥想》里写了"俄国农奴状态比西欧的劳动者状态要优越的手记"，这并不能证明诗人拥护农奴制度。在农奴制度的状态里（《乡村》）：

不顾眼泪，不听呻吟，
命运选出来毁灭人的，
野蛮的地主老爷在这里，没有情感，没有法律，
以强制的鞭子掠夺了
农民的劳力，财产，时间。
匍匐在别人的犁上，听从鞭挞，
憔悴枯槁的奴隶在这里，
踯躅于无慈悲心的地主的田垄。
在这里所有的人都拖曳着苦难的轭走向坟墓，
心灵里不敢怀有希望和温情，
在这里年青的姑娘们开花

>只为的是淫荡的恶棍的纵欲；
>衰老的父亲的亲爱的靠身，
>年青的儿子们，劳动的伙伴们。
>从自己的亲爱的茅屋里走出去
>增添地主的疲劳的奴隶之群。……

而劳动者比这种状况还要不如，这只能说明普希金对新兴的资本主义社会制度洞察的卓见，这个社会的精神在俄国的化身赫尔曼，某种程度上的奥涅金，他有极真切的描写，也是他的最严格的批判。和普列汉诺夫的理论相反，把普希金从"可以有的弱点救出来的"，不是"经济的落后"，而是对世界幸福对人民自由的认识与憧憬，只有在这个认识的引领之下，他才能在经济政治文化全部落后的俄国专制社会里走向伟大和不朽。

正如卢那卡尔斯基所叮嘱的："我们必须时时记得，普列汉诺夫理论底构成中的这一弱点，也是它底特征之一，而且完全是由于他在写作的那个时期使然。为了要决定的摧残'政论家'底一面性的主观主义，和那些徒然从观念论哲学家乱借词句借以掩饰他们浅薄浮夸的'啊呀'之类的唯美派底讲究饮精食美似的印象主义，这种论争的强调在防卫卡尔主义的历史的发生的方法上也许是必要的吧。"（《艺术底基本问题》）所以普列汉诺夫在论普希金这一点上，虽然掩蔽了诗人的特质和光芒，然而我们不能由此否定他的整个的功绩和贡献，更不能根据这一点就抹杀他的理论中的正确和深刻之处。如果那样，我们就是荒谬了。

一九四三年二月

文学的倾向

序

这本书里所收集的,是从一九四四到一九四九,这六年里陆续写下的一些文字。这些文字写得很零散,不过,每一篇地写,回想起来,也约略有线索可寻,大体上是为了文学倾向和文学问题而作的,所以就用了这个书名。

一九四四年,那是抗日战争最艰苦的阶段,反动派破坏抗战阵营,压迫民主运动,黑暗的统治笼罩着非解放区。在这样沉闷阴霾的局势下面,文学上游离革命的现实主义的倾向,更明显地表现出来。在《人的花朵》里面,原来试图探讨优秀作家的艺术,提供文学工作者参考,开展现实主义的路。可是这时候感到了作家画像的不够,须要投身在大时代的文学激流里面,于是开始接触文学倾向上的问题。

这个问题太大,不是我的力量所及的,也不是我的病室生活所能包容的;不过当时深感到时代之大,战斗之烈,而许多作者的作品虽是写实的,可是沉闷,灰色,贫乏,单调,没有生气,没有血色,不能动人,也没有力量。为什么这样呢?大家都很热心地讨论,我也写了一点意见。后来陆续地就写了这么些篇。

起初,这个问题只是间接的、广泛的、原则上的接触。《谈"深广"》,又谈《根本的问题》,这两篇,实际上已经写下后来的意见的提纲了。这就是第一辑。后来,在客观形势的要求下面,终于展开了正面的讨论,这就是第二辑的几篇。

当时在重庆有一个讨论,我写了一篇《艺术与政治》。接着,又和何其芳先生通信讨论。在这个讨论里谈到的有客观主义和主观主义的缺点,新现实主义和旧现实主义的分野,旧现实主义和自然主义与中国作家创作的关联等等,提出了问题的基本的论点。

后来到上海,和洁泯先生又一度谈到这些问题,不过那是一个歉收的讨论。因为洁泯先生的论旨不在文学工作和问题本身,而在个人的是非,所以在文章里不惜用出一些手法,乃至拿出"帽子"来做武器。为了说明事实和问题的真相,不得不把已经说过的论点重复叙述,已经写过的文字重行引用,这样,许多笔墨都浪费在这一方面去了,问题本身并没有得到多少开展。[1]

在一再的讨论之后,问题十分的明白。政治倾向和主观战斗精神的提出,有它的意义,但是片面的单纯的强调,解决不了问题。问题从实际中产生,所以需要联系着实际生活和创作来讨论。而在加强创作实践的要求上,有突破创作方法上"自然主义"倾向的必要。为了更进一步阐明这个问题,于是又写了《论现实主义》和《释"自然主义"》。附带写了一篇《"出神入化"之类》,攻击自然主义的最后的堡垒——"出神入化"的技巧。

在这个讨论里,提到的倾向有公式教条主义、客观自然主义、主观主义等,因为面临的课题是检讨缺点,所以这些作品的成就方面没有能给与评价。同时因为怀着热切的感奋的原故,所以在文字上缺乏深思的容量和重力,并且有时不免流于粗浅,有时不免稍稍

---

[1] 正是因此,洁泯先生的两篇文章——《"客观主义"私观》《正确的扬弃》,没有收录进来。答复洁泯先生的两篇,《突破自然主义》和《再谈突破自然主义》,为了免除和前面几篇的重复,文字上略有节删。

强烈，不过出自心的深处的真诚的脉流，是在这中间跃动着的，那就是希图探求文学问题的症结，求革命文学的前进和再前进。

在这个讨论里也提到左拉和巴尔札克，这不是如有些人所认为的，对某一个作家个人的"低贬"或"高估"，"轻蔑"或"颂扬"；也并不是如有些人所理解的，只是一个文学史上的论争。这是一个文学创作方法和创作倾向的论争。我们之所以屡屡提到左拉和巴尔札克，这是因为自然主义和现实主义创作方法的不同，几乎是典型地表现在他们的作品里面。用他们的作品做例子，可以给我们具体说明现实主义艺术的特质。这不仅对过去的旧作品作了研究，对将来的新作品也有参考意义的。至于我们不仅是否定左拉的艺术，而且也要越过巴尔札克的艺术，这是不用说的。

第三辑是论题的另一面，试图通过作家和作品接触现实，接触诗。不过，有一篇叙写走向人民的诗人的《新的声音》，没有能如愿写出来。这里面的一篇《诗与真》，是听到闻一多先生被害之后，为贵阳《时代周报》的《闻一多先生诗辑》写的小引。出了这个诗辑之后，《时代周报》就被扼死了。这一篇也可以说是一个纪念。

最后，第四辑，《坚持"脚踏实地"的战斗》是一个结束。这是读过《北方文丛》里的几部作品之后写的。我始终觉得文学的问题不是一个片面的问题，也不是一个口号形式上的事，这关联着从思想、生活到创作上的"根本的问题"。并且，文学问题脱离了实践，就是空虚的东西。政治倾向，战斗精神，非通过真实的人物和事件不能得到表现，非通过典型的艺术不能得到深广的、诗的表现。否则，就会出现形式上的教条，就会产生主观里的意象。一个作家的思想、生活、创作，是一个整体。而那时候，我深感到在伟大的革命思想的光下，在"脚踏实地"的实践里面革命作家所创作的新文学，人民的文学，已经开始萌芽成长了。

今天，在中国的大地上，人民革命的洪流，摧毁一切的阻碍、逆流、反动，排山倒海地汹涌前进，获得了伟大的胜利。这革命的洪流的方向和道路，正也表现在文学的领域里，正也指示着我们前进的方向，我们前进的道路。

一九五〇年三月大连

谈"深广"

鲁迅先生在《中国新文学大系·小说二集·序》里,说到他的《狂人日记》,说:"《狂人日记》意在暴露家族制度和礼教的弊害,却比果戈里的忧愤深广,也不如尼采的渺茫。"

深广——这是两个含意极深的字。

把作品的范围扩大,人物加多,并不一定就能完成深广;反而,在许多作家,常常变成了平泛和浮夸。

深广不在形式上,在内容。

作品内容的深广,本质上是由主题的具体、现实的深广来的。这不只是认识现实,而且要潜化现实,深入它,概括它。

这样,一个作家,非是科学理论的哲人和人民的战士,在战斗中深广了的人不可。

深广决非现实的抽象化,这是现实的血肉化,有了血肉,才有灵魂。

莎士比亚的深广,在今天看,似乎是由思想上人性的抽象的发掘达到的。可是在他那个时代,这些思想是激进的,全新的,"弃去一切封建宇宙观的原则与准绳"的。新观念的拟理,有积极的现实意义的东西。这使莎士比亚越过怯弱的中庸,达到深广,以至于伟大,不朽。

只有认识了深广是战斗,不是激情的忧愤;是真实,不是虚构的渺茫；这样的作家，才能达到这个境界。

鲁迅先生的深广，不是偶然的，因为他不止是个艺术家，本质上是个战士的原故。

在今天，有些作家正以为深广是由回避现实，由绕圈子的、浪漫的幻想可以达到的，并且在这方面费了极大的力，这是很可惋惜的事。更有些作家，完全看错了写作的目的，只求他的作品博得观众的欢笑和鼓掌，不惜违背现实以及人物的真实，甚至曲意逢迎；这是难望接触深广的。

每个作家都有创作的根，好比花朵生长的土壤。人民的作家，必先作为战士而生活，才能作为诗人而深广的。

一九四四年十二月

"永恒的主题"

有些"纯艺术"的作家，主张所谓"永恒的主题"；以为在文学史上，像"爱""死""复仇"……之类的主题，曾经重复过千万次，有过千百种不同的写法，而到今天我们仍然不能撇开不写，这是人生中永恒存在的纠葛，也是艺术上永恒的主题。

这说法原也有理，但是很显然，这名词中所谓的"永恒"二字，只有形式上的意义，并非内容上的规范。因为爱、死、复仇，在形式上是永恒存在而且不变的；但是进一步看：爱、死、复仇是从属于人的，而人，生活在个别的但是特定的时代与社会中，他们的爱、死、复仇的内容，也因时代因社会因人而变化万千，并不是永恒不变的。爱、死、复仇只是人的生活内容之一，所以艺术上如果有"永恒的主题"，那意义也只能指"人和生活"，并不能是什么凌空存在的玄虚的命题。"纯艺术家"的"永恒的主题"中所谓的"永恒"之名，是由主题形式上抽象的归纳得来，不是由主题内容上具体的综合得来的；真正以这种"永恒的主题"为主题的作品，也只能够达到主题形式上的永恒，却不足以达到主题内容上的永恒。至于文学史上，许多所谓"永恒的主题"的伟大作品，都是理论家们片面的解释，自圆其说的附会而已。

例如莎士比亚的《汉姆莱特》，也被认为是"永恒的主题"伟大作品之一。

《汉姆莱特》写的是什么呢？

于是就回答了：那是"爱的嫉妒"。

有位英国的学者Jones先生说道："《汉姆莱特》这一幕悲剧，是叶的帕司错综之心理的微妙的开展。在精神分析学上说来，任何男子，很早即有性的要求，先即由对于母亲的强烈的爱中表现出来，所以男子一方面希望能专有母爱，在另一方面即以父亲为性的竞争者。汉姆莱特是一个青春的少年，他幼小的时候所经验的母爱，和嫉妒他父亲的心理，因为受了抑压，必定强烈地潜伏在他的心底。等到他的父亲突然被人杀死，他虽感到非常的悲痛，但他因为以后专有母爱而同时又在心中浮泛着一种喜悦。然而这种喜悦的心理在小时候就被他的叔父克劳底阿斯所蹂躏，后来他的叔父又和他的母亲结了婚，这在他看来，克劳底阿斯不啻是他的第二个爱的竞争者，因此他自然感到不快与愤恨了。并且汉姆莱特的父亲的幽灵出现，将克劳底阿斯杀他父亲的罪告诉他，于是'父仇'与'性爱'二重作用，使得他后来不得不将克劳底阿斯杀死。这便是汉姆莱特对于他母亲性爱的证明。"

这是纯粹根据性心理学建立起来的"永恒的主题"的理论。然而我们读过《汉姆莱特》之后，却觉得这个理论糊涂得很，而且不合事实。照Jones先生的说法，仿佛汉姆莱特活在世界上，没有任何目的，只是为了"母爱""性爱"；仿佛有人杀了他的父亲，只要不和他的母亲结婚，他还会高兴似的。可是在莎士比亚的剧里，汉姆莱特并不是这样的一个"性爱"专家，"性爱"也不是剧的主题。《汉姆莱特》的主题如果是写"性爱"，那么，作者为什么又写父仇，并且还以父仇作故事的中心呢？在剧里，第一幕出场的，并不是学者们所想象的"性爱"的描写，却是父仇的灵魂。况且，在剧里，汉姆莱特的性爱是已经有了寄托的,他有一个美丽的爱人奥菲丽亚。如果剧的主题在写"性爱",为什么又有奥菲丽亚出现呢?她的出现,不正动摇了汉姆莱特对他母亲执着"性爱"的可能?……

汉姆莱特是一个真实的人,一个真实的人底生、死、爱,是经得起并且合乎学理的分析的。性爱在汉姆莱特身上自然存在,但是学者们从所谓的"性爱"推论得到的"爱的嫉妒"的永恒的主题,在《汉姆莱特》中并不存在。

莎士比亚的《汉姆莱特》不是观念论玄学的悲剧,而是现实的"人的悲剧"。汉姆莱特是一个纯正的人道主义者的形象,有一颗良善正直的心,本是"最高度地适于摄取一切生活的欢乐与美丽"(A. 斯米尔诺夫语),但是生在一个卑污奸恶虚伪的世界,并且陷在复仇的网里面:父亲被害,母亲变节,正嫁给害死父亲的篡夺者。英武的汉姆莱特本有复仇的力量,但是他是良善的,"他的意识中没有一种以个人残杀的手段来复仇的迫切感觉",他为这悲痛,犹豫,审慎,准备,迟疑;决心是下了,但是不能意识地举起杀人的剑来,虽然那是复仇的剑。直到最后,狡恶的克劳底阿斯的毒手也施到他的身上来的时候,他才在一种正义的而不是私怨的愤怒中,一剑刺穿克劳底阿斯的身体。汉姆莱特的性格掘发得愈深,他的人道主义者的形象也愈显明,他的悲痛因而也就愈深。

《汉姆莱特》不是因为"永恒的主题"伟大的。实质上是,莎士比亚写了他那时代中真实的"人的悲剧",因而达到了永恒。

所谓以抽象的爱、死、复仇为主题的"永恒的主题",即或含有更深的生命的追求的意旨,但是无论如何,这是从人的生活的真实避开;在这时代,就是从旧世界的崩解和新世界的孕生回过脸去,遁入空中的主题。因而,这是"纯艺术"作者的金字塔,苦闷的智识分子的逃遁所。以这样的主题,无力深入,不会"永恒",是必然的。

在文学上,有没有"永恒的主题"呢?我们的回答:有的。不过现实主义的"永恒的主题"的观念,和"纯艺术家"不同。现实主义的永恒的主题中心不在生命形式的永恒,而在生命内容的永恒。

那是什么呢?

我们的回答:现实的主题就是最"永恒"的主题;突入现实最深的,就是最"永恒"的。

一九四五年一月

根本的问题

新文学经过多年的发展,自然是有进步,有成绩的。然而同时,却也存在着许多严重的问题。尤其最近,"文坛"混乱得如一个市场,弥漫着小市民的市侩主义的气息,杂陈着各色各样反现实主义的倾向。

许多"作家"不仅没有回答现实的召唤,没有负起它的战斗任务,而且是落后于现实的,甚至有游离现实,逃避现实,乃至为霉烂的社会阶层所俘虏了。

今天的急迫的情势和战斗,不容许我们再对这一切盲目,或者装作没有看见。在这样的各色各样反现实主义倾向上,实际上,从生活实践到创作态度,从战斗意志到创作方法,都存在着"根本"上的问题。

文学上的反现实主义倾向,是由来已久了。有许多问题,远在抗战发生之前,就讨论过批评过;在抗战的期间,也提出过、检讨过。可是公式化,教条化,图式的形象化,客观现实的自然主义化……此起彼伏,层出不穷,一直到今天。

为什么会这样呢?

因为有许多作者,从来没有接触过自己在生活上创作上的"根本"问题,没有认真地作过自我批评,自我学习,自我斗争,甚至力图避免;因为这个,是艰苦的。

在创作上，大都采取一种改头换面见风转舵的态度，跛行着前进。当公式主义教条主义受到批判的时候，于是这一派敛迹了，但是不久，摇身一变，用形象装扮了的图式主义出现了。当提出深入生活绘写真实的原则的时候，于是客观现实的自然主义（客观主义）出现了。当客观环境诱惑稍强的时候，于是市侩主义的倾向抬头了。不久在将来，又不知会有什么新的反现实主义倾向……

这正好像一个血液中毒的人，腿上生了疮，用药去敷，才平下去，膀子上又生出一个，又用药去敷，才平下去，胸膛上又生出一个，背上又生出一个……如果只是这样表面上东敷西衍，不作"根本"的治疗，清除血液中的毒质，那是毫无办法的。

鲁迅先生有一回在一封信里说到他自己写文章："夜里又做一篇，原想嬉皮笑脸，而仍剑拔弩张，倘不洗心，殊难革面，真是呜呼噫嘻，如何是好。"（《鲁迅书简》）

"原想嬉皮笑脸，而仍剑拔弩张"，这才是一个真实的战士底本色，由一种本质上战斗的思想和意志决定他的。

至于本质上带着小市民层的市侩思想，血液里含着来自霉烂社会的残滓，灵魂上被传统的鬼魂所拖缠着的人们，尽管表面上装得怎样剑拔弩张，骨子里则依然不免是嬉皮笑脸。以革命文学的招牌卖色情的膏药，就是明显的例子。旁观现实、游离现实、脱离战斗的，尽管暴露着生活的黑暗或绘写光明，但是那总归是苍白的、枯干的、无力的。文学的创作，如果不能深入生活，不能以战斗的态度深入生活，向现实搏斗，就不能用有血有肉的生活和人物代替公式和图式，以深入的概括代替繁琐的生活枝叶；也无法以战斗生命的火光，照亮自己的创作生命……

今天的急迫的情势和战斗要求我们从生活实践到创作态度，从战斗意志到创作方法，作一个澈底的自我批评，解决"根本"上的问题。

一九四五年五月

艺术与政治

艺术与政治，这是近来引起讨论的问题之一。

有的作者以为今天应该反对的主要倾向，"不是标语口号，公式主义，而是非政治的倾向"，所以主张在创作上强调政治倾向的要求。又有的作者以为，现实主义的艺术不必要强调所谓政治倾向，而应该"强调作者的主观精神紧紧地和客观事物溶解在一起，通过典型的事件和典型的人物，真实的感受，真实的表现，自然而然在作品里会得到真实正确的结论"。

这两个说法的出发点，一个说政治意义重要，一个说艺术表现重要，在原则上并不是对立的。在创作上，艺术和政治本是统一的。艺术是现实斗争战线之一，如果艺术游离了现实斗争，令人都接触不到内容的政治倾向，则艺术的自然而然的表现再高，也是无意义、无生命的；况且，游离现实斗争的作品根本就不可能完成高度的艺术的成就。同时，反过来，如果作品里光有政治倾向，仅是口号、标语、公式的图画，没有真实的艺术表现，则这倾向不论是多么正确、明确，也是不能产生高度的政治效果，也就是艺术效果的。

这是原则上的说法，如果从今天实际的创作实践上来看这个问题，还需要作更进一步的具体的讨论。

今天，也可以说好些年来，在文学上广泛流行的是一种"革命教条（或公式）＋技巧＝作品"的创作，就是被称为客观主义的倾向。这个倾向的作者,是以弗罗贝尔、左拉底"观察—收集分配材料—描写"的自然主义方法来"创作"的。这些作者大都取"观察"现实的生活态度,浮光掠影地抓住一个事件或一个人物零星的一点,作为创作的"材料";这样"收集"到的材料渐多,于是拿革命教条或公式作架子,把这些材料"分配"一下,在这个架子上捆绑拼凑起来(也有先捆好架子,再"观察""收集"材料的),然后铺张事件外面的细节,人物外表的特征,借辞藻和繁琐细致的"描写"来完成"现实主义"的大功。这样在革命教条的架子上,糊些纸人纸马上面的红红绿绿。裱扎店里的"现实主义"的创作,没有深入现实,没有生命的诗,虽有一望而知的革命主题,有阶级分明宛然生存的人物,既革命而又"形象化",可是整个的创作是教条、图式、技巧的混合物,是冰冷的,僵直的,杂凑成功的,没有血肉的生命,没有感动人的力量。这一个倾向的发展就是向公式化、图式化、定型化、庸俗化的陷阱走去,于是成了一种新的八股。

这样的作者,自然也是站在艺术战线上,拿着枪"战斗"着的,可是所拿的是长久不擦的枪,而且生了锈,落了机件,残破不堪;自然也是射击着的,但是只做了个射击的样子,不管射击是不是发生了威力,是不是击中了敌人的要害,甚至射出的是子弹,是石头,还是土块、纸团,也不管的,只要自己射击着,这就算"尽了战斗的任务",这就是一切。如此轻松而且容易的"战斗",由于许多这样战斗过来并且依样战斗着的作者的倡导和示范,于是许多文学习作者也就跟着学习,都这样地"战斗"起来,并且俨然都是"现实主义"的战士了。

这样怠惰战斗任务,削弱战斗力量的倾向,以教条主义、自然主义(乃至市侩主义)的混血者,庸俗的现实主义代替革命的现实主义的倾向，是需要立即克服的。为了文学，为了战斗，今天不但存在而且广泛流行着的这种窒息新文学生命的倾向，不能够再继续下去。所以，在克服这个倾向上，主观战斗精神的要求被提出来了。

主观战斗精神的要求，如果说，是要求战斗意志和战斗实践的加强，要求为人民和革命胜利的战斗热情的燃烧，要求向生活向战斗的突进和搏击，则不仅有激起文学上新生命的追求和发展的意义，而且有激发革命的攻击精神的意义，现实斗争的、创造的意义。可是在有的作者，是达到了不同的理解的。这些作者在哲理上，把主观看作是一种无所限制的力量、独立的存在，和人脱离，和社会并立，看作是一切的征服者和创造者；因而在革命实践上，强调主观精神的搏击就是一切，否定思维（认识）的意义，乃至宣布"思想体系"的灭亡；在创作上，也认为主观精神的燃烧包括了现实人生以至现实战斗的一切内容，主张主观的精神世界的绘画。

这样，当作者说："所谓'有倾向'的说法，决不是概念地抽象地在作品的外表上表现，而是要求在反映生活真实的基础上本质地、形象地、内在地由作品本身表现出来，越是在作品里隐秘地埋藏起作者的意见或理念，而让作品里的人物通过具体的事件和它的心理过程表露出来，也就是所谓人物典型性格被典型的环境所围绕驱使，他们行动（斗争）的真确描写，只有这样的作品价值才越高，所发挥的力量才越大。"——在这里，作者的出发点，反对"概念地抽象地在作品的外表上表现"政治倾向，是真实而且正确的。可是作者所要求的"本质的形象的内在的"东西，"隐秘地埋藏起作者的意见或理念"，是通过人物的"心理过程"来表露出来的，而这"也就是所谓人物典型的性格与被典型的环境所围绕驱使，他们的行动（斗争）的真确描写"。这样以心理过程代替典型性格的论点，和前面强调主观精神的"感受","自然而然在作品里会得到真实正确的结论",以至认为"没有必要另外加上所谓'党派性与阶级性'的政治倾向的理论"一脉贯连起来,就可以看到,作者因为反对公式主义教条主义,就以精神代替思维,以内心代替现实,要求文艺向放弃社会斗争理论的(无原则的),自发性质的内心发展的(唯主观精神的)路走去。

所以,当作者写道:"如果因为非政治倾向的作品泛滥而要求另一种唯政治倾向的作品来取而代之,那不过是把艺术从这个象牙之塔送到那个象牙之塔里去罢了。"这是离开了现实斗争的火线方能得出的结论。把非政治倾向的作品和唯政治倾向的作品同样都归入"象牙之塔"的一类,这在现实战斗中是没有可能的。

很显然的,这和要求主观战斗精神的本意是违背了的。主观战斗精神的提出是为了加强战斗,为了强化"政治倾向"的感染力,加强艺术的思想力、火力;并不是说有了主观的精神就有了一切,可以取消作品的政治倾向、思想和真理的表现,也不是说主观的战斗就能代替现实斗争的全部实践。今天有许多游离现实斗争的作品(如《风雪夜归人》等),这些作者之游离现实,可以说,正是"作者的主观精神紧紧地和客观事物溶解在一起,通过真实的感受,自然而然得到的真实的结论"。如果说,不必要强调政治倾向,要求作者积极加强战斗实践,使思维以至主观摆脱旧日意识的负累,而仅仅要求仍然继续并且加强各自主观的搏击,则不难想象将会产生什么样的结果。如果说,因为不满公式主义者表现真实,教条主义者宣讲理论的作品,就把"真实"及"理论"和公式主义教条主义一并扬弃,仅仅以自我的主观以心理过程为中心,并且以为这就是一切,那就不得不走向个人的主观感受境界或者个人内心精神的世界了。

现实主义的艺术能够，而且必须绘写内心世界，但是那必得是人底真实的内心生活和精神境界，而不仅仅是作者自己的主观的燃烧，用浪漫热情的文字描写着的激荡、痛苦、追求、欢乐，这样仅仅是意象或热情的涂彩。精神境界的追求只有和真实一致，它才是真实的升华，诗的升华。在这一意义上，它是加强战斗的，甚至是更尖锐的直接的接触，这和政治倾向或政治内容的要求是一致的。可是，当它不是通过"真实"的扩深与概括，而以作者的主观精神、内心燃烧和冲击来烛照的时候，在单纯的主观意象的光和影下，生命的真实的一面就要显得微弱，由于这一面的微弱，精神的生命就不能具有突破一切坚城的猛力。这在战斗力量不强的作者，就容易流为空虚的主观的绘画，使作品的现实面趋于隐晦。

自然，如果全不思考主观战斗精神在今天文学创作上的意义，单纯地把它看作唯心论的倾向，甚至认为客观主义的革命而且"形象化"的作品已经很好，就是纯公式、口号也没有什么不可以，这不是艺术工作者战斗的态度。因为这仅仅要求了政治，而没有顾到艺术如何，而艺术毕竟是艺术，并不是有了政治倾向就有了一切的。比如，对于今天游离现实斗争的作者强调政治倾向，这是十分必要的，但是并不是说，强调的结果是要大家重复标语口号的旧路，依样地画教条和公式的葫芦；所以同时也应该就艺术与政治的结合（政治倾向和艺术表现）问题，具体检讨在艺术上，作家从生活到学习、创作，各方面的实践情况，而今天创作上最大的问题也在这里。

另一方面，如果理论上强调主观战斗精神的意义，反对表面化的政治倾向，可是实际上向游离现实的个人主义艺术方向发展，这是表面上强调了主观的力量，实质上削弱了主观战斗要求的意义的。

看看今天现实斗争的尖锐和战斗任务的迫切，我们不能不承认文艺战线上的工作是远远落在现实的后面。许多应该表现的题材没有能够表现，人民的灾难、觉醒、战斗、成长、光荣、胜利，在文学作品里所占的分量是这样地少。这虽有环境和地域的限制，但是这并不是绝对不能克服的限制。比如旧社会的腐败、黑暗、混乱、崩解，这是后方许多作家所绘写的，为什么一切表现得这样苍白、浮浅、机械、平庸，没有使人感动的力量？

如果回顾一下，这几年来，我们在文艺阵线上做了一些什么，完成了些什么任务，我们是怎样进行战斗的？我们不能不承认：我们努力得很不够，很不够。

所以，在创作上，今天必须面临现实斗争，追求更高的，更深更广的表现现实的艺术。真实的人民的战士应该努力，也能够努力，也该自信都还能够更进一步的，只有虚伪的现实主义者才能以仅仅的静物画、公式图解画、纸人纸马为满足。同时，也不能够在艺术的名下，抛弃真实，腾云驾雾地来看现实人生。V. 吉尔波丁写过一篇文章，题目叫做《真实——苏联艺术的基础》，这在我们，也是同样的基础。只有通过真实，血肉的真实，艺术家才能表现人物、社会、历史、时代，表现思想、精神、力、真理，艺术也才能获得生命。

现实主义的路需要创造，要求创造，但这是一个脚踏实地的艰苦的斗争。我们必须坚持这个斗争。

一九四六年五月

关于"客观主义"的通信

何其芳先生的第一封来信

吕荧兄：

你的《艺术与政治》（其芳注：见《萌芽》创刊号）我才草草读了一遍。你要我说意见，就大胆说一点。你这篇文章里的三个主要论点，不赞成以精神代替思维，以内心代替现实，与认为今天的现实在文艺上反映得很不够，我都是很同意的。记得这些意见，你曾和我面谈过，觉得尚可商讨者只有这样一点。我有些怀疑这些年来文艺上主要的不好倾向就是所谓客观主义。这，不知我曾和你谈过我这种怀疑没有？第一，客观主义一语不够明确。这且不管它。第二，就有些朋友的解释来说吧，这样的作品最大的不好不过是艺术上到达的程度还不高而已。今天文艺上的问题我想至少应该有两个，不高，不广。没有艺术上成就很高的反映这个时代的作品，是不高，这诚然是弱点。但是，把文艺运动作为革命运动之一来要求，似乎更重要的或者说更首先的是使它成为一个广大的群众性的运动。其中有艺术上成就各不相同的作品：从最高的到最低的，从专家的创作到群众的创作；就读者来说，有适合争取与教育各种各样读者的作品，从文化很高、艺术趣味很高到很低的。没有这样广泛的文艺运动,这是不广。我觉得这似乎更是一个较大的、较迫切的问题。

不知你以为我这个意见怎样?但我这的确只算是一个怀疑,因为我对于抗战以来的作品未曾好好研究。最近仍想仔细看一下沙汀先生的作品,就他的小说来讨论一下客观主义及旁的问题。你说你这篇文章准备了很久才下笔,并且仍不满意。你这种认真写文章的精神是很好的。我也常苦于实际问题不易谈,往往难于抓住要害,难于周密。这,或许由于我过去毫无理论修养之故。此外,根据过去发起讨论文艺问题的经验,似乎注意这些文艺理论的读者相当少,我还想到,如何使我们的理论文章更与广大的读者的要求联系起来,不仅成为专门的讨论,并且使普通读者也喜欢读,同时又能对他们思想上有启发与帮助,这也是我们今天的一个问题。恐怕通过批评有影响的具体作家或作品,还是一个较好的方法。希望你教书之余还能经常写一些这样的批评文章。再谈。

祝

健康!

其芳

一九四六年五月二十五日

给何其芳先生的第一封回信

其芳兄:

信读了。稿承看了,并且给与指示,谢谢。你觉得怀疑这些年来文艺上主要的不好倾向就是所谓客观主义,这在重庆时也谈到的，不过很约略，没有详谈。我学写过小说，和小说作者也有过接触，是深感到这个问题的存在和它的严重的。诚如你说："这样的作品最大的不好是艺术上到达的程度不高。"而且就实际发展来看，依照这样的路下去，是不可能到达"高"的；因为现在的这"不高"，不只是技术上的问题，而是与生活态度创作态度整个关联着的一个根本上的问题，因此这就是一个很大的问题，需要提出来，需要改正的。

你觉得今天文艺上的问题有两个：不高，不广。这恐怕是指实际需要而言的。就实际需要来说，客观主义的作品既不高，也不广的。自然主义的图式画，智识分子不能感动，广大人民也是不喜欢的。深入真实，这是现实主义的原则，高和广，只有在这个原则上才能达到。客观主义的作品，就它本身言，这是属于高的方面而不属于广的方面的作品；就广泛的文艺运动言，从最高的到最低的一切作品，并不是每一种都是好的，都应保存而且继续目前的状况，不向高的方向发展；尤其对于属于高的方面的作品，似乎必得提出高的原则、高的要求。这"高"，我不是说文字的艰深、情节的复杂，或者构思的深奥，我觉得如能达到艺术上真实的表现，这就是高，这样的高，它也广的。所以我觉得，师承自然主义的客观主义的倾向，在今天不能姑息也不能鼓励，因为它妨害深入的真实的表现，不是现实主义的路，而是窒息新文学的成长。自然，我说的是整个的方向，个别的作者和作品的优点，是不在这里面的。就是自然主义，它也有暴露意义的，不过它的获得远不及它的所失，况且左拉们之走自然主义的路，是不得已的，我们今天抛弃现实主义而走这条路，我觉得是避重就轻、怠惰战斗任务的表现。

如果现实不容许再进一步，是情有可原的；如果可以前进而不向前，这就需要大家的催促。不知你的意思觉得怎样？

你想写一篇关于沙汀先生的文章，这好极了，也非常必要。很望能读到。

敬祝

安好！

吕荧

六月十日

何其芳先生的第二封信

吕荧兄：

关于客观主义，我尚有这样一些意见，或者算是对于前信的补充。我说，客观主义用语不明确。的确，最初以至相当有一个时候，我就不很闹得清有些朋友所提的客观主义的准确含义。就是现在，恐怕还是有许多人都闹不清楚吧。因为按常识的，也许就是正常的解释，客观主义乃是有这样的作家，自以为他的观察、写作是纯"客观"的，或者说没有立场的。而今天某些朋友所指的某些作家并不是这样，都是有进步倾向的，主观上愿意站在人民大众的立场上的。据我所知，对于客观主义的用语的误解引起了一些创作家的反感，因为他们也可能就是采用了这种常识的解释。

这当然还是小事情，不过是误解而已。问题还在这样的概括本身是否完全合乎实际。某些朋友，以为客观主义的主要标帜是生活上、写作上都缺乏主观的战斗精神，这说法我觉得有两个弱点。第一，某些被评定为客观主义的作家，更妥当的说法应该是战斗性不足或有时很不足，然而不能说根本没有。这显然是一个程度上的问题，而不是一个质的问题。要说有质的问题的话，那也不是抽象的主观战斗精神，而是阶级立场与阶级观点的问题，即什么样的主观精神或战斗精神问题。有的朋友竟轻易地以此判断某些作品是真艺术，某些作品是假艺术，则似乎对于艺术一语也并不是用的唯物论的解释。因为根据唯物论的解释，并不是合乎某种理想标准的艺术才算是艺术，相反地，凡是具有艺术的根本条件和特质者（即用艺术所特有的形象的手段反映人类的生活者），无论它在政治上好或坏，艺术上高或低，都是艺术，都是真艺术，不过它有各种不同的政治上的好或坏，艺术上的高或低之分而已。第二，更重要的，主观的战斗精神是有种种的，不同的阶级有不同的主观战斗精神。当然，这些朋友指的是进步范畴之内的。但是也有两种，一是革命的小资产阶级的，一是无产阶级的。这两者很容易被分不清楚。事实上，今天已有把充满革命的小资产阶级的主观战斗精神的作品（也有论文）当作健全的范例的现象了。这正是你所批评的那两种倾向。因此我不赞成抽象地强调主观战斗精种，而宁肯用一种平妥的说法：强调写人民的生活与强调作者的观点、认识。

你对于客观主义的解释似有些不同。你提出了"深入的真实的表现"，提出了"师承自然主义"。但我又另有所补充者，"表现真实"这诚然是没有问题的，不过，难道今天的某些被称为客观主义的作品，就简直没有表现出一定的真实，根本上就是虚伪的吗？我觉得，不如说表现的真实还不广，还不深，还没有很好地反映这个时代，或者说还没有写出很成功的典型人物来。这，就是我上次所说的，是艺术上到达的程度还不够高的问题。至于自然主义，据我理解，现在的某些作家在创作手法上有自然主义的琐碎是有的，但基本上还是应该说很有异于过去的自然主义，因为他们都有了起码的社会科学的观点和一定的立场。虽说在没有写出成功的典型人物上或者有相似之处，但在根本思想观点上则并不相同。因此就在为什么写不出成功的典型人物上也很有差别：过去的自然主义作家，由于他们的思想、观点和创作方法根本错误，无法走上正确的道路，而今天的某些作家则主要的是由于生活不足与认识不足，一定的出发点还是有的，只要他们有勇气打破这种限制，还是可以获得更大的成绩的。因此，我在想，要用一个艺术上的术语来概括的话，与其说自然主义、客观主义，还不如说他们还存在着很多旧现实主义的弱点（当然，也不能说全部就是旧现实主义）。

这点相同：旧现实主义的作家，往往局限于他们本来的生活阶层去取材，不可能抛弃他们本来的生活、阶层，去深入下层，改造自己，因此写不出来下层人民中的英雄。

这点相同：旧现实主义的作家，往往局限于批判现实、暴露现实，不能积极地为广大读者指出出路来，不能指导读者如何去改造现实。

这点也相同：旧现实主义的作家，往往局限于细节的真实，没有远见与勇气去发现与夸大那种新的萌芽，去集中地有意识地抓住要害（或说本质），删削某些偶然的表面的现象。这一点我想应该说明一下，这就是说，旧现实主义者所写出的典型人物往往还是有弱点的，如果戈里写的"旧式的地主"，写出了地主一天只是吃东西，写出了剥削者的不劳动而食的本质，但是，却又把他们写得像善良的无害于人的小老鼠似的，又对于他们充满了温情，这是很大的弱点。

就我所读过的一些较好的今天的作家，我感到他们受旧现实主义的作家的影响与束缚很厉害。而我们今天，是非有勇气和认识去在主题与题材上，在观点上，以至在创作方法上超越过他们不行的。不然，就产生不出我们今天最需要的文学作品来。

因此，我觉得应该强调一下我们今天要求的现实主义与过去的现实主义的区别。朋友们谈的现实主义当然主观上是指新现实主义，但是似乎他们对于这区别仍感觉得很不够似的。路翎先生最近的某些作品（如《联合特刊》六期上的《求爱》），简直就和沙汀先生的某些作品在这点上（旧现实主义的影响上）很相似了，你说有不有趣味！他们两个都是今天比较优秀的作家，而且普遍认为作风很不相同的，而竟同样摆不脱旧现实主义作品的束缚和限制，这不也就说明了这个问题的存在吗？

大体上我就是这样一点意见。虽说对于今天的文学倾向我们的分析、看法有一些差异，但是在积极的要求上我们还是一致的。我也是极力主张作家们能够前进就应该再前进的，我也是赞成催促与批评的。而且我也认为是要从作家的生活与思想上来解决才能根本解决的。今天的一般作品远不能满足今天的广大人民与伟大历史任务的要求。只是，在评论一些根本倾向还好的作家，我主张首先肯定他们的努力和优点，然后才是指出其不足，并给以适当的对于其弱点产生的原因的分析而已。

很希望快些读到你的意见。评沙汀先生的作品的文章一直未能写。实在没有充分的时间。

祝好！

其芳

六月三十日夜

给何其芳先生的第二封信

其芳兄：

最近又病了一次，大发烧，四十度多，发疟疾，后来又发，病隔一天一次，人衰弱极了，吃奎宁后渐好，直到今天，才写成这封信。很迟了，乞谅。

你的意见，非常有益，把这问题的方面开扩了不少，许多见解都是持平的公论。不过关于《艺术与政治》，我要解释的，我并没有给"客观主义"下定义的意图，只是向作者贡献一点意见而已。你在信里说："某些被评定为客观主义的作家，似更妥当的说法应该是战斗性不足或有时很不足，然而不能说根本没有。"这我是全部同意的。不过你说"这显然是一个程度上的问题，而不是一个质的问题"，似稍不同；因为在我看来，战斗性不足或很不足，这在战斗性本身是程度问题，而在战斗实践之中就是质的问题。并且，像这样的作者，诚如你说的"他们都有了起码的社会科学的观点和一定的立场"的，所以怕不单是阶级立场、观点与方法需要扩深与提高，在精神上，似也需要有一个向艺术战线向现实勇猛突进的意志，这也就是说，需要加强战斗的意志。一个战士，如果战斗意志不足或很不足，自然不能发挥大的战斗力量的。至于你说,"强调写人民的生活与强调作者的观点、认识",我觉得这与加强战斗实践与战斗意志的基本要求是相一致的。

最后,你指出被评为客观主义的作家是承受的旧现实主义而不是自然主义。这一点,我很感谢,也觉得很有讨论的价值。我说的"师承自然主义",是指的写作方法,表现现实的方法而言的,虽然涉及作者对生活对写作的态度,但是并不是说作者全部接受了自然主义的理论,并不包含作者的政治观点和立场在内的。今天的作者,不仅是和旧现实主义有联系,而且是在向往着新现实主义的,这是不容否认的。不过在写作方法上,他们所表现的弱点,就并不是旧现实主义的,而是自然主义的。你指出的一二两点,侧重观点和立场的,是旧现实主义的弱点,但这也有历史和社会的限制的因素,而今天接受了新科学理论的作者是在努力克服着的。至于第三点,关于写作方法的,你说:"旧现实主义的作家,往往局限于细节的真实,没有远见与勇气去发见与夸大那种新的萌芽,去集中地有意识地抓住要害(或说本质),删削某些偶然的表面的现象。"我觉得倒不如说这是自然主义作家的弱点。旧现实主义,照恩格斯的话,是表现"典型环境中的典型人物"的,这非集中地有意识地抓住要害(本质)不可,而且这非删削细节,表面现象,具有远见与勇气不可的(这远见纵不明确,至少憧憬是有的)。自然主义就不同了。自然主义也表现真实,可是怎样表现的呢?左拉主张:一个自然主义作家要想写一篇小说,"他第一件要做的事就是去收集,记录他所能获得的任何素材","在材料收集完全之后,这篇小说就写出来了"。"小说家必须只是逻辑式地来分配事实……"

收集素材原是写作程序之一，但是问题是在这样的方法，完全抛弃了集中地有意识地把握要害（或本质），甚至是铺张偶然的表面的枝节现象来代替本质。而我们今天许多作家，也正是如此收集材料之后，就大写小说的，这是一件不可隐讳的事实。所以许多作家的作品，总不能深刻而感人，都不免繁琐与浮薄，我想，这原因是很值得我们深思而且警惕的，并不单是不高不好而已。我觉得鲁迅先生承受了旧现实主义，是显明可见的，可是在今天许多作家身上，似乎还看不出什么迹象来。虽然是心愿如此或者自说如此，但是这都还不是事实，很难作为批评的论据。所以我觉得旧现实主义的弱点和自然主义方法的影响，还是分开讨论比较好点，不知你以为然否？

自然，今天的作家没有人愿意走自然主义的路，可是诚如你说，由于"生活不足与认识不足"，加上战斗意志的不足，希图避重就轻，于是就以自然主义的规范作为现实主义的规范，胡乱搪塞下去，也许有的作家还引为自得的。如××先生就鼓吹自然主义即旧现实主义，而且还是更进步的发展。在个人，这原无所谓，可是在战斗中，这就削弱了力量，也就是怠惰了战斗，尤其因为这些作家"都有了起码的社会科学的观点和一定的立场"，因循这样的路，是更不该的。突破限制，深入生活，到达现实主义，这不是嘴上说说或纸上写几句口号的事，这是一个艰苦的斗争，必须坚强作战才能胜利的。这一点，你在战斗中生活，了解得想最深切的。所以你对积极要求进步的极力主张，这不但心长，而且语也是重的。

病中，草草写上这一点拙见，请给指正。有些前文中包含了的意见,就不重述了。这些天天气郁热,望多珍摄。

敬祝

安好!

吕荧

七月二十二日

何其芳先生的第三封信

吕荧兄:

在未收到你七月廿二日信之前,就又曾给你写过信来继续讨论客观主义问题,但只写了一张半纸,因事打断,未能写完。后来就收到你这封信。读了以后,觉得我那封开了头的信应该重新写过了。这就更延迟了写回信的时间。的确,回信写得太迟了,望见谅。

你的健康已完全恢复了吗?盼多注意。无论如何,健康对于一个人是很重要的。至于我对这里的"天气",倒可以说颇为习惯了,也就没有什么。承你关心,很感谢!

从一个比较次要的问题谈起吧。就是今天的某些作家到底是承受了旧现实主义的弱点多呢,还是承受了自然主义的弱点多。我说比较次要,是因为假若我们所指的弱点的内容基本上是相同的,那用个什么名词来代表就不是最重要的问题。但细读来信,在这一点上仍略有意见。你说今天许多作家都是用自然主义的方法收集材料后就大写小说。我对大后方作家作品读得不多,因此要讨论你的这点看法有些困难。这样的作家我想是有的。但是被具体地举出来代表客观主义倾向的作家(如沙汀),据我所知,似乎并不是用这样的创作方法,或者说主要的不是用这种方法。就以沙汀为例吧,我读他的作品,觉得他并不是仅"铺张偶然的情节现象来代替本质",他倒是企图"集中地有意识地把握要害或本质"。而且他也相当成功地写出了若干真实,如这个旧中国基层统治阶级的黑暗等等。然而,我们对他的作品仍感到不足者,或甚至如你所说,"仍不能深刻而感人"者,我想主要的并不是他师承了自然主义的收集材料方法,而还得另外去找原因。如沙汀,我想主要是由于他的生活太狭窄。虽说他未必不想集中地有意识地把握这个时代,把握这个时代的要害或本质,然而由于生活与实践的限制,这企图就难于实现。即是说,生活实践上的不足也可以造成思想认识上的不足的。当然,也可以反过来说,思想认识上的不足又正是他还不能更广阔与更积极地去实践去生活的原因。

你说,某某先生就鼓吹自然主义即旧现实主义。我想这样的理论见解未必即是今天的一些优秀的进步作家的创作见解。这是应该分别开来的。

你又说,我在前信中所指出的第一、二点,即旧现实主义作者不能写出今天的人民的英雄与指出改造现实的出路,今天的进步作者正努力克服着。我却觉得,一般地说,尤其是在大后方的作家,这种努力以至这种认识还是很不够的。甚至于有弄理论工作的朋友也觉得这未必是最重要的问题。他也摆不脱那些旧现实主义的名著的限制,觉得那些过去的名著既没有写出下层人民中的英雄,也未必指出改造现实的出路,仍不妨害他们成为伟大的作品,我们又何必一定死死地向今天的创作家要求这两点呢?只要他艺术上到达的程度很高就够了,就尽了艺术的作用了。我却觉得这是旧现实主义有别于新现实主义的很重要的标帜。假若不能突破我们原有的阶层的生活与思想情感的限制，假若不能写出今天人民中的英雄与指出改造现实的出路，甚至于并不作这样的努力，无论他口头上、主观上是怎样向往着新现实主义，而事实上、客观上仍是未能超越过旧现实主义的。无论他艺术的成就是如何高，就是高到毫无朋友们所谓客观主义的弱点了，高到像托尔斯泰的艺术水准、鲁迅先生的艺术水准，也还是不能满足今天的广大人民与伟大历史任务的要求的。

至于我在前信中所说的第三点，没有远见与勇气去发现与夸大那种新的萌芽，去集中地有意识地去抓住要害或本质，删削某些偶然的表面的现象。你说与其说是旧现实主义的弱点，反不如说是自然主义的弱点。假若你的意思是这样：自然主义的作家犯这个毛病比旧现实主义作家更厉害，那我是完全同意的。我上次信中关于这一点是说得不清楚，不精密。但是，这并不等于旧现实主义作家就没有这种毛病。恩格斯对于一般的现实主义的本质的说明，"除了细节的真实之外还要正确地表现出典型环境中的典型性格"，自然是从许多具体的现实主义的作品所抽出来的规律；然而这样高度的理论的概括，并不能反过来证明一般的旧现实主义作品都很完满无瑕地做到了这点。事实上倒是，那些有名的旧现实主义作品，往往是一方面包含着这个要素，一方面又有与这个要素相矛盾的成分的。上次我举了果戈里的"旧式的地主"为例子。其实不仅果戈里，恐怕很多的旧现实主义作家都是这样的。

以上是我读了你这封信后的一些意见。完全如见面谈天一样，写得很拉杂，很啰嗦。不妥当之处，仍希你指正。

此外，我觉得我们的讨论还可以接触到另一个问题。这就是未接到你这封信之前我所写的那半封信中所打算提出者。也或者与你这封信所说"许多作家的作品，总不能深刻而感人"有关系。那几天我正在读罗曼·罗兰的《约翰·克利斯朵夫》。读着读着，我就想到，为什么今天我们许多进步作家的作品还不能像罗曼·罗兰的这部小说这样打动人呢？罗曼·罗兰这部小说写的不过是一个艺术家，不过是他的少年时候的友谊、爱情，青年时候的对于旧的传统的反抗，以及孤独寂寞中得到一个真正朋友的感激等等（那时我才读完中译本的前两部，即原著的前五卷），而且按传统的小说写法来讲，这部书又是叙述多描写少，为什么竟能够这样紧紧地抓住人呢？我们所要反映的这个时代，这个时代的人物和斗争，挫败和胜利，痛苦和欢乐，岂不是远远地超越了罗曼·罗兰的这个克利斯朵夫吗？为什么我们反而不能写出和这一样动人的作品呢？的确，和罗曼·罗兰这部书相类似，过去的许多名著多半不过写个人的奋斗并通过这去写出那旧社会的不合理而已，它们却写得那样感动人；而我们这个时代，而我们所面临的当前的现实，却是千百万人民及其众多的领导人物在改造这个世界，在进行着翻天覆地的事业，而且从来没有任何一个国家任何一个时代的革命比得上我们中国人民的革命事业这样艰苦，这样曲折，这样内容丰富，这样可歌可泣！凭着这样的现实的黑土，我们是应该产生出来震惊世界的作品的。但我们文艺方面的成就，却远不能和这伟大的现实相称，这岂不是很可惋惜的事情吗？而这，到底是什么缘故？我猜想，我这样的感觉恐怕提出客观主义问题的朋友们也是或多或少地感到过的。可能这正是他们提出客观主义问题的根据。《希望》第四期上冰菱先生所写的关于《淘金记》的书评，不就是说，"人们走近一件艺术品去，却总是怀着某种斗争的热情的兴奋，希望一场恶战，希望提高人生，希望艺术的幸福和人生的勇敢的"，而他感到从《淘金记》得不到这样的"热情的洗礼"，就判断为典型的客观主义的作品吗？

是的，必须补充说明，当我稍稍理解了有些朋友所说的客观主义的内容以后，我是一直承认这种说法有着一定的实际的感觉与根据的。即是说，是提出了问题的。为什么罗曼·罗兰的"克利斯朵夫"能够给我们以"热情的洗礼"，使我们感到似乎提高了我们的"人生"，似乎加强了我们的"战斗精神"，而我们的革命的作家反而不能呢？假若我们不把这解释为神秘的艺术天才，就是要从今天的作家的思想与行动两方面去寻找原因的。

然而我对于客观主义的说法又一直保持怀疑，以至于有一系列的不同意见者，又是因为觉得作这种说法的朋友们虽说提出了问题，但在解释问题上、分析问题上是不科学的，或者也可以说是还未抓住问题的要害与本质的，因而他们在艺术上的正面主张也就并不能够真正解决今天的问题。

试以我的看法来解释这个问题，为什么今天的某些进步作家还不能如未找到正确的世界观与人生观之前的罗曼·罗兰写得"深刻而动人"，或者如你所说的，不如鲁迅先生写得"深刻而动人"呢？我的看法仍是平凡而又简单的。我觉得直接的原因仍是由于他们的生活实践不足与思想认识不足。你所说的战斗意志不足其实也还是从实践不足与认识不足来的。他们没有更广阔地更深入地经历这个时代，还不够充分地或者甚至还很少地知道与感觉这个时代的主要人物、主要斗争，以及他们的挫败和胜利，痛苦和欢乐，还不能从这些当中体验与发见到伟大的强烈的"提高人生"的意义，还不能与这个时代的主要人物与主要斗争密切地打成一片，即是说他们本身就是这些人物与这些斗争中的积极分子，他们本身就是这个时代的最灵敏的脉搏。这样的，他们还不能把这个时代写得"深刻而动人"，或者说还不够"深刻而动人"，就是一种自然的结果了。而罗曼·罗兰，他却是充分地经历了他的"克利斯朵夫"的那样的生活，那样的奋斗，那样的精神状态的，而且他是企图从那些里面找出人生的意义来的（尽管今天看来有许多不正确的地方），因此他的这部小说，就贯穿着一种强烈的磁石一样的吸引力量。

强调生活与实践，强调思想与认识，这岂不说了很久很久吗？难道还是一个当前的问题吗？吕荧兄，你是同意这还是问题的。因为口头上的承认绝不等于行动上的实行。但是，这又由于什么呢？难道我们作家们都是言行不一致的人吗？也不能说得这样简单。分析起来，应该说原因是多方面的。客观的条件首先应该估计到。这样才公平。中国的革命作家曾经遭受过何等残酷的政治压迫呵！我们永远不能忘记中国人民的解放的道路上曾经染过文艺工作者的血。直到今天，除了新的地区外，广大的旧地区内，作家们不但是没有思想的自由，没有写作的自由，而且是没有生活的自由，没有接近下层人民的自由的。这对于他们扩大生活，加强实践与提高理论认识都是一个很大的限制。而且这些旧地区的普通的作家，正如这些地区的一般人民一样，过着异常不合理的贫困的经济生活。作家也是人，不能饿着肚子工作；而艺术事业的"崇高"也并不能有补儿女的啼饥号寒。这是既在精神上消磨了他们的雄心,又在事实上束缚了他们的行动的。

其次,中国的新文艺还没有很好的新现实主义的传统,而中国一般的进步文艺理论又还不能跑到创作的前面去,起着实际的指导作用。于是一般进步作家也只能以外国的旧现实主义名著为先生,无形中受了它们很大的影响与限制。这使他们竟至不大感觉到他们的艺术事业上的致命弱点,觉得就是这样生活下去,这样写下去也就可以了;或者模糊地也对自己的成就不满足,但又不知道究竟应该从何提高,从何努力。因此,也得承认这是一个文艺的历史方面的原因。

当然,作家的主观方面的原因必须指出。由于今天的一般作家的阶级出身及其所受的教育,假若不经过一番思想感情的改造,是不可能密切地和这个时代打成一片,成为今天的人民事业中的最好的战士,并获得一贯的明确的人民立场和观点的。这就是今天一般进步作家为什么还有实践不足与认识不足以及你所说的战斗意志不足这样重要弱点的主观原因。同时这也是他们为什么甚至还没有感到这样的弱点是他们艺术事业上的致命弱点的根本原因。

假若我这样的分析并不太错的话,那么这个问题就并非像王戎先生和别的先生那样,抽象地强调"主观精神与客观事物的结合",抽象地强调"在实际生活中进行搏斗和冲激"所能解决。我第二封信里已经很有所忧虑地说过,单纯地抽象地强调主观精神或战斗精神,那其结果可以说是必然地至多至多只能产生革命的小资产阶级的作品而已。所谓"战斗",到底最后是为了什么去战斗?为了个人吗?还是为了劳动人民?(不仅是主观动机上为了劳动人民,而且是客观效果上为了劳动人民。)而战斗的方法，到底是用的小资产阶级的个人主义（或小集团主义）与主观主义（或盲目主义）吗？还是用的无产阶级的群众路线与科学精神？这是有着极大的差别的。同样，所谓"提高人生"，也不能抽象地看，而还要问：把什么样的人生提高呢？提高到什么样的方向去呢？如罗曼·罗兰的《约翰·克利斯朵夫》，冰菱先生大概不会认为那也是客观主义的作品吧。然而它是否能够把我们的人生提到真正科学的、革命的、为人民服务的方向去，也还是很可怀疑。我读了它的前五卷，我是很被它所吸引的，但再读到后面五卷，我的不满足以至不赞成就越来越厉害了。这也说明它的磁石一样的吸引力量也还是很有限制，因对象而异的。罗曼·罗兰在这部小说里接触到了这个问题：克利斯朵夫主观上是企图找寻真正的人民的，然而对于真正的下层人民却又在精神上很有距离，偶然地卷入了一次群众斗争后就从此永远和下层人民告别了。然后又是重复着他少年时期青年时期的人生，又是爱情呀，友谊呀，还有艺术呀之类。这是何等贫乏的可怜的人生！就是艺术，这也是何等贫乏的可怜的艺术！谈到提高人生，严格说来，这部小说在今天恐怕主要地只能提高小资产阶级智识分子的爱情、友谊与艺术工作的人生，而且恐怕会把这些人生提高到越来越玄妙，越来越和广大人民的要求远离而已。我想，你会理解，我并不是说这部小说今天毫不能产生好的作用。进步的小资产阶级作品，对于否认与反抗旧社会总是可以起着相当大的作用的。然而今天的中国，我们已临到了一个新的时代，我们不能以否认与反抗旧社会为满足，我们还要去改造这个旧社会。而这所有的进步的小资产阶级作品，即使对于某些读者仍然可以起着某种作用，但远不足以担负起这个伟大时代的教育任务。同样的，我想你也会理解，我这并不是狂妄地菲薄罗曼·罗兰和他这部大著作。罗曼·罗兰是伟大的，他并没有像他所写的那位音乐家克利斯朵夫一样失败，他是终于找到了人民和真理的。他这部小说也或者应该说还是伟大的。克利斯朵夫寻找道路的失败这是由于作者所处的时代和他当时的思想的限制，也就是所谓历史的限制。因此这部书也就还是反映出来了他那一代的知识分子的奋斗与失败的真实。而且，更伟大的是罗曼·罗兰写完这部书的当时，已经就朦胧地不自满足地感到这部书的限制了。他在最后一卷的序上写道："今日的人们呵，青年们呵，现在轮到你们了！把我们的身体当作你们的垫脚石而前进吧。愿你们比我们更伟大，更幸福。"罗曼·罗兰的预言完全实现了。我们的确比克利斯朵夫那一代更伟大，更幸福。可惜的，我们还没有我们这一代的《约翰·克利斯朵夫》这样的著作罢了。这也就可以说明，我们这一代的《约翰·克利斯朵夫》应该在内容上远远超越过罗曼·罗兰的《约翰·克利斯朵夫》。不然的话，假若仍是重复他那样的内容，仍是用那样的立场和观点来写今天的人生，就是艺术上写得同样的好，就是能够同样给人以"热情的洗礼"，也可以断言：仍然是渺小的，仍然是未必能够真正提高今天的人生的。

野马跑得太远了。我正面的意思仍然是平凡而简单的。在今天中国的旧地区，要使文艺工作大大地向前迈进，既使文艺活动成为广大的群众性的运动，又同时能产生出艺术性很高的反映这个时代的伟大作品来，恐怕没有旁的道路，还是只有在客观条件方面努力争取一个比较合理的政治环境，即是说应该加强民主斗争；在主观努力方面，则作家们应该下大决心，立大志愿，尽最大可能扩大生活，加强实践，从思想与行动上改造自己，以至能成为这个时代的最灵敏的脉搏与中国人民的最忠实的代言人。

写了这些，算是把我许久以来想说的话都说了。但是，我又有些迟疑，对于已成作家，这样的要求是否有些过苛，而且实际上难于做到呢？和中国一般人民一样，今天中国的文化界文艺界人士面临着一种空前的厄运。在这样的灾难里面，如何能要求他们很好地进行改造自己与改造艺术的艰难工作呵。但是，因为我许久以来都在想着这些问题，这次就不能自止地倾吐了我的这些不成熟的意见。是否也可以作为愚者千虑之一得，提供许多从事文艺创作与文艺理论工作的朋友们参考呢？而且，我在想，假若对于已成作家这样的要求未免过苛的话，对于今天还在广阔的实际生活中的打算从事文艺工作的青年朋友，提出这样一个较理想较远大的努力目标来，却也许正是适时而且必要的吧？

等待着你和其他朋友们的指教和批评。

祝好！

其芳

八月十八日

给何其芳先生的第三封信

其芳兄：

正在给你写信时，读到了来信。十分地谢谢，你是那样的忙，却又写了许多意见，并且提了新的问题。

你觉得："为什么今天的某些进步作家还不能如未找到正确的世界观与人生观之前的罗曼·罗兰写得'深刻而动人'？"这确是今天许多作者值得思想的一个问题，希望大家都能严肃地诚挚地深思一下。

在这几封信里，我觉得，在有的地方虽有商讨，可是在总的方面，我们的见解是一致的。比如你说到沙汀先生，觉得"我们对他的作品仍感到不足者，主要的并不是他师承了自然主义的收集材料方法，而还得另外去找原因"，于是你提出"他的生活太狭窄"是主要的原因。这一个主要的原因我虽觉得还需你加说明，不过在理论原则上，我和你的意见是一致的。因为一个作家，他的创作方法，和他的生活他的思想是一体联系着的，决不能单独成为创作失败或成功的唯一的原因。《艺术与政治》写的时候，我想"从创作实践上"来看今天的文艺问题，所以提出了创作方法，原意只在展开从思想方面生活方面来看文艺问题的讨论，而不是说这是今天文艺问题唯一的主要的原因。自然，我也觉得，这对于一个作者，也并不是一个并不重要的问题，尤其是从许多作品里可以感到这个问题存在的时候，尤其是当这个问题与生活与认识是密切联系着的时候。可是，那只是一篇短文，只是一般地谈谈，没有能具体地深谈，而且也没有谈好。不过，在《艺术与政治》的结尾，我曾经指出："对于今天游离现实斗争的作者强调政治倾向，同时也应该就艺术与政治的结合（政治倾向和艺术表现）问题，具体检讨在艺术上，作家从生活到学习、创作，各方面的实践情况，而今天创作上的最大问题也在这里。"所以，我在《艺术与政治》里提到的是"观察—收集分配材料—描写"的方法,而不是单纯的"收集材料的方法"。前一个名词代表创作的过程,是包含着生活态度和认识问题在内的;后一个名词,着重在包含技术上的意义,技术上的收集材料,我是并不反对的。

另外,在小的地方我仍存有点意见,比如沙汀先生的写作方法、新旧现实主义的区分、自然主义与旧现实主义的区分。等些时候,再寄上请正罢。

这两天阴雨,天凉了下来,田野已经呼吸着秋的气息了。重庆不知怎样?

敬祝

安好!

吕荧

八月三十日

突破自然主义

关于客观主义，去年我和何其芳先生讨论过一次。这个问题，虽然当时继续讨论过，可是后来有人也就淡淡地忘记了。

这次洁泯先生在《"客观主义"私观》里又提出他对这个问题的见解，这是难得的事。

不过，洁泯先生的论点，强调"把捉""感性""精神"，来解决客观主义问题，仍是过去唯主观精神论点的重复。这个论点何其芳先生和我都曾经触到过，这里就不再谈了。

洁泯先生文章里还提到一些别的意见，其中之一是对于"师承自然主义"的肯定。

洁泯先生写道：

> 自然主义，应该说是旧现实主义的一个分野。左拉匠心独运，是自然主义的好处，然而它的琐碎的烦闷又为新现实主义道出了它的短处。……其实从事中国新文学的作家，又何独仅止"师承自然主义"而已，而是师承着历来的一切旧现实主义的传统。……但是这个"师承"，是无可厚非的。……
> 把客观主义光是看作"师承自然主义"，是一种机械的看法。因为这样的说法是估高了旧现实主义而给自然主义以轻蔑。难道自然主义不也正是旧现实主义的一环一节么？

洁泯先生甚至于说：

鲁迅是师承一切现实主义的最好的模范，……对于作家，师承自然主义，师承旧现实主义，学习鲁迅是一个最好的溶化方法。

洁泯先生在他的文章里肯定了：自然主义就是旧现实主义，师承它是无可厚非的。

可是，这两者是有分别的。

关于这分别，曾经在去年最后一封给何其芳先生的信里写了一点，现在摘录在下面，作为转答洁泯先生的意见。

其芳兄：

五号的信收到之后，就写意见，但是有许多琐事，扰乱了生活，所以拖延下来了。

现在我想和你研讨一下，今天某些作家创作方法上的弱点，是承受了旧现实主义还是自然主义的问题。

前一封信里所说的第三点，"没有远见与勇气去发见与夸大那种萌芽，去集中地有意识地抓住要害或本质，删削某些偶然的表面的现象"。我觉得："这与其说是旧现实主义的弱点，还不如说是自然主义的弱点。"这含义固然是说，因为历史和时代的限制，旧现实主义作家在这点上还不够完善，而另一面也包含着：我不觉得这是旧现实主义的弱点，而在创作方法上，"有远见与勇气去发见萌芽，集中地有意识地抓住要害或本质"，这正是旧现实主义的优点。正如恩格斯说过的："巴尔扎克不能够不违背自己的阶级同情和政治成见,他见到了自己所心爱的贵族不可避免的堕落,而描写了他们的不会有更好的命运,他见到了当时所仅仅能够找得着的将来人物——这些,正是我所认为现实主义的伟大胜利之一,老头儿巴尔扎克的伟大特点之一。"正是由于这个特点,巴尔扎克才能在《人间喜剧》里给与我们一部最好的法国"社会"的历史。

和现实主义这个特点相反的,是自然主义的特点:罗列事物的表象,铺张繁琐的枝节,"没有远见与勇气去发见与夸大那种萌芽,去集中地有意识地抓住要害或本质,删削某些偶然的表面的现象";而这个,也正是自然主义的弱点。这和今天我们许多作者,"取'观察'现实的生活态度,浮光掠影地抓住一个事件或一个人物零星的一点,铺张事件外面的细节,人物外表的特征,借辞藻和繁琐细致的'描写'来完成'现实主义'的大功",这样的"创作方法",是有相通的线索的。所以我说:今天某些作家的弱点,是自然主义的而不是旧现实主义的。

至于沙汀先生的作品和创作方法,我觉得几句话很难说得完,要作一个专文来讨论才好。

自然,今天的作者没有人愿意走"自然主义"的路,但是许多作者实际上正用着自然主义的方法在写作。今天的"自然主义",决不仍是左拉的原样,而是以新的形态出现的,往往是和公式主义教条主义结合着的。这样,虽然写了社会的事物,而且写了革命的主题,可是缺乏真实的血肉的生命。从这里我又想到,在一个作家身上,政治上的"正确"和艺术上的"真实"固然应该统一起来看,但是这两者不就是同一个东西,并不是有了政治上的"正确"就必然完成了艺术上的"真实",这恐怕要统一地而又深入地加以检讨的。

　　我的意见太粗陋，拉杂地又写上了一些。这次信上提到作家们理论与实践脱节的原因，是否与新文艺的历史传统有关，我同意你的原意，觉得没有太大的关系。因为我想：如说中国无新现实主义传统，苏联原先也是没有的。如说文艺理论的指导作用差，诚然是对的，可是有的作家因为与实践脱节而凝固，不接受进一步的理论，这不完全是理论的过错。如说旧现实主义名著给作家们的影响太大，我觉得如考其实际，恐怕要换一个说法。今天旧现实主义影响"大"，只是表面上的，实质上真正把握着现实主义的创作方法的本质来写作的，是太少了。我觉得这还是一个生活与学习不够、一个实践上的问题。同时，我又觉得，在鲁迅先生之后，中国新文艺的历史传统已展开了新的方向，而今天文学上的"自然主义"的倾向就是一个妨碍向新方向开展的界限，这可能成为一个"传统"的，而今天必须突破这个"传统"。

　　敬祝

安好！

吕荧
九月十八日

　　这里面所写的关于自然主义的理解，并不是什么新的意见。恩格斯早就"估高了旧现实主义而给自然主义以轻蔑"，恩格斯这样地写道："巴尔札克——我认为他比过去、现在、未来的一切左拉都要伟大得多，他是伟大的现实主义的艺术家。"

　　可是，我们今天不但赞扬左拉的"匠心独运"，而且肯定了它是现实主义的正统：左拉的自然主义正就是巴尔札克的旧现实主义，并且要"师承"这个"传统"。

从这一点看来，就可以知道今天在创作上"自然主义"倾向的严重。实在，在许多作者，自然主义和现实主义并没有什么分别，因而在创作上的现实主义，只是自然主义之类而已。

洁泯先生是反对客观主义的，可是，却拥护客观主义的"自然主义"创作方法，这是什么原因呢？

这可能是了解得粗率，但是，在根本上，我想，是要从洁泯先生的"感性""精神"的艺术观念及其表现方法上面去求得理解的。

这说明了洁泯先生论点的混乱，这也说明着洁泯先生底唯主观的"感性""精神"的艺术观念的内在矛盾之一。

一九四七年八月

再谈突破自然主义

在旅途上,看到洁泯先生的《正确的扬弃》,这是对我的《突破自然主义》的答辩。

这一次,洁泯先生在文章里把他原先的话改变过了。不说师承自然主义是无可厚非的,改说师承自然主义的"某些遗风"了。不过,洁泯先生还没有完全放弃他的意见,仍然要来竭力证明左拉和巴尔札克是同样的,"几乎是无分轩轾的"。此外,给我的意见加上一顶帽子"机械论",以示他的"正确"。

我们现在来看看问题和事实的真相。

一

先说问题的本身:自然主义和旧现实主义的分别。

在第一篇文章《"客观主义"私观》里,洁泯先生为自然主义争旧现实主义的名位,一再地强调:"自然主义,应该说是旧现实主义的一个分野。……这种'师承',是无可厚非的。""难道自然主义不也正是旧现实主义的一环一节么?"甚至于把鲁迅先生也拉来"师承"这"旧现实主义的一环一节"的自然主义。

可是,这一回,知道自然主义和旧现实主义毕竟不是一回事,于是洁泯先生把话改变过来,竟也说他原先的话,也是说这二者是有分别的了。

好罢，就说的是"有分别"罢。那么，这"分别"何在呢？

洁泯先生说了：

> 无论如何……旧现实主义与自然主义固然不能混同，但是把两者严格地对立，去说明孰是孰非，同样是异常愚蠢的。

"分别"是有的，"不能混同"，可是说不得，更不能指出"孰是孰非"；如果说了，那就是"异常愚蠢的"。

因为什么呢？

洁泯先生说了：因为巴尔札克也并不比左拉高明多少——

> 我全文中自始至终没有丝毫"拥护自然主义"的创作方法。而吕先生却高高扬起了旧现实主义的大旗，开口优点，闭口特点，引了两通恩格斯所说的话。但殊不知恩格斯所说的巴尔札克，是充满了保王思想的老头儿，笔下却画出了资产阶级的兴隆的巴尔札克，他的作品，是时代的血肉的赐与，而不是"有远见与勇气的发见"……
>
> 但是恩格斯为什么要赞颂巴尔札克呢？因为巴尔札克写了资产阶级，是因为时代进步了，倒不是那个老头儿"有意识地抓住要害或本质"的一回事。
>
> 老实说，以左拉与巴尔札克为例，在他们作品上所反映的时代的性格不同之外，它的里程碑性的价值，几乎是无分轩轾的。

洁泯先生装做很懂得恩格斯的样子，骂别人是"异常愚蠢的"，自己却说的是一套并不聪明的理论。照他说，巴尔札克只是一个糊糊涂涂的人物，这个老头儿不过运气好，写了资产阶级，恰巧"时代"进步了，资产阶级走起运来，于是老头儿也走起运来了，并不是他的创作方法有什么了不起。用这一种因缘时机的机会论调，就把巴尔札克和旧现实主义的创作方法的特点一笔抹杀了；于是左拉就和巴尔札克"几乎是无分轩轾的"了。

可是，看看恩格斯怎样说的罢：

> 固然，巴尔札克在政治上是个保王主义者。他的伟大著作，是不断地对于崩溃得不可救药的高等社会的挽歌；他的同情，是在于注定要死亡的阶级方面。……巴尔札克不能够不违背他自己的阶级同情和政治成见，他"见到了"自己所心爱的贵族不可避免的堕落，而"描写了"他们的不会有更好的命运，他"见到了"当时所仅仅能够找得着的真正的将来人物——这些，正是我所认为现实主义的伟大胜利之一，老头儿巴尔札克的伟大特点之一。
>
> （《给哈克纳斯女士的信》）

这里所说的"见到了""描写了"，指的是什么？"现实主义的伟大胜利之一"，"老头儿巴尔札克的伟大特点之一"，是说的什么？

这不是说的"有远见与勇气的发见萌芽"，"有意识地抓住要害或本质"么？

这一点，自然是"异常聪明的"，主张师承自然主义无可厚非的洁泯先生所不能了解的，并且也不愿意了解。因为了解了这一点，无可厚非的师承自然主义就有问题了。所以谁要来了解,那就是"高高扬起了旧现实主义的大旗",就是"不折不扣无条件的赞赏",就是"回复到巴尔札克的创作方法",还有更大的帽子,就是"旧现实主义者","忘记了时代"。

但是,洁泯先生总该晓得,新现实主义者要完成新的艺术创造,需要从过去的文学流派接受遗产。判明什么是有毒的、病态的,什么是有益的、健康的;批判地加以接受,这是有必要的意义。尤其在今天来判明为人混淆的自然主义和旧现实主义在创作方法上的差异,这对文学创作的倾向,有现实的意义。

可是,为了掩护自己的错误,洁泯先生不惜对着事实闭上眼睛说:"今天不是攻评左拉,颂扬巴尔札克的时候,也不是轻蔑自然主义,估高旧现实主义的辰光,对于这些的争辩,将是一件毫无意义的事情。"

恩格斯论巴尔札克的话:"巴尔札克——我认为他比过去、现在、未来的一切左拉都要伟大得多,他是伟大的现实主义的艺术家。"这是科学理论的结晶。可是洁泯先生也断然地无视,还加以歪曲,只有他说的左拉和巴尔札克"几乎是无分轩轾的"才算"正确"。这种自命的"正确",其实只是一无所知而已。

二

再说第二桩事实:"机械论"的帽子。

在"机械论"这顶帽子之前,洁泯先生已经给我的意见加过一顶帽子"拥护旧现实主义"。

不过那是不值一笑的。看到自然主义倾向的严重,指出巴尔札克和左拉的分别,引用恩格斯说的"巴尔扎克是伟大的现实主义的艺术家",要求新现实主义作家抛弃自然主义,学习(当然是"批判的")旧现实主义,把握"有远见有勇气发见萌芽,集中地有意识地抓住要害或本质"的创作方法的原则,突破旧的"传统",向新的方向开展;这是要作家"丢掉自然主义走进旧现实主义"么?这是仅仅"要求作家去学习如巴尔扎克的旧现实主义的创作方法"么?

值得谈一谈的,倒是那顶"机械论"的帽子。

因为这里面接触到了重要的问题:客观主义在创作方法上到底承受了什么?

这先得看看我以前写过的话。

客观主义,这是由现实中,由生活实践中来的。在生活实践上表现着旁观现实、游离战斗、保守凝固的客观主义者,在创作实践上就表现着"以庸俗的现实主义——教条主义、自然主义(乃至市侩主义)的混血者,代替革命的现实主义的倾向",就表现着"取'观察'现实的生活态度,浮光掠影地抓住了一个事件或一个人物零星的一点,铺张事件表面的细节,人物外表的特征,借辞藻和繁琐细致的'描写'来完成'现实主义'的大功"(见《艺术与政治》)。就有了"师承"弗罗贝尔、左拉底"观察—收集分配材料—描写"的自然主义创作方法的作品,就有了赞扬弗罗贝尔、左拉的"现实主义"的论调,就有了"这种'师承'是无可厚非的"声音。

自然,客观主义作者也是新文学的战士;他们的立场是前进的,他们的主题是革命的,他们的内容是现实的。可是在他们的作品里:表象的繁琐的生活细节淹没了一切,"没有深入现实,没有生命的诗,虽有一望而知的革命主题,有阶级分明宛然生存的人物,既革命而又'形象化';可是整个的作品是教条、图式、技巧的混合物,是冰冷的,僵直的,杂凑成功的,没有血肉的生命,没有感动人的力量"。

"看看今天现实斗争的尖锐和战斗任务的迫切,我们不能不承认文艺战线上的工作是远远落在现实的后面……所以,在创作上,今天必须面临现实斗争,追求更高的、更深更广的表现现实的艺术。真实的人民的战士应该努力,也能够努力,也该自信都还能够更进一步的。……"(见《艺术与政治》)

根据现实战争的要求,为了"面临现实斗争,追求更高的、更深更广的表现现实的艺术",于是提出创作方法上的"自然主义"问题;这是"把文学事业看作了一个纯艺术的精神活动,割断了历史来了解今天的现实环境与战斗要求,不从活的历史和现实中去了解问题,探究问题的症结,不从现有的消极基础上,向作家去提供积极的正确的要求,乃死啃住几个名词的玩赏,背诵一通离开了时空的理论教条,充分地显现出他的理论上严重的机械观点"么?

检讨创作方法上自然主义的倾向,这是从现实战斗要求出发的,这里有什么是"机械论"?

自然,"今天的'自然主义',决不仍是左拉的原样,而是以新的形态出现的,往往是和公式主义教条主义结合着的"。我在《突破自然主义》的信里这样指出,我在《艺术与政治》里这样写着。今天的客观主义作者有认识有立场,"不仅是和旧现实主义有联系,而且是向往着新现实主义的,这是不容否认的"。我在给何其芳先生的第二封信里特别加以说明。可是洁泯先生却装作没有看到,故意地加以歪曲。说我写的是"单单""仅止""完全"师承左拉时代的自然主义,这就是把今天的文艺运动,"回复"到左拉的时代。于是得到:"不要说今天的某些作品完全承受了自然主义是说不通的(应该说某些作品中遗存着自然主义），就是把今天的文艺运动，回复到自然主义的创作方法，也是断然不可能的。因为历史决不走重复的路。自然主义的创作方法的时代早已过去了。"于是得到："不论从事实上来看，从历史上来了解，都证明了'师承自然主义'一说是机械的看法。"——这样用真正的机械论的方法，做出了一顶"机械论"的帽子。

这样，用"机械论"的帽子，就把批判自然主义倾向的现实意义掩盖下去了。这样，用"历史"的油漆，就把现实中存在的自然主义倾向涂得无形无踪了。用"时代"的白粉，就把自然主义粉刷得和旧现实主义无分轩轾，一模一样了。

但是，不幸的是：自然主义和旧现实主义在创作方法上有本质的差异。不幸的是：今天的客观主义作者在创作方法上"师承自然主义"，"不论从事实上来看，从历史上来了解"，都是可能的。

因为客观主义作者"师承"自然主义的创作方法，"抛弃了集中地有意识地把握要害（或本质），甚至是铺张偶然的表面的枝节现象来代替本质"，这是事实上存在着的。

因为"历史决不走重复的路，自然主义的创作方法的时代早已过去了"这两句话是不通的。方法的重复，并不是就是历史本身的重复。前一个时代的创作方法、思想方法，是可以为后来的人所承受，所重复的。观念论的形式逻辑的时代早已过去了，可是到今天还是有人在重复，自然主义的创作方法也是一样。从历史上看，历史决不走重复的路，可是小资产阶级的知识分子会走重复的路，尽管这重复在外形上有了或多或少的变化。

因为历史是过去了，现实是存在的。客观主义作者在生活实践中旁观现实，游离战斗，无力深入生活、表现深广的现实，只有用浮面的生活现象来代替，这决定了在创作实践中去"师承"自然主义的创作方法，并且决定了去由衷地赞扬左拉的伟大和巴尔札克"无分轩轾"。

客观主义作者"师承"自然主义的创作方法的倾向，是"怠惰战斗任务，削弱战斗力量的倾向"。承认"这种'师承'是无可厚非的"，就是承认这种怠惰战斗任务的倾向的合理存在与继续发展。

说："师承"自然主义"无可厚非"，"那并非就是拥护自然主义或什么"。——这种诡辩是说不通的。

说："难道客观主义作家不是师承了整个旧现实主义，而是单单师承了自然主义么？"——要用师承"整个旧现实主义"或"一切旧现实主义"（这两个名词本身就是混乱的）做幌子，掩护师承自然主义的合理，甚至进一步否认这种"师承"的存在，说自然主义只是一点"遗留""流风"而已，这是自己在骗自己。事实胜于空辩：如果客观主义作者真的承受了"整个"以至"一切"旧现实主义的优点，则还有什么"铺张偶然的表面的枝节现象来代替本质"等等的"自然主义"问题存在？今天正因为客观主义作者以自然主义的创作方法为主体，而现实主义只是一点"流风"，所以无力表现深度的现实，创造新现实主义的艺术。

客观主义作者，不仅在生活实践上有问题，在创作实践上也有问题。革除客观主义，首先必须加强生活实践，改变旁观现实的生活态度，但是也需要加强创作实践，改变"自然主义"的创作方法。这并不是一面反对客观主义，一面无可厚非地师承自然主义所能解决的。这并不是一面要求主观战斗精神，一面曲解在这一方面努力的作者所能济事的。这就是洁泯先生的《"客观主义"私观》混乱矛盾之所在。

这一次在《正确的扬弃》里，洁泯先生不再说"师承"自然主义是"无可厚非"的，改说"师承"自然主义的"某些遗风"了，足见我的"符咒"和"机械论"还是起了作用。不过，这"某些遗风"也该弄弄清楚，到底是些什么。如果像洁泯先生这次说的，只是"井然不紊和出神入化的叙述"之类技巧上的事，这是无可厚非的。可是，单是为了这一点技巧，就去"师承"自然主义么？就说左拉和巴尔札克"几乎是无分轩轾的"么？

在文学创作上，"技巧"和"方法"是有分别的。如果为了一些技巧上的手法之类，不管方法如何，就去"无可厚非"地师承某种"主义"；正像是为了一个人说话的技巧井然不紊，出神入化，不管他是个什么人，说的是些什么，就去拜起师来，这同样是荒唐的。

从这里，可以知道有人对自然主义的迷误之深。所以，"自然主义"还有再强调突破的必要。

从生活上，从理解上，从创作上，突破自然主义！

一九四七年十月上海

论现实主义

一

马克思恩格斯在给拉萨尔的信里，反对"席勒化"，主张"莎士比亚化"，把莎士比亚和席勒对立起来，这是有原则上的意义的。"这就是鼓励现实主义，而反对浅薄的浪漫主义。"（瞿秋白：《马克思恩格斯和文学上的现实主义》）

同样，恩格斯在给哈克纳斯女士的信里，宣称"巴尔札克——我认为他比过去的、现在的、未来的一切左拉都要伟大得多，他是伟大的现实主义的艺术家"。这样把巴尔札克和左拉对立起来，也是有原则上的意义的。这就是强调现实主义，而反对表象的自然主义。

巴尔札克的《人间喜剧》，恩格斯认为他在那里面给了我们一本最好的法国"社会的现实主义历史"。他这部历史是怎样完成的呢？左拉也同样写了一部历史：《鲁共·马加尔——第二帝国时代的一个家族的生物学史和社会史》，在这部历史里左拉也想"研究整个的第二帝国，从政变起直到现在为止。把现在的社会、混蛋和英雄，都表现在典型之中"。为什么左拉却失败了呢？

巴尔札克虽然在他的史诗《人间喜剧》的序里说："法国社会自己创造着它的历史。"他只是一个"法国社会的秘书，简单地记录这部历史"。但是，他决不仅止限于收集一些事实，用旁观者的客观态度把这些事实记录下来，描写一下就算了事；他还进一步去探讨这些事实的原因，又去追寻这些原因和事件中间的关系，以及它们形成的结果；他分析社会构成的错综复杂的因素，考察这些因素的本质、矛盾、演变，在这中间又综合地把握社会发展的力量和动向。所以巴尔札克的《人间喜剧》和他的现实主义探究人和社会的本质，表现出"典型环境中的典型人物"，他除去日常的人和事之外，还要深入生活的内部，表现出社会的本体。

巴尔札克立脚在真实上面，把他的历史基础建筑在社会因素之上。而对于左拉，"最重要的是做一个纯粹的自然主义者，纯粹的生理学家"，他的历史的主要的中心是论证自然的公律（遗传性、天赋性等等）——观念。所以在创作上，左拉的自然主义要求客观的真实服从主观的观念或公式，他反对巴尔札克那种透过事物的表面，进一步去追寻原因，分析关联，又综合起来表现事物的方法，他主张作家应当"像观察自然现象一样地观察社会现象"；他要求作家只要观察，收集记录事物，只要写下人和社会外表上细节的真实，就完成了作品。这样的作品，既不分辨生活中主要的和次要的，本质的和非本质的，必然的和偶然的东西，又拿现象外形的观察当做现实本质的认识，就只有把人物事件外表的枝叶繁琐化，或者铺张扩大，来代替人的典型和社会的本体了。这样，左拉在他的历史里写了许多表象、现象，以至假象。

让我们拿左拉的《萌芽》来做例子。

《萌芽》是一本写煤矿工人罢工斗争的小说。在这本小说里，工人生活的表象的细节有真实的描写：他们的污暗的住宅，简陋的家具，怎样起身，洗脸，煮咖啡，吃面包，怎样过穷日子，怎样做苦工，在地底下的矿山里挖煤，运煤……可是，一写到更深一层的生活内容,错误和歪曲就接着出现了。

例如左拉写工人生活,除去睡觉做工之外,还有两件事占去了他们余下的时间,那就是酗酒和性爱。这在生活在贫困和苦痛里的工人们,是资本主义社会制度逼迫他们走的一条绝望的生活道路,这是资本主义社会的罪恶之一。但是左拉避开了繁复的社会性的因素,他把这个社会性的罪恶还原成一种自然的欲望,他把酗酒化成遗传的酒毒,把性爱化成兽性的性欲,并且把它们写成工人生活的中心乃至于生命的支配者。埃第勒就是一个例子。埃第勒是工人罢工的领导者,可是他的行动另外还有两个领导者:一个就是遗传的酒毒,另一个就是自然的性欲。他一看到喀萨琳或是她的丈夫沙伟,性爱的欲望就爆发了,在这一个领导者的激动之下,他才发动群众去作扩大罢工扰乱矿山的行动,想借此打击沙伟。他只要喝一滴酒,遗传的酒毒就会使他陷入杀人的疯狂状态里,在这一个领导者的领导之下,他就领导群众去破坏几分钟前他保护救活的抽水机,还做出一些别的他自己无法控制的暴乱的行为。同样,左拉写一个风骚淫乱的女工毛吉蒂,当兵士开到矿山来镇压罢工,保护工贼下去工作的时候,她在愤怒中,在工人群众队伍的前面,竟会当众把衬衣拉开,"露出下身,拱着身子向前去碰"那些兵士,并且嚷道:"这是为官长们的!这是为军曹们的!这是为兵士们的!"这是一个极端露骨的兽性化了的"性欲"的描写。还有那个老工人朋纳摩,他在矿层底下工作了五十年,被水泡坏了腿,不断地吐黑色的煤痰,终于瘫在椅子上,神经也失去了知觉,突然不知道怎么他被煤矿经理的女儿卡茜小姐白嫩的颈项迷惑了,他不能得到她,他于是"仿佛一头老迈的畜生",一把抱住了她的颈项,"只握紧着他的手指",就那样扼死了她。左拉虽然告诉我们说,"没有一个人知道这是什么一种恶意的冲动使他发狂的",可是这里很清楚地写着:这是自然化了的兽性的性欲。

左拉在《萌芽》第一部第一章结尾的一句话是:"福卢矿区像只罪恶的野兽蹲伏着;他的内部不停地在轧响。"其实,这意思不仅仅是说,矿山好像野兽似的吞噬着工人们,另一方面也在说,工人们也是这个野兽中的一部分,他们被迫像兽一样地工作着,可是也像兽一样地生活着。不是偶然的,左拉不止一次地用"兽"的字眼来形容工人,如他写埃第勒冥想工人住宅区的"兽性的生活"(六部一),他写玛胡"好像是一只呆笨的野兽"(六部二)……左拉把人看做既是社会的又是自然的生物,并且在他看来,自然的天性和欲望比社会因素,在人的性格和生活上占有更重要的主宰的地位,于是在种种自然欲望(如酒毒遗传、性欲、抢劫,以至杀人)支配之下的工人形象,他们的意识、情感、行动、斗争,都受到了本质的歪曲。

对于工人的罢工斗争,左拉也是用同样的自然主义的观点和方法来观察、描写的。罢工斗争是《萌芽》的中心,可是左拉所写的不但只是一些表面的现象,而且还隐藏着虚伪的假象。左拉在《萌芽》里告诉我们,工人生活是怎样困苦,工资是怎样低微,简直无法维持一家的温饱,可是就连那一点工资公司方面还要减低,于是罢工爆发了。不过,左拉接着又告诉我们,公司方面为什么要减低工资呢?那是因为"在上十八个月中就变严重"了的"商业危机",公司被迫着得这样做,公司"也残酷地被打击了。自从工厂一个一个地关了门后,公司也一样的困难,去脱出我们的险境;在这日渐缩小的需要面前,我们被迫着要降低实价。但就是这一点,工人们不能谅解了"(四部)——这是煤矿经理和煤矿经理的谈话,这个

"坦白的叙述"左拉显然是同意的。在左拉看来，工人生活的贫苦，工资的低微，不是由于资本家的剥削，而是由于"商业的危机"，由于"印度有了饥荒"，"美国停止输铁后，我们的火炉就受了很重的打击。一切都混在一起了，遥远的震动也足够骚扰到全世界"。这样，公司被迫着降低实价，也就不得不减低工资；所以，根本的原因是那个"商业的危机"在作怪。可是罢工并不能解救这个"危机"，自然也不能解救公司的困难和工人的贫困，反而只有加深它，使公司和工人一同陷在毁灭的境地里。所以在《萌芽》里，左拉描写了罢工之后工人生活的苦难的图画，他也给了我们一幅因为煤矿罢工引起的工业的毁灭的描写（参看六部一）。他并且告诉我们，罢工只能毁灭工人自己和一些小资本家，大矿主（像蒙特苏）不过受一些损失，"他们可以损失千千万万，但以后他们又可以赚回来的"。蒙特苏的主人就借这次罢工实现了他的吞并附近一个小矿的计划。也正是因为这个原故，左拉在《萌芽》里没有真实地描写罢工斗争的过程以及这一斗争经验的意义，工人力量的成长、结合、发展，他所集中全力描写的是工人罢了工之后，工作没有了，一切都吃光了，煤也没有了，如何在饥寒交迫中过着更痛苦的生活，罢工如何毁灭了工人，以及如何悲惨地失败了。"两年来日渐加深的商业危机而产生了的蒙特苏苦力的罢工，更加深了它并且促其趋于毁灭了"（六部一），这就是《萌芽》里罢工斗争的主要题旨和结论。

什么是这个结论的含义呢？

左拉用这个结论来说明：罢工是"劳力的英勇的自杀"，既没有好处也没有用处，工人徒然只毁了自己，"那'资本'在'劳力'的英勇的自杀面前一定将会毁灭的信仰"是错误的。

自然主义者的左拉，他不是从社会的观点来看工人和资本家之间的关系和斗争，他是从自然的观点来看这个关系和斗争，他把社会的斗争自然主义化了。他把工人和资本家两个社会阶级的斗争，看成"劳力"和"资本"两种自然力量的冲突，在他看来，这冲突应该用协调的方法来解决，在社会里这两种力量应该合作，而不应该斗争，更不应该用武力或者暴动。

暴动，左拉宣布，那是"无用的愚蠢的行为"。左拉不但反对政府主义者的盲目的暴动，类似苏瓦林那种毁灭矿山的行为，他也反对工人作任何武力的抗争，即使是为了保护自己的生命，赤手空拳用血肉来作防御战，左拉也反对的。在《萌芽》里，公司召来保护工贼复工的军队开枪打死了罢工的工人。在左拉的描写之下，那不是公司的命令，也不是队长的命令，甚至没有任何人的命令，没有任何人张开嘴喊"放"，"而枪弹却自己出去了"。那是群众用嘲笑、辱骂、砖块攻击之下逼成的自然的形势。所以工人用了武力，结果只有遭遇死亡，并且这是一个罪有应得的结果（参看六部五）。

这样，在罢工悲惨地失败了的时候，那个一向反对罢工的拉萨刺喊了：

"暴动永不会成功的，世界不会在一天之内就能重新建成。那些告诉你们一击就会把它改变的人，不是和你们开玩笑，就是，他们自己是些流氓！"

于是，"好！好！"人群喊。

而那个罢工领导者埃第勒，他的意见实际上和拉萨刺并没有多大分别。他在罢工进行的时候，就对那个无政府主义者苏瓦林说道："不！不！我们不能到那种地步。谋杀和放火，永远不能！这是可怕的、不公正的，所有的伙伴们会站起来，把那有罪的一个绞死的。"当罢工后来失败了，他受到群众的怨恨和攻击的时候，他自己问自己道："那么谁是罪魁呢？那的确是他的过失吗？这不幸使他流血，有些人的穷苦，别人的被害，这些女人，这些孩子，瘦弱的，没有面包？"在这里埃第勒（也就是左拉）开始肯定罢工是一桩罪过，到最后，当一切已经完结，他离开矿山的时候，埃第勒这样下了结论：

> 他现在想到，也许暴动不能解决事情吧。割断钢索，毁掉路轨，打碎灯屋，这是多么无用的工作呀！三千人组成一个劫掠的队伍，奔跑着，干这些事，那是不值得的。

这样，在《萌芽》的结尾，埃第勒（也就是左拉）的路，那就是离开工人群众，到巴黎去，到"进化论者"做中心的"国际"（六部三）去，离开罢工和实际斗争，到报纸上，到议会里去谈工资制度、工人运动，寻求"萌芽"的实现去了。

说左拉虽然同情工人生活的困苦，却不反对资本主义社会，是不对的。左拉在《萌芽》里不止一次地提到一个新社会，在那里面，生产工具全归公有，"每一个公民欢乐地，以他们工作生活，并且取得他的一份"；在那里面，"'公正'会保证人们的快乐，'平等'和'友爱'会统治人们"。最后埃第勒（也就是左拉）满怀着希望离开矿山的时候，他想的是"要使这些工人们漂亮起来，他们的穷苦气息对于他是不快乐的，他一定要做出只有他们才是伟大的、无疵的，只有他们是贵族和唯一能够洗刷人类的力量"。《萌芽》，这本书名所寄托的对象，就是在地层底下的工人的成长和出头。既然如此，那么，左拉为什么反对罢工和暴动呢？

这是因为左拉的反对资本主义社会，梦想新的社会，以及"萌芽"的憧憬，是有他自己的观点的，那是建筑在他所谓的一个"公正"的基础之上的。在《萌芽》里左拉描写了工人家庭的贫苦，又描写了经理生活的舒适，他认为这是不"公正"的。正是这个"公正的思想"，使得玛胡和其他的工人热忱激动起来，同意埃第勒的主张，后来爆发了罢工。左拉同意改造旧社会，但是那应该是"公正"地改革和改良，而不是暴力地翻身和革命。左拉觉得工人是困苦的，可是资本家也有困难，这个"不公正"是不合理，并不是谁剥削了谁。罢工和暴动只是使二者一同"毁灭"的"自杀"，协调和合作才是希望和萌芽。

这样，《萌芽》里面的罢工，并不是在猛烈的斗争中表现出来的，而是在平静的状态中表现出来的。罢工爆发了之后，工人们静静地等待胜利的到来，公司方面也静静地等待工人的屈服，双方都没有发生过正面的冲突。工人们饿了两个月，没有得到一点答复，当他们结合成三千人的队伍，在愤怒激昂的情绪里围住经理的住宅的时候，看着绅士小姐们在里面宴会，却没有任何要求、任何行动，只是向着屋上和百叶窗飞飞小石子而已（然而他们转过身却去抢劫了一个小商店）。同样，公司方面遭受了巨大的损失，甚至毁了矿山，杀了经理小姐，然而并没有逮捕、开除工人，那样的宽大、退让、慈和（罢工里也杀死工人捕了工人，不过左拉解释那是军队和工人的冲突，并不是公司的命令，而且是工人方面先杀死了一个士兵）。罢工的领导者埃第勒，公司给他治好了病之后，"带着父爱的劝告叫他离开矿山的工作"，"他还收到一百法郎"。这一切都充分表现着劳资和解合作的可能性。而且，在《萌芽》的末尾，也就实在地演出了这么一幕劳资合作的喜剧。

那是矿山的水道被苏瓦林破坏了之后,整个的矿山崩塌了,埃第勒和别的几个工人被埋在下面,没有出来。这时候,工人们拼命地挖掘矿道,希望救他们出来,那个一向压迫工人的工程师赖格尔,"渐渐地这种寻找也激动了他,他也被至诚的狂热攫住",竟抛弃他的情人,放下公司的整个矿山的计划,也住到矿山的地道里,和工人们一起设法营救这几个不知埋了多深也不知是死是活的工人。工人们的热情和力量是伟大的,终于他们凿穿了地道,救出了垂死的埃第勒和已死的喀萨琳。于是仅仅生还的工人埃第勒会到了工程师,于是"这两个人,他们互相轻视——一位是反叛的工人,一位是严峻的主人——现在却彼此抱着,高声地啜泣着,他们心里藏着超乎人类一切的爱"。

这是福卢煤矿工人罢工斗争的总结,也就是左拉所谓的《萌芽》的内容。于是在这本《萌芽》之后,左拉又写了一本理想的"劳资合作"的小说——《劳动》。

左拉从他的小资产阶级的立场、自然主义的社会观念、旁观现实斗争的态度,产生了这个以"公正"为基础的,劳资协调合作和自然抗争的幻想。左拉自己以为他在主张"公正"的正义。他后来就曾经挺身而出,为他的"公正"战斗了一次,那就是有名的"德莱甫斯案件"(Dreyfus Case)。

这个案件的背景是复杂的,它是法国资产阶级政府内部共和党和保王党之间争夺政权的一幕斗争。当时军部里发现有人盗卖重要文件给了德国,那些盗卖文件的保王党军官联合起来把这个罪名加在德莱甫斯身上,德莱甫斯是一个共和党的军官,却是一个犹太人。政府在共和党手里,可是军队里仍然存在着许多保王党军官,他们有很大的势力。结果德莱甫斯被军法审判了,判决终身流放到魔鬼岛去做苦工。这时共和党别的军官提出抗辩,左拉也站了出来。为了"公正",为了正义,他呼吁,控诉,攻击了。这一个案件震动了法国,抗争延续了好几年之久,最后共和党击倒了保王党残余的势力,掌握了内阁和军部,于是把这个案件重新审判,德莱甫斯获得释放,左拉的"公正"胜利了。

但是,什么是这个"公正"的胜利的结果呢?我们看看一个当时的法国人,罗曼·罗兰的记述罢。

在《约翰·克利斯朵夫》里(卷七《户内》第一部)罗兰写到克利斯朵夫在巴黎寓所的邻居,写道:"在下面一层,正对着两个朋友所住的寓所,住着哀里·哀斯白闲一家:一个工程师和他的妻子、两个七岁至十岁的女儿……夫妇俩在几年以前卷入了德莱甫斯事件底大风潮;为了这件案子,他们激动到几乎发狂,正像在那七年中感染着神圣的忧郁病的无数的法国人一样。他们为之牺牲了他们的安息,他们的地位,他们的交际;多少亲切的友谊不惜为之斩断了;他们的健康也差不多完全丧失。一连好几个月,他们不能睡觉,不能饮食……他们参加示威运动,在会场上发言;……战斗中他们把热情消耗尽了……因为希望那么高,牺牲底热情那么纯粹,以致后来的胜利比起他们所梦想的报酬来是显得太可笑了。对于这些只知有一条真理的完整的灵魂,他们的英雄们所作的政治上的妥协与和解,真是一种悲苦的幻灭。他们眼见那些斗争中的伴侣,一向以为是被'主张正义'这同一热情所鼓动着的人物,——一朝把敌人打倒之后,立刻去占据教区,夺取政权,劫掠荣誉及地盘,轮到他们来把正义踏在脚下了!……只有极少数的人依然忠于他们的信仰、贫穷、孤独,被所有的党派遗弃,他们也摒弃所有的党派,各自退到阴影里,被悲哀与忧郁磨蚀,一无希冀,厌恶人类,厌倦生活。

工程师和他的妻子便属于这一类的战败者。"

看，这就是左拉的"公正"的战斗的结果。这无异于是为资产阶级助阵的工作。左拉的"公正"在德莱甫斯案件上所得的结果，说明了他的"公正"在政治上的意义，究竟是不是能够得到"公正"，还是徒然便利资产阶级进行它的统治？而在文学上，这种客观的旁观现实的自然主义，也是在这种"公正"意识底下产生出来的，这是一种假现实主义，它蒙蔽着他的眼睛，阻碍他深入现实社会的内部，剥露资产阶级的本质的狰狞的面目。例如在《萌芽》里，左拉描写了工人的贫困痛苦，但是工人生活中心和生活因素，工人的性格和斗争，工人和公司的关系，都是表面事象的铺张和繁琐枝节的扩大；也描写了罢工的斗争，但是歪曲了群众斗争力量的方向，否定它的意义。

左拉的自然主义的科学理论，是把社会的性格和斗争，还原成自然的欲望和冲突，失去了真实的内容和面目；他的自然主义的创作方法，是用表面的现象的观察来代替内部的本质的探求，拿生活和人的枝叶来当做它们的本体，把表象当做真实。这样，左拉所写出来的《萌芽》，以及他那全部"第二帝国时代的一个家族的生物学史和社会史"，不但不能表现帝国和社会的基础、结构、动向——发展的历史，而且有极大的不真实的地方。

二

左拉的情形是如此。那个虽然不是极端的"自然"主义者，却和他用同样方法写作的弗罗贝尔，情形也不比他更好。

弗罗贝尔的一生是一个悲剧。他深深憎恶资产阶级的社会，但是他却没有推翻它的勇气，他并且害怕那下等人民的社会主义，于是弗罗贝尔无路可走，只好写道："除了你自己以外，什么也不要管。让'帝政'去进行罢，关上了我们的门，走到我们的象牙之塔的最高处，到最后的一级，最接近天的那一级。有时那里是很冷的，可不是吗？可是有什么要紧呢？你看见星儿晶耀着，你不会听见那些蠢人的声音了。"在高高的"象牙之塔"里，关上门，没有一点声音，没有事做，也没有什么事可做，自然就只有梦想了。可是单单梦想弗罗贝尔又是不甘心的，他憎恶资产阶级社会，他要写作，他要对它施以攻击。然而，从距离现实那样远的地方，又是从梦想里发出来的箭，它的软弱，无力，不能看清目标，命中要害，这是很自然的事。

弗罗贝尔的名著《波华利夫人》就是一个例子。

《波华利夫人》是一个悲剧。什么是这个悲剧的主旨呢？产生这个悲剧的原因是什么呢？正如弗罗贝尔自己在书里提出来的："谁把她造成这样的不幸呢？使她烦扰不宁的非常灾害是在哪里呢？"（二部十）

波华利夫人"抬起头来，向她四周看着，似乎要把那使她痛苦的原因寻找出来"。——她自然是找不出来的，这只有弗罗贝尔能够告诉我们。

在《波华利夫人》里，弗罗贝尔写一个天性浪漫热情，爱好幻想，羡慕虚荣和豪华的生活的女子，嫁给了一个庸碌无能、懦弱愚笨的丈夫，她不满在她周围"紧紧包围着她的那些事物，像讨厌的田野，愚陋的小绅士们，平庸的境遇"，想望一种快乐、高雅、狂热的爱情的生活，可是她不能达到这个梦想。她为这个梦想痛苦，讨厌她的不懂爱情的丈夫和每天如此的单调的生活。于是她终于恋爱起来，起初是爱一个年轻的法律学生，但是两人都很羞怯，没有勇气表白爱情。后来碰到了一个玩弄女子的老手，一下子就爱上了。波华利夫人真心地爱着，那个人玩弄够了之后，就抛弃了她。在破碎的失望里，她又遇到了那个青年，于是他们相爱了，可是她反而更为情欲所燃烧，更放纵地要求肉体的欢乐，同时不顾家里的经济，借了高利贷的债务供给爱的挥霍，最后因为经济的破产和爱的破灭，她服毒自杀了。

在这样的一个故事里，弗罗贝尔写得很清楚：那是波华利夫人的热情的浪漫的天性，她的"天赋的"情欲，在主导着一幕悲剧。波华利夫人为什么那样坚持地厌恶她的忠诚的百依百顺的丈夫和她的富足安乐的生活？她不满它的平庸。可是她梦想的不平庸的生活又是什么？那是豪华的狂欢的跳舞的夜，放纵的热烈的爱。可是这梦想并没有生根在她的生活和教育里，她的乡下姑娘的生活和修道院里的教育应当摧毁了它的根芽；它是突然的，一夜的功夫，在跳舞会里触发的，以后永远成了爱玛的灵魂和生命的中心，她日夜地为它苦痛、煎熬，永远地渴望着那种放荡的狂欢的爱，仿佛没有了它就无法生活下去。这样的一种爱的火焰，并不是她的平庸的生活所能点起的，而是她的热情的"天赋的"情欲在燃烧。这样，当波华利夫人躺在床上，临死的时候，忽然在街上那个瞎子唱了起来：

春朝的淑气，每每
牵动女儿的情丝。

于是"爱玛便坐了起来，好像一具被人支起的死尸，头发散乱，眼珠定定的，大张着口"。接着歌声又唱下去，她"于是笑了起来，一种厉害的癫狂的绝望的笑",而当歌声终了的时候,"一阵搐缩把她掼倒在床褥上。大家都走到她身边。她已经不再存在了"。

这个在她生命终结的时候出场的"春朝情丝"正是这幕悲剧的主角。所以在这幕悲剧里,和她同时出现的小市民群只是一些配角;在她性格里偶然出现一下的虚荣心,在她四周紧紧包围着她的小市民的市镇和氛围,这种社会性格和环境,其实只是演出这幕"自然的"情欲悲剧的一套衣服、一个场所罢了,它们的意义也只如舞台上的服装和布景而已;因为它们都是被动的,为她的活动而存在的存在,对于她没有一丝一毫的反应或影响的力量,听任她随心所欲地演出一幕情欲的悲剧。

是的,在这幕悲剧里也出现了莱赫尔,那个代表金钱的力量,来历不明的、狡猾的高利贷商人,他最后逼得爱玛走投无路,终于自杀的。可是,这个力量,这个"骗子"商人,和爱玛的性格、生活,没有一点必要的因缘关系,而且他对爱玛用的是一种特殊的敲诈赖骗的方法,在爱玛的生活里他是一个完全偶然性的因素,然而他却致了爱玛的死命。所以他在这幕悲剧里的地位,很像是一个突然出现的拦路抢劫的强盗,一棍打死了波华利夫人和她的情欲;并且除此之外,再没有什么更多的意义。

自然,《波华利夫人》里写着弗罗贝尔对资产阶级社会的不满,对金钱力量的攻击。然而仅仅把平庸当做是资产阶级社会的特质,把诈骗当做是资产阶级攫取金钱的方法,这正表现着这不满的认识是何等的肤浅,这攻击的力量是何等的微弱;这简直是"波华利夫人式的"不满和攻击。波华利夫人不满她四周庸俗的小市民群和平庸的小市民生活,她想跳出这个圈子,于是做着放荡的情欲的梦想,这个梦想在本质上,依然还是小市民的。这样的波华利夫人的梦想,实际上正是弗罗贝尔的梦想。

在《波华利夫人》里面，除了一些小市民的生活画和小市民的幻想画之外，没有更多的东西。弗罗贝尔写了人和社会，可是没有接触人的本质、社会的本质，反而遁入爱的世界和情欲的虚空中去了。弗罗贝尔在《波华利夫人》里写爱玛的幻想，说："巴黎比海洋还广阔，光彩灿烂地映在爱玛的眼睛里。然而那种构成热闹的多数生活，原是划分成若干部分，而显明地排成若干画幅的。而爱玛却只看见了两三幅，其余的都蔽而不见，只是这两三幅她以为就代表了全人类。"（一部九）其实，弗罗贝尔对于法国，对于人生，对于社会，所看见的并不比这样的爱玛更多多少，这是自然主义艺术的真实的自白。

为了更清晰地表露这种艺术的本质，让我们看看另外一个作家的一本和《波华利夫人》题材相近的作品——巴尔札克怎样写他的《尤金妮·葛郎代》。

《尤金妮·葛郎代》也写一个小城市里一个女郎的爱情的悲剧。在这个悲剧里巴尔札克也写了女主人翁尤金妮的情欲，但是巴尔札克没有强调任何"天赋的"或"遗传的"东西。巴尔札克在作品里描写人的生活和情欲，描写人所处的环境以及行动的条件，并且分析那些决定人的行为影响人的情欲的原因。他从"千百种复杂的原因"里找出最根本的原因。他不追求生命的附属物或枝叶，而去把握生命的根和本质。所以在《尤金妮·葛郎代》里，尤金妮的爱情是"在少女们贞洁而且单纯的生活里，总会来到的一个甜蜜的时刻"，是她的"心灵的阳光"，可是她的爱不是什么"天生的""自然的"东西，也没有操纵一切的力量，它是在社会生活（也即人的生活）里生根发芽成长起来的。

正是在这个意义上，情欲在《尤金妮·葛郎代》里是一个次要的因素，不是主导的力量。在阶级的社会里，尤其在布尔乔亚的世纪里，爱情不可能离开社会生活独立起来扮演一幕悲剧。《尤金妮·葛郎代》里主演这幕悲剧的力量是金钱，它是布尔乔亚社会的统治者。它的统治力量不但表现在那个把金钱看做性命的老葛郎代的形象里，也表现在那个追求"事业上的成功"的年轻的卡尔的行为里，他为了地位财产，就抛弃了美丽真挚的尤金妮，去娶一个丑陋骄傲的侯爵小姐。尤金妮却七年来始终忠诚地守着爱的盟誓，甚至为了保护卡尔的梳妆盒，用自己的性命来和她父亲抗争。尤金妮的纯真诚挚的爱情，和老葛郎代的贪婪冷酷、小卡尔的卑鄙负义对照起来，正明白地表现着："在这个时代，金钱就是我们社会的政治的立法者。"这样，在这个悲剧里巴尔札克深深地掘起了正在兴起的布尔乔亚阶层的根，暴露出这一阶层的人物的真面目。这个爱的悲剧正是现实人生里一个"典型的"悲剧。

所以，当我们读了《尤金妮·葛郎代》，我们明明白白看到一种什么力量主使着统治着法国的社会，乃至人的命运、人的悲剧。可是读了《波华利夫人》，只能看到一个灰暗模糊的小市民世界，并且作者还破坏这个模糊的画面，把我们领向一个虚幻的情欲的国土。

这里存在着自然主义和现实主义明显的分野。

布尔乔亚批评家常常根据文字的外形、手法和技巧的比较，宣布弗罗贝尔比巴尔札克还要"现实主义"。甚至有些自称"唯物论"的作家，也重复他们的论点。例如，M. 伊可维支（Marc Ickowicz）在他那本名字叫做《唯物史观的文学论》，实际上大写形式逻辑的文学观的书里，颂扬《波华利夫人》是"外省的资产阶级生活的大壁画"，以为在卡尔·波华利身上，"弗罗贝尔把他从一个资产阶级者身上所看到的最丑恶的都肉身化了"。认为在这本书里，弗罗贝尔"用他的伟大的艺术才能，他作着那资产阶级的最无耻厚脸的恶德的，巨大、真实而深切地写实的画图"。宣称"巴尔札克颂扬资产阶级，弗罗贝尔却宣告了它的死罪"。——这种结论简直达到荒谬的程度。

布尔乔亚批评家还常常好说巴尔札克是浪漫主义的。但是，实际上，巴尔札克的浪漫主义是积极的，面向人生的战斗气息，大步地踏入现实追求真理的勇敢的精神。真正畏怯地避开现实人生的探究，向虚幻的人性、自然欲望、生理遗传中去求安慰和解答，用幻梦的微光来烛照血污的黑暗的现实世界，这样的浪漫主义，在弗罗贝尔和左拉，则是他们典型的特质之一。

三

弗罗贝尔和左拉都是反对资产阶级社会，要暴露它的黑暗和丑恶的，为什么他们写出这样的作品来呢？

首先，这关联着他们的认识。他们对于社会人生的理解。

弗罗贝尔曾经给资产阶级下过一个定义，他说："我称资产阶级者是一切下劣的思想着的生物。"从这样一个观念（也就是认识）出发，于是他在《波华利夫人》里把卡尔·波华利写成一个低劣无能的废物，莱赫尔写成一个卑污奸诈的骗子，以为这样的生物画就典型地暴露出资产阶级者了。

左拉和弗罗贝尔同样的情形，他不但画生物画，而且还要写生物史。左拉在《我和巴尔札克的分别》（他遗稿中的一部分）里写道：

我的作品，社会的成份没有科学的成份那么多。巴尔札克用三千个人物要想写出风尚的历史：他把这个历史的基础建筑在宗教和国王政权之上……他的作品是要想做当时社会的镜子……我的作品将要完全是另外一种的作品。它们的范围要小得多。我所要描写的不是现代社会，而是一个家族，而且表现亲属和环境的影响的交错……即使我利用历史的范围，这也不过是为着要有一个影响那些人物的环境；职业和居住的区域也是环境。对于我，最重要的是做一个纯粹的自然主义者，纯粹的生理学家。我没有什么原则（国王政权、天主教），而只有公律（遗传性、天赋性）。我不像巴尔札克似的，要决定哪一种制度应当是人类生活的制度，我不要做政治家、哲学家、道德家。我只要做一个学者就满意的了，我将要表现现实，而且寻找现实的内部隐藏的基础。而结论我是没有的。

根据这个理论，在左拉的作品里，就展开了遗传性天赋性的论证，就出现了在生理欲望支配之下的自然性的社会人（像《萌芽》里在酒精中毒和情欲支配下的工人们）。左拉所说要表现的"现实"，所说要寻找的"现实的内部隐藏的基础"，是生物学的"公律"，不是社会学的原则。在他的作品里，人物只是演出生物学的"公律"的演员；时代、职业、居住的区域，只是演出的时间和地点。他要写的是"家族"，不是"社会"，这样，他把他的历史叫做"第二帝国时代的一个家族的生物学史和社会史"。

把社会科学还原为自然科学，把社会还原为自然，把社会的人还原为自然的社会人，这是自然主义者共通的基本的观点。这个观点排除了人和社会的复杂丰富的内容，使它们简单化、观念化，成为生物和生物的世界。这个观点的根本是观念论。

在弗罗贝尔和左拉的观念论的社会学里，虽然有反对资产阶级社会的论题，可是没有推翻这个社会的意旨。他们攻击这个社会，他们却过着隐士似的生活，他们不谈政治也不谈社会，弗罗贝尔遁入情欲的世界里，左拉就大作生物学的论文。在他们的作品里，他们所攻击的是这个社会的庸俗、卑劣、不合理、不公正，各种表面上的黑暗和丑恶；并不是这个社会的剥削的制度、金钱的政治、冷血的商业精神、无耻的自私道德，这些本质上的黑暗和丑恶。表面上他们是站在反对资产阶级的立场，实际上他们立脚的地方是小市民和小资产阶级，还是资产阶级社会。

由于他们的立场和观点，也就决定了他们对于现实的生活态度和表现现实的创作方法。

弗罗贝尔和左拉都是关在书房里写作的。他们不参加社会生活，"在自己周围堆积了一幢一幢的印刷的和抄写的纸张，想要从这些纸张里去研究新鲜的热烈的活泼的生活"。像这样子自然不行，左拉为了补救这个方法的缺点，他就时而去"浮光掠影地去考察一下他所要描写的那些生活条件的现实状况"。比如他想写一个火车司机工人的感觉，就去坐在火车头里走这么几十英里，他想写煤矿工人的小说，就到矿山里去住一两个月（像《萌芽》就是这样写的），然后"他再用书籍上报纸上和私人谈话的消息，来补充这种浮光掠影的考察"。于是他就开始写作了："左拉用艺术家的眼光，浮光掠影地抓住事物的外表方面，得到一些印象，而他又有很大的发明的才能，可以掩饰自己的考察的庸俗性，这就是运用一些浪漫谛克的景象，去抓住读者，使读者变成他的俘虏，然而他不把读者引导到行动的地点去，也不给读者一个对于事物的明显的概念。"就连左拉自己也承认，"我所描写的东西是我不知道的，我只不过像快班邮车似的从这些东西中间穿过"，如此而已（拉发格：《左拉的〈金钱〉》）。

事实上，这样匆匆一过而已的"报馆访员"式的观察，自然只能得些表面上一望而知的现象，没有法子了解事物的内在的本质，它的原因、发展，以及相互间的复杂的关联和影响。左拉却把这些个别的表象的现象，按照他的观念论的生物社会学的主题，用一个事件做中心，把它们拼凑在一起，于是细腻地描写起来，这就完成了一篇小说，这就是左拉的创作方法。

在这样的作品里，必然的，事物代替了人，成了结构的中心。全部的作品是许多片断的现象连接拼凑起来的，把这些片断的现象分成一个个的场面，是最适当的处理方法。同时，因为这些现象只是表面的事物，不能表现事物的本质，为了掩饰它们的贫乏和苍白，穿红着绿、涂脂抹粉的描写就是必要的表现方法。自然主义的作品里总是个别的描写，我们看不到综合的叙述。这是一种破碎的艺术，它是资本主义没落期的艺术僵硬，失血的开始。

这样，在左拉的作品里，我们看到许多描写精细的场面，每一个场面独立起来都是真实的、动人的，可是，当这些场面联系在一起，表现一个整个的事件的时候，就是不真实的、不深刻的。他写人物也是如此，个别的小动作小行为是真实的，当这些动作合起来表现一个典型的时候，就失败了。因为左拉的方法所把握的，只是一些个别的现象，而不是完整的社会或是典型。同时，左拉的观念的生物社会学所要求的，根本上正是这样表象的、假象的事件或人物。

例如在《萌芽》里，左拉用他在矿山里观察到的材料，写一部工人的小说。可是左拉并不是想真实地来描写工人斗争的过程以及这一斗争经验的意义,这一斗争发展的方向。左拉想用它来达到两种目的:一是证明社会的、生理的二种力量对人的性格的作用和影响——他的生物社会学这个科学理论的正确,一是用工人生活的困苦和罢工的反抗来警告资本家必须让步改进,同时又用罢工的悲惨的失败来告诉工人暴力行动的无意义和无结果;最好是协商互助,劳资合作。这样子,在《萌芽》里左拉给了我们一串动人的场面:工人家庭的困苦生活,矿山里艰苦的工作,罢工争斗突然的发生和无组织的静态的发展,公司的宽大的冷静的态度和措施,罢工的毁灭性的结果——既毁了工人也毁了工业,最后是罢工的悲惨的失败,劳资合作抗争自然(抢救埋在矿山里的工人)的喜剧;而随时随地穿插在这些场面之间的是狂乱的性欲,遗传的酒毒,抢劫,杀人,以及其他种种自然欲望驱使下的行为……这一切,为了完成左拉的理论,都是必要的;但是这些浮光掠影的观察得来的表象和假象,它们歪曲了工人的生活、性格和斗争。

左拉所描写的工人生活内容和罢工斗争的虚伪,只要和高尔基的《母亲》一比,就明白地表现出来了。

可是,左拉认为他的自然主义方法是客观的,他的生物社会学是科学的,正如他认为他的劳资合作的社会幻想是"公正"的一样。

左拉在《实验小说论》里写道:"一个自然主义派的小说家要想写一篇小说,他的第一件要做的事就是去收集,记录他所要从事写作的那个世界的任何可以获得的素材。……在材料收集完全之后,这篇小说就写出来了。小说家必须只是逻辑式地来分配事实……"他主张作家应当"像观察自然现象一样地观察社会现象","要像生物学者在显微镜下检查生物一样地观察人,客观地记录人物底状貌和活动",把人"当做一种自然物来观察"。

决不是偶然的，左拉赞成弗罗贝尔的方法，却反对巴尔札克。他这样比较弗罗贝尔和巴尔札克的小说：

> 弗罗贝尔底小说底构成仅只结合在一些场景底选择和它们底发展底若干谐调的布置上面。场景完全是日常的……所有越轨的虚想都在驱除之列……他底小说公开着，宣告着每天发生的种种事件，没有把任何意外的东西拿到自己手里。……巴尔札克也给自己底大部的小说以这样的日常生活底现实主义的描绘，但是当走向这种关于写作底正确的特别顾虑之前，他先费了很多的光阴在放纵的虚想上，在妄诞的悲剧和伟大底探索上。
>
> 小说家必须要杀死那个英雄，如果他只想接受日常生活底一般的行为。英雄，我这里解释作出格地扩大的人性，解释作吹过了比例的橡皮人形……巴尔札克底一些小说，就负伤在他底吹大自己底英雄们底那种倾向上。他总以为他们在他底手下出现得还不够十足高大。

左拉攻击巴尔札克的"幻想"和"英雄"——"放纵的虚想"，"妄诞的悲剧"，"出格地扩大的人性"，"吹过了比例的橡皮人形"，赞美弗罗贝尔的"日常的""每天发生的""场景"和这些场景的"布置"，这正是从他自己的主张——"像观察自然现象一样地观察社会现象"，"客观地记录人物底状貌和活动"——纯客观的自然主义的理论出发，对于巴尔札克的现实主义的艺术方法极表反感的攻击。

巴尔札克的"放纵的虚想"，不但不是浪漫主义的，而且正表现着巴尔札克对于客观素材的取舍和表现有明确的认识和深刻的远见，正是他的现实主义的特点；他的"扩大的"性格，不但没有歪曲和损伤，而且在具现典型上是必要的。巴尔札克远远越过日常琐事和人物的表面的记述，他的艺术方法中包含着艺术概括中的推论和综合，包含着表现典型环境中的典型人物的素质。

左拉的方法：观察—收集分配材料—描写，这是一种浮光掠影的照相机的方法，它只能观察描写生活的现象和事物的外表，不能认识浮雕社会的本质和核心。像这样写出来的自然主义的作品，它们暴露了、"批判"了资本主义，可是这"批判"和暴露是现象的、外表的，不是给与资本主义的致命的打击。它们没有力量做到这个。弗罗贝尔和左拉都在作品里攻击资产阶级的丑恶，甚至于，如拉发格说的，"左拉简直是很得意的，写出许多不必要的讨厌的不可逼视的东西，而且正是这些描写，算是他的小说成功的原因"。可是，"现实状况同着它的可怕的龌龊和丑恶，使得我们恶心和摇头，这比左拉的全部描写都要厉害得多。现实生活的丑恶要盖过它的一切最丑恶的描写"。

弗罗贝尔在《波华利夫人》里把代表金钱势力的莱赫尔写成一个敲诈勒索的"骗子"，这种对资产阶级表象的、浮泛的描写，太简单也太空洞了。反过来，我们看看巴尔札克的老葛郎代，巴尔札克写他如何出卖全城的葡萄酒商人倾售他的收获，如何高价卖出黄金低价买进公债，如何耍拖欠巴黎的债权人的把戏，如何"用合法的步骤去获得别人的金钱"，这写出了他的吞噬柔弱的人们（他的羔羊）的本色，也反映出这个社会阶层的面目。

左拉在这方面，他还不如弗罗贝尔真实。在《萌芽》里，他把公司的经理以及没有出面的资本家们，虽然加以种种讽刺，可是他们仍然不失为文雅、宽厚、人道、退让的绅士。工人们被屠杀了，流了血，左拉还为他们曲意辩解，想保存他们雪白的手的清洁，将来好和工人们握手，共同扮演劳资合作的喜剧。反而工人们做出种种野蛮粗暴疯狂的行为（用左拉生物社会学的术语，"兽性的行为"），酗酒，淫乱，抢劫，杀人……加以种种的歪曲。

拉发格告诉我们一件很有趣的事，这也是对于左拉的作品最真实的评论："沃里埃尔·莎尔，在巴黎的龌龊地方到处钻来钻去，他倒寻开心地发见了左拉的小说《娜娜》里的一切错误。这部小说里所描写的高等、下等娼妓的生活，如果对于外省来的青年人倒还很像真，因为他们不过刚刚跑上巴黎的马路，那么，真正的老巴黎，知道得这种生活很透澈的，就只有耸耸肩膀。"

M. 伊可维支在他那本《唯物史观的文学论》里，认为左拉"在他的著作中再现着'第二帝政'时代的整个法国社会"，"在《鲁共·马加尔》中，十八世纪后半叶的法国社会环境得到了一个明了的、广泛的、完全的表现"，和巴尔札克一样地表现了法国的历史。在外表上，在形式上看来，是如此的。在内容上，在实质上，这个结论是不真实的，不正确的。

是的，左拉写了法国资产阶级社会的许多生活现象，可是左拉只给了一幅幅的图画，一张张的照相，如此而已。这个社会更深的内在的基础、本质、因素，是没有的。至于说到整个的历史，它的行程和动态，这些图画整个的所表现的东西，如果按照左拉的眼光来着色，那就还是一幅错误的图画。

事实上，在生活的田野里，弗罗贝尔是一个修道的隐士，他远离污浊的尘世，坐在象牙之塔里观看这个田野的风景，并且描画一幅幅的风景。左拉则是一个匆忙的记者，他坐着快班的邮车，这里看看，那里走走，到处地照相、记录，他给了我们不少的照片和游记。至于真实的两只脚踏在地上，站在这个田野里面，手里拿把锄头，把这个田野从根本的底层起，到外面的花草止，一起都翻露出来，仔细地看看在这块土地里有些什么土壤，含些什么成份，它可以有什么样的发展，好种一些什么种子，这样的一个人就是巴尔札克。也只有这样，巴尔札克所写下的一切，方才能够成为法国社会、政治、经济的真实的历史。

四

新现实主义的文学要求表现现实，可是，决不能像弗罗贝尔、左拉那样地表现现实。

弗罗贝尔和左拉的"现实主义"，虽然外表上是写实的，而且以科学的客观自命，可是它只是照相机似的写实，不能表现人和社会的本质，现实社会发展的道路和动向，只能描写一些现实表面的现象乃至于假象，铺张生活细节的枝叶，以现实的外形代替现实的本体。在实质上，这个"现实主义"反艺术的概括性，反人物的典型性，反诗的想象性，这是一种假"科学"的庸俗的现实主义。

决不是偶然的，恩格斯宣称："巴尔札克——我认为他比过去、现在、未来的一切左拉都要伟大得多，他是伟大的现实主义的艺术家。"

巴尔札克的现实主义、旧现实主义，有给社会主义的现实主义、新现实主义作家批判地学习和参考的地方。巴尔札克的现实主义要求越过表象，认识事物的本体，把握本质，分析事物的因素，追求它的原因，再综合地具现出来；这样的创作过程，包含着客观的辩证的思维，包含着"有远见与勇气去发见萌芽"的素质。布尔乔亚世纪的巴尔札克，他的创作方法不是澈底科学的、完全正确的，而且有不可免的阶层的烙印、历史的限制以及时代的错误；但是，他给我们作了一个深入现实、浮雕现实的例子。

新现实主义的创作过程，是作家的理知和情感深深透入现实本质的一个运动的过程，更应该说是一个战斗的过程。这个过程是有机的，包含着思维和情感的综合的运动，在这个运动中，这二者是密切联系着，互相渗透着，融合着的。这也是为什么新现实主义必须结合革命的浪漫主义的原因。不过，这个运动和战斗的中心目标是透过事物的现象，具体地把握本质，再由这些复合的本质的关联中概括事物的形象，衡定它的发展，所以革命的现实主义要求典型性的艺术，要求"典型环境中的典型人物"的规范。

人类的思维和认识要想毫无遗漏地把握一切事物底一切本质和非本质的形态、属性，主要的和次要的条件、因素，把握现实中一切事物底相互间联系的错综关系、运动和发展，这是不可能的。不过，分别事物的本质的和非本质的形态、属性，主要的和次要的条件、因素，从事物底复杂错综的关系和矛盾中，发现事物的运动的一般性质和发展的方向，这是可能的。所以，我们可以对于社会中同一阶层的某一种人物，扬弃他们各人分别具有的个别的特征，抽取他们共同具有的性质，求得这一种人物共同的普遍本质；同时，我们可以对这一种人物中的某一个人物，屏除或是降低他性格中一部分形态，扩大或是提高另一部分属性，完成一个活生生的个体，一个特殊的形象；这样，通过这个个体的特殊的形象在某一特定的社会环境社会关系中的生命活动，把他同一种类的人物的共同的普遍的本质具体地表现出来，塑造一个典型性的人物。这样生活在一定的典型环境中的典型人物，他的形象是有机的综合的概括，他的内容是社会关系的总和的反映，它的范围愈广，它的生命就愈丰富，它的发掘愈深，它的形象就愈真实。

巴尔札克的贪婪的老葛郎代，就是这样创作出来的一个典型，在左拉或者弗罗贝尔的作品里，就不能找到一个类似的人物。左拉《萌芽》里的埃第勒是酒精中毒的遗传的奴隶，弗罗贝尔的波华利夫人则是情欲的俘虏。他们没有阶层的本质和社会的属性，是抽象的自然因素的人。现实主义者从社会关系中去认识人和事物，自然主义者从自然状态中去理解人和事物。

在创作上，自然主义者不能区分事物的表象和本质。他们只和事物的繁多错综的表象接触，不全面地考察全部现象的总体，它们的相互关联和发展，区别本质的和非本质的，主要的和次要的，进一步把握事物的本体；他们只停留在表象的繁琐的个别事物的搜集上，把片面的、散乱的，带有主观错误的东西和本质的主要的东西混杂在一起，并且把它们看做是不动的，没有有机关联和矛盾的东西，形式地一个个排列堆集起来，然后就把这样一个表面化了的平面的人物的世界，细腻地枝枝叶叶地描写起来，这就是自然主义的人物的创造和现实的表现。

通常自然主义者以客观地表现事物自称，宣称他们的作品是没有结论的，可是这是不真实的。自然主义者是有结论的，不过那不是深刻地研究现实，通过事物的矛盾的发展得出的结论，而是根据表象的肤浅的观察得出的一个主观的经验的观念，然后用表象的现象来证明这一个观念。

自然主义者都是经验论者。经验论者无力把握事物的本质，理解事物的发展，无力正确地认识事物，以至正确地认识新的萌芽。所以不是偶然的，我们在自然主义者的作品里找不出一个"典型环境中的典型人物",看不出历史和社会的必然的动向。

在这一意义上,新现实主义的艺术是和自然主义无缘的。自然,我们并不否认左拉、弗罗贝尔的作品有某种程度上的暴露意义和艺术价值,而且应该肯定左拉"挑选最迫在目前的材料来做描写的对象",在小说里描写现代的巨大的经济机体以及它们对于人的性格和命运的影响,并且描写工人阶层的力量和成长,这一个"勇敢的决定"的功绩和意义。

新现实主义者要从巴尔札克以及别的旧现实主义作家接受遗产,学习他们创作"典型环境中的典型人物"和表现现实的方法,但是,我们也不能忘记巴尔札克的现实主义是资产阶级的现实主义,他自己还是一个保王主义者。正如何其芳先生所说的,旧现实主义者受有阶层意识的限制,写不出来下层人民中的英雄;受有思想认识的限制,不能指导读者如何去改造现实,并且在创作上,多少存在着缺陷,还不能充分地、完满地完成"正确地表现出典型环境中的典型性格"的规范。所以巴尔札克和他的现实主义,对于我们只是一个例子、一个说明;巴尔札克不是一个神,不能把他弄成一种拜物教。

我们之所以拿巴尔札克和左拉来作对立的比较,这是因为现实主义和自然主义艺术的不同,几乎是典型地表现在他们两个人的作品里面,并不是说巴尔札克比任何作家都更伟大。我们之所以在今天提出巴尔札克和左拉的问题,其目的在阐明现实主义艺术的本质,创作新现实主义的作品,并不是要去仿效旧现实主义;其目的在努力完成革命文学的战斗任务,不是回避现实中的战斗;其目的在创造新的革命文学,不是使旧思想旧情绪旧文学的幽灵重新起来行走。

新现实主义首先要求人民的阶级立场和辩证的唯物论的思想。

新现实主义的创作方法应该是马克思列宁的思想方法在文学创作上的表现。

有些作家不能接受新现实主义，是因为在根柢上，在他的思想和生活上，有和人民的阶级立场不一致的东西，有旧的政治社会观念的遗留，有强烈的个人主义的因素存在，还想过寄生在别人身上或者骑在别人头上的生活，这阻止着他为人民献身，和人民结合，同时也阻止他正视现实，认识现实，表现现实。

有些作家采取了人民的阶级立场，可是没有获得辩证的唯物论的思想，这也不能完成新现实主义。常常我们看到一种说法，例如"某某作家在作品里描写的是现实的生活，所以这是新现实主义的作品"。这种说法有很大的不正确性。考察评论一桩工作或是作品，不仅要看它的动机，同时还要看它的效果，不仅看它的外表，还要看它的内容，效果和内容是实际行动的表现，产生实际的影响，这是更重要的。所以一篇作品，不仅要看它描写的是否是现实的生活，还要看这现实的生活是怎样描写的，是否真的描写出了现实。只有获得辩证的唯物论的思想才能正确地认识现实，深入现实，才有可能充分地"正确地表现出典型环境中的典型性格"，真的描写出现实以及它的发展。真的描写出现实以及它的发展的作品，是能指示"出路"，指导读者如何去改造现实的。并且，这个指示决不应该是一个空洞的观念，一个公式的结论，一个光明的尾巴，必须是由血肉的现实具体表现出来的一个必然的结果。恩格斯所说的"作者的意见越是隐藏，对于作品也就越发好"的意义就在这里。

旧现实主义者在他的限制里面完成了"正确地表现典型环境中的典型人物"的规范，不过他们只能够不自觉地、不充分地运用唯物论的方法。只有精通科学的辩证法唯物论的新现实主义者，才能更澈底地更深刻地了解社会发展的内部矛盾和本质,"才能够真正澈底地充分地'揭穿一切种种假面具',才能够最深刻地最切实地了解到社会发展的遥远的前途"(瞿秋白:《马克思恩格斯和文学上的现实主义》)。

列宁在《谈谈辩证法问题》(见《论马克思恩格斯及马克思主义》)里写到思想上的认识问题:

> 人类认识过程并不是一条直线(respective[1]不是循着一条直线进行),而是一条曲线,酷似一串环圈,一个螺旋,其中每一断片,每一碎片,每一小段,都能变成(片面地变成)一条独立完整的直线,能把人们(如果只看见树而看不见林的话)引到泥潭里去,引到僧侣主义[2]思想上去(这里,统治阶级底阶级利益就会把它"巩固"起来)。直线性与片面性,死板性与僵化,主观主义与主观盲目病,voila[3]唯心主义底认识论上的根源。僧侣主义(亦即哲学唯心主义)当然有其"认识论上的"根源;它并不是没有根基的,它确实是一朵"不结果的花",但这一朵不结果的花却是在生动的、结果的、真正的、强大的、全能的、客观的、绝对的人类认识这株活的树木上生长着的。

列宁这里说的思想上的问题,在创作上也有同样的意义。如果作家只是运用肤浅的直线的片面的思维方法,就会被概念所俘虏,被现象所迷惑,分不清现象和本质,就会铺张表面的繁琐的生活枝

---

[1] respective,亦即。
[2] 列宁就在这篇文章里说过:"唯心主义就是僧侣主义。"
[3] voila,这就是。

叶，来代替本质的现实。同时，也会把科学理论上的原理，脱离现实的基础，纯抽象地应用在作品里面，成了干枯的公式教条。所以这两种现象常常会结合表现在同一个作品里面，尤其当作家没有真正地深入生活，全身心地和人民结合，参加战斗，仅仅只是以一个"作家"的身份旁观现实，用"观察—收集分配材料—描写"的方法来写作的时候。

这样的作品，虽然写的是现实的题材，有革命的主题，阶级分明的人物，可是它仅仅止于表面的现实，没有血肉的生命，妨害真正地深入现实，表现现实，形成了创作上的一种新自然主义的倾向。

这样的倾向，这样的现实主义的方法，"对于作家倒是方便的，而对于他们的创作却未见得有益"（拉发格）。

五

像这样一种创作态度和方法，在战斗实践里，有更严重的影响。

因为这样的现实主义仅仅止于鞭挞表面的现象或者剥露琐细的事象，描写图式的人物，不能深入现实的内部，掘出旧社会腐烂的根和丑恶的本相，给与致命的打击，没有力量创造有血有肉的生命，表现现实，深刻动人。现实主义是战斗的，可是这样的现实主义削弱了战斗的力量。

这个倾向的影响，今天不但在创作上表现着，就是在理论上也表现着的。

我们不仅看到无视恩格斯关于巴尔札克和左拉的原则性的提示，宣称弗罗贝尔和左拉的"现实主义"比巴尔札克还要高级的说法，我们还看到有人写着：师承自然主义是无可厚非的，左拉和巴尔札克无分轩轾。就在这种说法被指出不能成立之后，还有人用一种第三者的"客观"的姿态说道："这是一个文学史上的论争。"

这样，今天不但有人对文学创作实践上的重要问题没有认识，不能区分文学创作方法上现实主义和自然主义的差异，不了解这个问题的意义；甚至有人在明了了这个差异之后，还故意地对这个问题闭上眼睛，还希图用"时代"和"历史"做护符，掩护自然主义倾向的存在，避开这个问题。

这是人民的作家创作实践上的问题，人民的作家要在创作的领域完成他的战斗任务，这样讳疾忌医的倾向和态度，是有害的。

"自然主义"的创作倾向，对于为人民战斗，从事严肃的创作，有创造伟大作品的才能的作家，是一个大的雾障，因为它引导作家从开始就走上了歧途，不能达到他的战斗目标和成果。

现实主义要求作家透过事物的表象把握本质，创造"典型环境中的典型人物"，因为不这样就不能够表现真实的现实。一个作家如果只是客观地把观察到的许多表面的生活事象如实地描写出来，没有深入到社会的内部，追求它的本质，再通过人的典型来表现它；这样，在作品里，不论作家多么忠实于写实，也只能写些人物的小动作，像怎样喝茶、抽烟、走路、佯笑、谈话、用手腕、施心计……，并且这些小动作也只能表现生活表象或是人物外貌，没有更深更广的内容。这样的人物不论多么真切，都只是一些模糊的影子，小说只是各种生活场面的拼凑，表面事象的铺张，一幅幅事件画的汇集。小说尽管是"真实"的，可是没有现实社会血肉的"真实"，发生不出巨大的力量。

虽然，作家可能"并不是仅'铺张偶然的情节现象来代替本质'，倒是企图'集中地、有意识地把握要害或本质'的"。但是，当作家所企图集中地、有意识地把握的"要害或本质"本身，只是一些偶然的情节或现象，或者只表现成偶然的生活中的现象的时候；在这里，在作家的创作方法上，就有可以商讨的地方在。

这里所谓"创作方法"的含义，决不是说什么创作的手法或者技巧。我们不是"唯方法论"者。在战斗实践上，在创作实践上，并不是有了"方法"就有了一切。仅仅是"方法"的研究，不但是无用的，而且也是无意义的。在文学上的"创作方法"，这意义包含着对于社会本质的认识，对于现实生活的态度，以及对于艺术创作的表现，这些整个的创作实践上的课题。

如果我们以为今天没有创作方法上的问题，现实主义素质和自然主义倾向的问题，仿佛只要作品里写的是现实的生活和人物，有了革命的主题和出路，这就完成了新现实主义的作品。这是把新现实主义文学的规范和任务形式化，也就是空洞化、贫乏化了的说法。

如果我们以为这是客观现实的结果，只要作者加以主观精神和心理的绘画，问题就解决了。可是，如果不能深入现实，把握本质，用主观的精神琐事的描写来代替客观的生活琐事的描写，同样是非现实主义的，甚至更远离了现实。有些唯主观的作品已经给我们作了说明。

新现实主义要求表现现实，变革现实。如果仅仅是生活的表象画、事件的静物画，不能把握、表现现实的本体，又如何能达到变革现实的目的？如果作者不以生活的表象画为满足，就必须面对思想、生活、创作上的课题，逐一地予以实践。作者如果不能澈底地解决这些问题，仍然以智识分子的形式了解、旁观生活，用"观察—收集分配材料—描写"的方法写作，就必然要发生"自然主义"的倾向。

高尔基在《和青年们谈话》里写着："我不是自然主义者；我赞成文学站在现实之上，多少从上而下来俯视现实，因为文学的任务，不仅仅是在于现实的反映；同时还必须不是一味描写现存的事物，而是联想希望的事物和可能的事物。必须把现象典型化。采取虽然细小而是特征的事物，制造大的典型的事物——这是文学的任务。我们拿优越的作品来看，就是十九世纪也不要紧，我们会看见它们是在尽着这样的任务，而且巴尔札克那样大作家，是很完美地尽了这种任务的。可是我们许多文学者，虽然开口闭口讲巴尔札克，其实十分理解他的人并不多。"

怎样从人民的立场，从科学理论的观点，"站在现实之上，俯视现实"，"把现象典型化"，把现实提高到诗，完成文学的任务呢？这是一个从认识到生活到创作的课题。当我们解答了这个课题之后，我们才能够创造伟大的新现实主义作品。

革命在前进，人民的作家在前进。在不断的革新、学习、工作里，人民的作家正在完成新现实主义文学的任务，并且一定会完成他的任务。

一九四九年三月

"出神入化"之类
——三谈突破自然主义

自然主义者用事物的表象代替本质，拿生活和人的枝叶当做真实的本体，没有力量表现典型的人物和典型的环境，没有力量表现现实。这样的创作方法阻碍作家向现实和人深入，完成现实主义的艺术。

不过，有人觉得自然主义的作品至少还有一点好处，那就是它的"出神入化"的文字。例如说："自然主义固然要'突破'，但不是根绝，自然主义的好处是井然不紊和出神入化的叙述。"至少，在有些人看来，"师承"自然主义的这一点"遗风"是没有问题的。

是的，就文字或技巧本身来说，这是没有问题的。但是，文学作品的文字或技巧，并不是独立的存在。独立存在的文字或技巧，根本没有任何意义，既无所谓好，也无所谓坏。文字或技巧只是用来表现一定的内容，包含着一定的内容而表现的时候，方才有好和坏，有拙劣不堪或出神入化之类。

自然主义的文字或技巧，是用来表现自然主义的表象世界的。这种文字技巧的"井然不紊和出神入化"，是表象的表现，不是深刻的艺术。

通常我们读过巴尔札克的作品，总觉得他的文字散乱、粗糙，还常常好发议论，令人觉得累坠而且沉闷，不及弗罗贝尔和左拉那样清清楚楚，描写生动。这自然是巴尔札克文字上的缺点和弗罗贝尔、左拉文字上的优点。可是同时，我们不应该忘记，巴尔札克底表现现实主义的文学内容的文字，就在这文字的沉闷累坠里面，也含有他的现实主义的精神的。拉发格就这样在《左拉的〈金钱〉》里写道：

> 巴尔札克到处都发议论，关于一切都要发议论。他有时候甚至于过分地利用这种议论，使得自己的作品充满着许许多多的论断，以至于太累坠。他是深刻的思想家，他把自己的智识和丰富的思想给他的"英雄"。他的小说《鲛皮》，甚至于还不是他的最好的作品之中的一部，就包含着新闻记者、政治家、艺术家和贵妇人之间的无数的谈话。这些谈话之中，他说出了关于社会、风尚、政治的许多深刻的思想，比我们在最近的整个出版界里所能够找到的还要多些。而左拉通常总是很少发议论的。
>
> 发议论——是人的特点和他的精神上的快乐。不发议论的作家——只是个手艺匠。自然主义在文学里等于图画里的印象主义，禁止推论和综合。照这种理论，作家应当做一个完全不参加的旁观者。他只应当接受印象而表现它，而不要超出这个任务的范围，他不应当分析现象和事变的原因，他不应当预言事变的影响。艺术家的理想——就是做照相机的干片。

所以，在巴尔札克的散乱里，包含着综合性的叙述，在他的粗糙里，有表露本质、雕塑典型的刀痕。而在表现着自然主义的内容的左拉的作品里，他的清清楚楚，是平面的表象的观察的结果，他的描写生动，则是粉饰这些表象的虚假的外貌。

自然主义的作品里人物的描写，有些是栩栩如生的，像弗罗贝尔的波华利夫人，可是这些人物常常只是某种自然欲望的俘虏，这样的栩栩如生只用来表现观念中的自然的人，不能表现深刻的社会根蒂和内容，只有一个社会的外形，没有真实的本质，这样人物外貌上的栩栩如生，并没有什么意义。

自然主义的作品里场面的描写，也有些是十分逼真的，像左拉《萌芽》里工人生活穷困的场面，工人工作艰苦的场面，工人罢工期中忍受饥饿的场面，个别地看起来，这些场面十分的成功，可是这些场面结合起来所表现的内容是一个观念的主题——劳资两个力量的冲突——不是一个社会的斗争——工人阶级和资本家的斗争——所以只表现了外形，而没有表现出本质。这样的场面的成功，只有个别的部分的意义；在全体的意义上，这不可避免地属于作品失败的一环。

自然主义的作品里看不到典型的人物，却充满各色各样的生活场面的描写。这是因为自然主义所写的繁琐的生活事物，只是社会表面的现象，没有具现本质的力量。这些事物或事件之间也没有有机的联系，它们在实际上几乎是独立的各个的存在。所以最适合的方法，就是把它们分成许多片断的场面，个别地加以描写，而人物就用来当做一根线索，串连起这一些不相关连的事象，论证一个观念的命题。在这样的作品里，人物只是一个附属的因素，事物是作品的中心，整个的作品是许多不同的事件画、生活画、人像画，一幅幅地排列在一起的结果，整个的艺术生命分解成了许多片段。

英国马克思主义作家福克斯在《小说与民众》里就这样写着：

人的个性，已经和"英雄"一道从现代小说中消灭。杀尽英雄的过程，在十九世纪小说的发展中是难免的。写实主义的衰落强迫着它。弗罗贝尔在写他的《波华利夫人》的时候，他的兴趣还是集中在女人身上的，虽则他的创作方法，使他花费了和刻划艾玛的个性一样多的精力在描绘一幅完整的诺曼省的风俗画上。可是 E. 龚古尔却已决定要写关于剧场、医院，以及卖淫的小说，却不愿接触到人。左拉继续写着关于战争、金钱、卖淫、巴黎市场，以及酒精中毒的小说。

这种片断性的事物的文学，正反映着在资本主义社会里人受事物支配的生活状态和精神状态。左拉还是在初期的时代，所以在作品里人仅仅被事物淹没了，作品也只是开始片断化。到了二十世纪，人就全被事物吞噬下去，产生了种种"破碎的艺术"。像 J. 乔逸斯的小说《尤里西斯》，像未来派踏踏派的绘画，像各种现代骚音的音乐。

但是在现实主义的作品里，人是作品的中心。因为在现实里，人是生活的中心。没有人，一切的事物都没有意义。人用劳动创造物，世界，文化，诗。所以恩格斯给现实主义的中心规范是"典型环境中的典型人物"，不是典型事物。

在作品的表现上，人物和人物的命运有中心的意义，这是从荷马的史诗起就如此的。《伊里亚德》用阿琪里斯和阿加美农的斗气做中心的纠结，表现希腊和特罗的战争。《尤里西斯》的中心是尤里西斯的遇险飘流的命运。只有人和人的命运对于人是亲切的，为人所喜爱的。在这样的作品里一切都有机地通过人和人的命运表现出来，溶合成一个整体，一幅整个的和谐的图画。艺术的单纯是这样完成的，这是完整的艺术。

旧现实主义的诗的画幅，无论是法国的巴尔札克，或是俄国的果戈里，都是在这个原则之下展开的。新现实主义要求更加强这个原则。

只有通过人的表现，事和物的表现才能获得生命。深入现实，深入人的性格的艺术发生的感动力，不是罗列生活表象，用事物做中心的作品所能获得的。可是，为了想动人，怎么办呢？只好给那些僵直的、冰冷的事物穿红着绿、涂脂抹粉——"描写"了。

有人以为"出神入化的叙述"是自然主义的好处。其实，自然主义的"叙述"并不出神入化。自然主义"出神入化"的东西是"描写"，不是"叙述"。叙述是综合性的表现，没有充足的生活的储藏和认识，不能作综合的叙述。描写是片断性的表现，作者只要匆匆一眼，或者甚至连一眼都用不着，就可以大描写而特描写起来，而且可以做到"井然不紊，出神入化"。

可是，脱离了表现本质的"描写"（或"叙述"），不管它多么的"出神入化"，这只是一种表象的艺术，顶好顶好也只能尽到"照相机"的作用，更常常地并没有表现出现实，反而歪曲了现实。像弗罗贝尔《波华利夫人》里的"出神入化"的描写是琐细的、平铺直叙的，描画事件和人物外表的；左拉《萌芽》里的"出神入化"的描写是肤浅的、堆砌的，扩大表面事象的；都不是深入地、错综概括地、压缩地、具体地浮雕人物的典型性格的艺术。

这就是自然主义的"出神入化"。

巴尔札克式的累坠沉闷，尽管含有他的现实主义的精神，我们也反对的。新现实主义要求更深刻的表现，也要求更生动明快的表现，要求传真传神的艺术，但是，决不是弗罗贝尔式的或左拉式的"出神入化"。

自然主义的"出神入化"之类，实际上包含着表象性、片断性，衰落的艺术的僵硬的素质。这种素质和深广的、完整的、新生命的人民艺术是无缘的。"自然主义"必须根绝。突破"自然主义"的新现实主义者，在越过它的方法阵线之后，也需要突破这个自然主义最后的"出神入化"的堡垒，创造丰富现实血肉的新艺术。

一九四九年三月

释"自然主义"

在文学上，我们常用"现实主义"这个名词，可是，什么叫做现实主义？它的内容是什么？

恩格斯在《给哈克纳斯女士的信》里，就写下现实主义的定义。现实主义是表现现实的文学，它要求的是"除开详细情节的真实性以外，还要表现典型的环境之中的典型的性格"。它要能"见到"旧的必然没落的命运和代之而起的"真正的将来人物"，而且要能"写出"这一切。

这样的现实主义，它要求作者面临现实，并且深入现实，它包含着"有远见与勇气去发见萌芽，集中地有意识地抓住本质"的素质。恩格斯在《给哈克纳斯女士的信》里，举了巴尔札克的作品做现实主义的例子，还举了另外一个作者来和巴尔札克对照，那就是自然主义的左拉。因为自然主义创作的素质是观念的思维，客观现实并且浮化现实，铺张生活细节的枝叶来代替社会现实的本质；表面上和现实主义很相似，实质上是很不同的一种创作。

我们今天有些作者在创作上的缺点，有和左拉的作品类似的情形，表现着"自然主义"的倾向。

可是，"自然主义"这个名词引起很多的疑问。

例如说：自然主义把自然的因素看成历史现实底根源，今天的作者却自以为是站在历史唯物主义的立场上面，肯定而且反映历史现实底必然规律的,所以这不是自然主义,而是客观主义。

是的,"把自然的因素看成历史现实底根源",这是自然主义的思想内容,这个思想内容的本质是观念论。可是,"自以为是站在历史唯物主义的立场上面,肯定而且反映历史现实底必然规律的"今天的作者,如果在运用历史唯物主义去肯定而且反映历史现实底必然规律的时候,"不把它当做研究历史(或现实[1])的指导的线索,而把它当做现成的滥调,就这么勉强地去凑合历史(或现实[2])上的事实",就要发生唯物论的思想内容"变成了它的反面了"(恩格斯:《给爱伦斯堡的信》)。这样的"变成了它的反面"的思想内容,它的本质也是观念论的。所以思想观点上的客观主义者并不妨碍他做文学创作上的自然主义者。而文学创作上的自然主义者,在生活态度创作态度上,必然地是客观主义者。

再例如说:自然主义是个历史名词,左拉是自然主义者,他主张的是生物社会学、自然遗传论,今天的作者没有人再有这种思想,所以不是自然主义。

这个论点拿作者的思想内容代替了创作内容。要是按照这样的论点推论起来,就要得到:现实主义也是个历史的名词,巴尔扎克是现实主义者,可是他主张的是保王主义的思想,今天的作者谁也没有这种思想,所以今天的文学也不能叫做现实主义。——十分明白,这是一个纯形式逻辑的结论。

是的,"自然主义"是个历史名词。但是,当它作为一个文学名词而使用的时候,它概括的是作品的创作内容和艺术素质。凡是左

---

[1] "或现实"三字为吕荧附加。
[2] "或现实"三字为吕荧附加。

拉以前的、同时的、以后的作者，他们的作品的创作内容、艺术素质，跟左拉类似的，都可以称为"自然主义"，不一定非讲生活学或遗传论不可。正是在这个意义上，恩格斯不仅提出左拉的艺术和巴尔札克对照，他提出"过去的、现在的、未来的一切左拉"。正是在同样的意义上，我们称巴尔札克以前的、同时的、以后的许多作者叫"现实主义"作者。

再例如说：今天被称为"自然主义"倾向的作者，有的恐怕还未必读过左拉的作品，更不一定去"师承"他的方法，所以并不是什么"自然主义"，而是一种在中国社会里此时此地产生的一种倾向。

是的，这是在中国社会里此时此地产生的一种倾向。这是一点不错的。但是，这个倾向叫做什么倾向？总得给它个名字。名字本身并不重要，重要的是由它来总括这个倾向的具体内容，我们好认识未来发展的方向和道路。

"自然主义"作者概括这样的创作倾向的一个名词，并不是第一次使用，苏联的作者早就用过这个名词。高尔基就常常在他的论文里提到"自然主义"。

"自然主义"概括作者艺术创作上全部问题的内容，并且指出带有这样缺点的文学倾向的根本的所在。

自然主义（左拉只是一个例子）的阶级本质是小资产阶级，它的思想内容是观念论，它的生活态度是客观主义，它的创作方法是自然主义。今天小资产阶级出身的作者，虽然采取了人民的政治立场，为革命写作，如果在这几方面没有能突破旧的限制——在思想内容上只是用唯物史观"勉强地去凑合历史或现实上的事实"，而不是用它做深刻研究认识历史或现实的"指导的线索"，就会出现观念论的东西；在生活态度上不是深入现实，全身心和人民结合，以人民的生死哀乐为自己的生死哀乐，而采取冷冷的客观的态度，就会产生新的客观主义；在创作方法上不深入现实，把握本质，表现典型的环境中的典型的人物，而用生活表象代替现实本质，铺张事物的枝叶来拼凑理论教条，就会产生新的自然主义；这样的作品实际上或多或少地重复了左拉的创作道路。所以，作者并不一定读过左拉，或是意识地去"师承"左拉，也可能发生"自然主义"的创作倾向。而这样的作者一旦碰到左拉的作品，一定会衷心地倾服，赞扬他的"匠心独运""出神入化"的艺术，宣称巴尔扎克还不如他，至少也和巴尔扎克"几乎是无分轩轾的"，"师承"他无可厚非，等等。

马克思恩格斯在他们的著作里所赞赏爱好的作者，像荷马、但丁、莎士比亚、巴尔扎克……都是具有"把握本质""发现萌芽"的艺术素质的作者，这不是偶然的巧合，这是现实主义艺术素质的具体说明。而今天违反恩格斯的理论，赞扬弗罗贝尔、左拉的作者，在作品里也用表象代替本质，铺张生活细节的枝叶来代替典型的社会现实和人物，这也不是偶然的现象或者巧合，它也是一个具体的说明。说明在这两方面有相通的东西和类似的素质存在，也说明这种倾向的实质是"自然主义"的。

但是这个"自然主义"的倾向，和左拉的自然主义不同。今天的作者的政治立场不同，文学观点不同，工作意义不同。左拉为个人写作，今天的作者为人民战斗。所以今天所说的"自然主义"，不是说什么思想上的流派，而是说文学上的一种"创作倾向"。

如果听到"自然主义"，就以为这应该说的是一种带有生物社会学之类的思想流派的文学作品。这是因为左拉对于我们的印象太深而巴尔札克太浅；同时，我们习惯于资产阶级文学书上"自然主义"这个名词的含义，对于自然主义生物社会学的思想本质没有辩明，对于文学创作上的自然主义特质没有理解的原故。

如果说，即使说是"自然主义"罢，它不是反映出若干的真实，起了若干战斗作用么？是的，这是应该肯定的，今天的作者无论在政治战斗上，在文学创作上，都有了相当的劳绩和贡献。就是说左拉，他的作品也起了暴露资本主义社会丑恶黑暗的作用。不过，反映出若干的真实，这是"自然主义"的范畴，表现出典型的现实，这是"现实主义"的范畴。我们不仅止于起了若干战斗作用，而是要澈底地摧毁旧世界，完成革命文学的任务。

"自然主义"倾向就是不能澈底完成这个任务的，而公式主义主观主义也不能够。所以我们需要突破这些倾向，需要从思想，到生活，到创作再向前进，把握现实主义的艺术素质和方法，创造新的人民的文学。这是我们今天的课题。

一九四九年三月

三

二

诗与真
——贵阳《时代周报》闻一多先生诗辑小引

血腥和黑暗笼罩着中国。

在李公朴先生之后,闻一多先生又死在恶势力嗾使的暴徒的枪下了。

每一个有正义有思想的人,没有不为这一血案所震撼,不感到深深的愤怒和悲痛的。

闻一多先生本是一个诗人,他的诗,是一个默默的诗人底诗;像《死水》《也许》,诗的情愫在精织的词句里蕴含着,然而也为形式的完整的追求所离解,形式的美的构图所束缚;像《太阳吟》是热切的,但这是斯文的热切,感伤节制了它,使它是温和的、徐缓的,不是奔放的、灼人似的炽烈。像《洗衣歌》有感人的诚挚,质朴的风格,不过意象的境界比较狭仄,也比较弱,没有向原野展开,向天空展开,向人间罪恶深渊的底层跃进。

作为一个诗人,闻一多先生虽是默默的,几乎是文弱的,然而,闻一多先生是一个真挚的诗人,他爱诗,他爱人,他爱美和真。在诗里闻一多先生写着他以真和爱与现实人间的接触:像《太阳吟》里有他的感叹和理想——"我的家乡不在地下乃在天上",《死水》里有对丑恶的现实的愤愤,虽然那只是"诗的"愤愤,在《洗衣歌》里则有他的控诉,而且这是下了决心的控诉:

> 我洗得净悲哀的湿手帕,
> 我洗得白罪恶的黑汗衣,
> 贪心的油腻和欲火的灰,
> 你们家里的一切脏东西,
> 交给我洗,交给我洗。

作为一个真挚的诗人,闻一多先生无法眼看着广大的人民这样的痛苦、贫困,眼看着自己的国家这样的腐败、堕落、黑暗,而不站出来说一句话,他不能再束着手站在一旁;他开始爱人民的诗人艾青和田间的诗,他站在人民的一边,他要"洗",洗净一切人间的悲哀和现实的罪恶。

于是闻一多先生作为一个民主运动者,一个勇敢的与黑暗势力搏斗的战士,挺身站了出来。

闻一多先生被刺死了,被谋杀了,然而战士的血是不会白流的。

诗是真的化身。在闻一多先生的诗里,我们能够看到战士底灵魂诗的一面,我们敬礼这个灵魂。

一九四六年八月

"诗"与现实

病中，看了几本旧杂志。其中有一本上面载着英国小说家吉辛（George Gissing）的《李克罗夫特手记》（*The Private Papers of Henry Ryecroft*）的第三部，《秋》。

吉辛是一个"诗人"，他写下悠闲的诗。

秋天，住在乡下，在花园里享受秋的可爱和说不出的安静，有时忙忙"柳叶蒲公英"，有时看黄昏的晚霞，叹息永远不能再读的，在记忆中留下芳香的书。有时听着打在园中安静的叶上的雨声，在宁静的沉思中，读远方的朋友用"安静满意的情调"写的信，感慨人生希望的丧失。小病了，躺在床上，观看天空，研究云彩，觉悟人生的智慧。

是些什么样的智慧呵：修道者的生活是庄严的，"珍贵"的。宇宙是神秘的，人类"什么也不知道"。人类思想的一切努力，都只不过是一场空梦，它只"证明我们的无知"，我们所称为不可知的，永远是不可知的。科学的唯理主义的幸福时代不能信靠，因为"痛苦和悲哀是玄学的大师"，而人类有永远渴望的灵魂。"一种宗教过去，另一种宗教当然要发生。"

"死"，这不但是安息，这是生活的苦恼和恐惧过去了，到了"幸福的路途"；而且，"像死亡的尊严是没有的"，死了的人，他们得到了"生活着的人的最高要求"。

所以生，这是"为了演大自然分派给我们的角色"。人的生存和马、葡萄树的生存完全一样，人在宇宙组织中是居于附属地位的。人生的最高智慧是希腊没落时代的画廊派哲学（Stoicism）："人无论命运如何，不仅要接受它，认它是无可避免就算了，却也要欢乐地、赞颂地接受。""记住，只有有理性的生物才可以乐意而且自由地屈服"。"想想人的生活怎样只是时间的一瞬，所以温顺而且满意地离去罢"；这些字歌唱着，于是"人生被一种温柔的光辉照耀着"了。

带着这样"最高智慧"的人，他看到庄稼人的健壮，很羡慕。并且感到，劳心的人不能保持身体的健康，这是因为生活的压迫，"必须在不断的赤贫的威吓之下劳作"的原故。然而，"让他怀着感谢继续度日罢"。

这一切都阔达高超，风雅得很。可是，这是当这智慧隐藏在空虚的哲学背后说法的时候。一旦这智慧和真实的世界接触，立刻就现出了另一副面目。

这位哲学家是作家，于是自然而然地也写到了作家的事。他感慨当时青年作家生活的舒适，在他看来，挨饿对于作家要更好一些。因为什么呢？因为据他自己的经验，在饿中（可是也只有那么一次）可以看到特别不同的好风景，写好文章，而且可以听到所得到的金钱响起来的一种"愉快的"声音！

这副面目已经不甚风雅了，而更不风雅的是——

这位哲学家宣布他穷过，甚至于有过没有吃饭的钱的日子，他也知道对财富特权的反抗；可是，他对穷人没有希望。因为："穷人我是知道的，我也知道他们的目的不是我的目的。和他们联合反对'上层社会'，会成为不诚实或简单的绝望罢了。""他们心里所想望的，我认为无趣；我所渴望的，他们永远不了解。"于是，当谈到乡村生活的时候，他就老老实实地说出："我们现代的乡下人心理的最坏的一点，不是它的无知和粗俗，却是他的反抗的不满。"并且为了"诗"的原故，他忧虑机械化时代乡村生活的到来，将要使旧日乡村的风趣、旧日的民歌、传奇和神话消失。

"风雅的诗趣"——是这一番理论的冠冕。可是，在这样"风雅"的诗趣论之后，这位"诗人"用了这样婉转的声音劝他的主子们道："佯装看不见乡村生活的艰苦和沉闷的方面是没有用的；倒是要不断提到这种地方，以便使有田地和从田地获利的人，对于使田地生产的人们的生活，可以不断地关心。这样的关心，或者可以多少抵制时代的无情趋势。"

这可以说，才是这一番智慧与哲学真正的中心，而且这位"诗人"的另一副面目，已经是很清楚了。尽管"诗人"努力想使书页发出香味，用轻柔平静的声音，以悠然的安宁，以乐观的温顺，以由此而得的安乐、幸福、智慧，来装饰他的文字。可是，看了这一副面目之后，令人觉得这不仅没有一点香气，简直竟有一点冷血的死尸的恶臭的气味。

这气味不仅是在吉辛一个人身上可以闻到，其实，所有的被资产阶级意识毒害了的近代人的心灵和思想里，都存在着。这也说明着一切现代追求超现实的艺术，讲究风格、诗趣的文人雅士的心灵的本质。他们的艺术、风格、诗趣，这仅是外表的一面；而其实，在内心，还有另一副卑微的、保护私利的、丑恶的面目。这面目只要一和现实问题接触，立刻就显露出来的。

不过，这已经不是"诗"了，这是现实。

一九四七年二月

诗的气质

  你想知道,我读的是什么?这是一篇普希金的颂诗。它的名字叫做"自由"。

——涅克拉梭夫

  我读普希金,是从他的小说开始的。

  他的《贝尔金小说集》里的《射击》《暴风雪》《棺材匠》《驿站长》《村姑小姐》,除去纯朴的真实之外,还有一些诗的什么,引我去读它们;他的《郭柳西诺村的历史》《杜布罗夫斯基》《基尔德沙里》,在这一些诗的什么之外,还有更明亮的什么,引我时时想到它们。

  可是这诗的什么和明亮的什么,当时是片断的、模糊的,后来,在读了《欧根·奥涅金》和别的诗作之后,诗人和他诗的气质,才渐渐有了比较明朗的接触。

  普希金生活写作的时代,正是一七八九年法国大革命的风暴过去不久的日子,这个风暴摧毁了古老的专制的欧洲的秩序。法国镇压下去了,可是西班牙、意大利、希腊接着起来,甚至边远的俄国,也开始受到动荡。

    比利牛斯山脉雷栗地震颤了,

>那不勒斯的火山燃烧了,
>鲁莽的公爵向他的摩里亚的朋友们
>已经从吉希纽夫睒了眼睛。
>……………
>短剑……阴影……
>
>　　　　　　　　　　　（《奥涅金》十章九节）

新的时代到来了,旧的政制必须灭亡。

诗人把他的热情、理想、诗,献给这个战斗。他参加十二月党人的团体,他写了《乡村》,攻击黑暗的残酷的农奴制度;他写了《自由颂》,歌唱:"动摇,颤抖罢,世界的暴君!"他的讽刺诗和革命诗,成千的手抄本传播了开去。

诗人终于被放逐出去,到了南方,到高加索、克里米亚、比萨拉比亚、奥德萨。在这期间,诗人走出彼得堡的宫廷和社交界,到了人民中间,诗人的缪司接触到了人民的生活和语言,而她变得粗野起来:

>忘记了遥远的京都
>和豪华和喧嚣的宴会,
>在悲凉的摩尔达维亚的荒野
>她访问流浪的民族的
>简陋的帐篷,
>并且在他们中间变粗野了,
>并且忘记了神的语言,
>为了那些蛮荒的奇怪的话语,

> 为了她喜爱的那些草原的歌……

后来被放逐到米哈伊洛夫斯克村，诗人从老保姆和农民那里，重温乡下的传说和神话；人民的思想和意象给了诗人启示，诗人于是"在诗的酒樽里""渗进了许多的水"。

诗人这样地成长着，开辟他自己的路。他嘲笑假古典主义者。他谴责李卡德森和卢骚的小说，称它们为"幻想""幻景"。他不满为人狂热崇拜的拜伦：

> 拜伦爵士由于幸运的幻想，
> 用悲伤的浪漫主义遮盖着
> 绝望的自我主义。

他的诗不是贵族的摆饰、道德的教本、浪漫的故事，他写真实。

在当时，写平凡无味的日常生活，这是卑微的题材。在贵族的诗人们看来，这是"一个满脸络腮胡子的家伙，穿件黄灰色的农民外套，树皮草鞋，闯进莫斯科贵族的俱乐部，尖起嗓子大声地喊道：'好哇，伙计们！'"可是普希金静静地回答一切的责难道："社会生活的图画也在走进诗的领域。"（一八二五年一月《给李莱耶夫的信》）

普希金这样写了诗和小说。

普希金在《奥涅金》里说，他要和荷马相比，写一部二十五章的诗篇。

普希金在《郭柳西诺村的历史》里借着书里人物的口说：

丢掉细小的靠不住的轶事来叙述真实的伟大的事情,这种思想早就扰乱着我的想象。做时代和人民的审判者、观察者和预言者,在我看来是著作家所能达到的最高的地位。

普希金在《奥涅金》的草稿里说,他的小说是要给门房里的读者去评判的:

但是或者——而这个甚至于
有一百回的可能,
被撕碎了,扔在灰尘和煤污里了,
我的没有读完的小说,
和柯兹罗夫一起从化妆室里驱逐出来,
(终身)羞辱地在门房里,
像"伤兵",或者历书,
或者弄脏了的三字经……
…………
我不是第一个,我不是最后的一个……
但是这有什么?在客厅里或是在门房里
读者都是一样(聪明),
对于书他们的权利是平等的。
我不是第一个,我不是最后的一个
我要倾听他们对我的评判,
嫉妒的、严格的和愚笨的。

(《奥涅金》二章四十节草稿)

这测定了诗的真实底深度和广度。

在这样的作品里，于是有纯朴的、亲切的，使人感动，深深向往的语言和形象；于是有时代的浪潮沉重地搏击的声音，有历史的车轮迅速地前进的声音，有诗的火种在轻微地爆发的声音。

自然，这里面存在着旧的艺术的遗留，古典主义和浪漫主义的痕迹；自然，普希金在生活上在思想上存在着矛盾和苦闷。但是，诗人，"他的惊人的绚烂清新的天才，开花在一个冬天还没有过去的凛冽的俄国，在那个差不多完全黑暗的俄国"（卢那卡尔斯基），这首先非得突破环境和自己，突破矛盾和苦闷的云霾以及旧的传统不可的。

诗人说：

在光荣与至善的希望中，
我无畏地向前远眺。

这远眺的，光荣与至善的希望，是专制政制的颠覆，是自由的胜利。

在这样的诗里，于是有重大的、严肃的、非常明亮的什么，使诗放光，照着人。

一九四七年八月

诗的真实

> 神圣的,响亮的,希腊人底长久哑默的语言,我听到了;
> 震动了,我的心灵,感到你在跟前,巨大的老人的影子。
>
> ——普希金:《读〈伊里亚德〉译本》

古代希腊的历史家,那位"历史之父"希罗多德斯(Herodotus)在他的《史记》(*The Histories*)里写过一段记载,说荷马的史诗《伊里亚德》(*Iliad*)的故事有可疑的地方。希罗多德斯说:当特罗战争发生的时候,海仑不在特罗而在埃及。

希罗多德斯到过埃及,他说:据埃及的祭司们(这些人可以说是当时的历史家)告诉他,埃及国王普罗修斯(Proteus)在位的时候,有一天,海口到了几只因风迷路的船,在船上就是亚历山大(Alexander)——希腊人这样称呼巴里斯(Paris)——和海仑。亚历山大引诱海仑和他一同逃走,想回特罗,但是风把他吹出航路,到了埃及。他的仆从不满他的行为,就把这事向埃及海口监督泄露了,于是埃及国王普罗修斯命令把亚历山大和海仑带到他的面前。审问的结果,他把海仑和她的金银财宝扣留下来,等希腊人领取,把亚历山大驱逐出境。可是希腊人并不知道这件事,还是兴了大军赶到特罗去要海仑。特罗人就把这事的经过告诉他们,可是希腊人一点不能相信,以为是骗他们。结果把城攻下,还是找不到海仑,这才相信这是真的。于是曼尼勒斯（Menelaus）亲自到埃及，接了海伦回去，祭司们说，这事情的后半段，还是曼尼勒斯亲口说出来的。

希罗多德斯因此论道："埃及的祭司们如此告诉我，我自己也同意这个故事，我还要附加一个意见，就是如果海伦是在特罗城里，不管亚历山大同意与否，她一定会交给希腊人的，因为普拉姆（Priam）不至于如此疯狂，他家里其他的人也不至于如此，情愿冒牺牲自己、自己的孩子，以及全城的危险，为了亚历山大能有海伦做妻子。即使假定在战争初期他们是作如此想的，然而当他们屡次和希腊人作战时，除了许多别的特罗人战死，普拉姆的儿子也总是一仗要有两个、三个，乃至更多的被杀（假如史诗的诗人们是完全可信的）——我觉得，当事情到了如此地步的时候，我认为即使普拉姆本人娶了海伦做妻子，他也会把她还给希腊人的，只要他能够由此解脱迫在他头上的灾难。何况王国并不是传给亚历山大的，海克特尔（Hector），他比亚历山大更年长也更英勇，普拉姆死后王位一定是传给他的；他看到临头的大难，为他私人以及为特罗人公众计，他也应当不许他的兄弟继续他的错事。事实的情形是，无奈他们没有力量归还海伦，而希腊人不相信他们，虽然他们说出了实话……"

希罗多德斯并且说，他以为荷马也曾经听到过这个故事，因为在荷马的诗里，明白地表现着他知道亚历山大带着海伦，曾经漂泊过许多地方，荷马写到普拉姆的王后海秋巴（Hecuba）的时候，就提到他们到过离埃及不远的腓尼基的沙顿（Sidon）：

> 她有沙顿女子做的，彩色的长袍，
> 她们是他的儿子，漂亮的亚历山大

从沙顿带了来的，他走了多么长久的海程
在他带着出身高贵的海仑回家的路上。

在《奥德赛》里，荷马写海仑道：

宙斯（Zeus）的女儿有许多这样好的，这样有用的药料。
这是住在埃及的，Thon 的妻子，Polydamna 给她的，
那里的丰盛的草地出产的药草多过任何地方，
有许多是治病的药，也有许多是有毒的草。

而曼尼勒斯也这样对堤莱玛克斯（Telemachus）说过：

神还使我留在埃及，我想回到这里来，
神不许我航行回家，因为我没有献上充足的祭礼。

希罗多德斯于是说道："在这些诗句里，很清楚的，他知道亚历山大漂泊到埃及的事。"

希罗多德斯所说的话，究竟根据的什么，可靠到什么程度，我们无从知道。希罗多德斯这样写着，可是荷马在《奥德赛》里也告诉我们海仑到过埃及的事，说她在特罗战争结束之后，和曼尼勒斯一起，在回希腊的路上遇到逆风，吹到埃及停留了很久。荷马也说曼尼勒斯离开埃及，是得到一个普罗修斯的帮助，不过那不是埃及的国王，而是一个海里的神。

所以，希罗多德斯所说的话，很难说它不也是一个传说，因为他的《史记》大部分只是传说的记载。很可能这是一个"埃及人的"

传说。不过，从这里，我们至少可以知道，当时关于特罗战争或者海仑有过很多传说，诗人写作的时候，是经过一番思考和选择的。

但是，如果是经过选择的，为什么选择这一个而不选别一个？这选择的标准是什么？并且，特罗战争的中心是为了争夺海仑，为什么在荷马的诗里，把海仑和爱情写得如此之少，而把战争和英雄写得如此之多？

在这里，历史家提出了事的真实的问题。而我们，则触到了一个诗的真实的问题。

希罗多德斯所说的，无论它是一个"埃及人的"故事，或者那是一个较近事实的传说，荷马都是舍弃了它的。

因为什么？因为在《伊里亚德》里面，海仑的故事在诗的内容诗的主题上说，只是一个小小的枝叶。

对于诗，首先重要的是主题。

《伊里亚德》如果是一首爱情的诗，或者作者想用情节来装饰生活和生命的真实，自然，海仑的生活、经历、恋爱是重要的，海仑到埃及更是一个生动的题材，正好可以描写一些英雄美人间的爱的波涛了，可是荷马没有这样做。

荷马是不能这样做的。

当这个瞎眼的诗人，从一个城到一个城，向一个个希腊人弹唱他的诗；这个诗人，全身心地沉在那个时代希腊人的生活思想情感最中心的、最深的境界，为诗的幻想所燃烧，吐出自己的诗句；他非坚持着希腊的英雄和神，他们的行动、生活、事迹、战争不可。

荷马生活在一个比较幸运的时代，在一个阶级制度没有完全成熟，人类的"正常的童年"的社会里，他能够向听者像是向自己的同伴歌唱，并且把神和英雄的事迹当做自己的历史歌唱。这个生活在人民中间，站在人民前面歌唱的诗人，他执着特罗战场，用希腊的英雄和神，战争和生活汇合成一个海洋；他不作琐细的描画，他不弄离奇的情节，屏弃一切花花绿绿的诱惑，一直向着广大处前进。他追求的是一个广大的诗。

无论《伊里亚德》的故事有没有可疑的地方，无论希罗多德斯的话是否可靠，在他的时代，这个诗人完成了巨大的真实。在这个真实的洪亮的光辉里面，海伦的行动——一路上漂流过些什么地方，当时是在特罗还是在埃及，乃至于她的生活、恋爱等等，都只是一些生活琐事，无关轻重的细节而已。

在这样的真实背后站立着的，是一个和这真实同样巨大的，山一样的人。

这个人把真实提高到诗。

这个诗的光辉，照耀着歌唱人民事业的诗人，排除表象的生活琐事的枝叶，向着广大的诗的真实前进的路。

一九四八年一月

火　花
——读高尔基的《夏天》

高尔基的《夏天》，是一部写农民革命运动的小说。

在夏天，一个革命者，假装一个名叫耶戈尔的小商人，到乡村里去工作。那是一个小小的乡村，在山里，靠近森林的边上。他在村庄里找到四个革命的农民：一个是结实的、眼睛像矽石似的达绥庚，一个是高大的、忧郁的尼庚，一个是信圣经的、好思想的伐尼亚，一个是神经质的、感情锐敏的阿历克舍；后来又遇到一个受了地主们的伤害的老人库进。他们在一起学习、工作，新的农民在他们周围一群群地结合起来了。

农民们，历史和社会加在他们身上的枷锁是沉重的。农民是固执的、守旧的、自尊的，所以他们的结合，并不是水倒进水里那样容易，而是铁和铁的融合，经过斗争，经过锤炼的。当达绥庚的一伙（年轻人）和库进的一伙（老人们）第一次会面的时候，达绥庚叫格纳陀伊，一个醉酒的兵士，不要喝酒，不要在街上骂财主们；库进气了，说："你，小耶戈尔，你是二十六岁的人。但是，在这里的我们，却都比你年长呵——当然，你的同志是作别论的。然而，你说话就像命令似的……"于是两人都摆下难看的脸，吵起来了。后来，直到米罗夫出来说："我们并不是为吵架而聚会的呵！"这才缓和下来，大家平心静气地讨论了。

又有一次，库进召集了二十来个农民在树林的山谷里聚会。农民们是苦恼的、愤怒的，不满压榨他们的人和当局，但是很犹疑，不知道自己应该走一条什么道路；于是革命者耶戈尔给他们讲话了。在薄暗里面，整个的人堆默默地气也不吐，贪求地听着，有时人堆沉重地摇动起来，叹息了，并且窃窃地开始闲谈起来了，又凝起神来了。……耶戈尔望着他们，他的灵魂被一种难以克制的希望所支配着，就是——"想要向他们发出伟大的火一般的语言，将他们烧着，用热的光去温暖隐在深底里的他们的灵魂，并且将这灵魂弄活，使他们身体战栗，使他们在对生与死的喜欢与情爱之中被拥抱"。农民们好像被风煽动的树林一样，激动起来了，他们认识了真理。而耶戈尔本人，也在这中间得到了新的支援、新的力量；他，由于和农民们的接近，更加深切地坚强地感觉到："旧的被连根拔掉了，痉挛地颤动着，由于自己的困苦和老朽而衰弱，倚靠在现在已对它敌视的大地上，濒于死境了。"

农民的力量这样地扩大起来，成长起来。自然，一些软弱的人们，在这中间被生活压倒下去了。像高大的忧郁的尼庚，当财主库齐马允许他和他女儿的婚姻，并且叫他去替他管家的时候，账簿、钱、牛、马、大马车把他征服了。他请求耶戈尔和达绥庚的允许，他说"我暂时要离开你们"。然而，在另一面，达绥庚更坚强，更智慧，更果断起来，他常常指出耶戈尔的错误，伐尼亚更深地思考，阿历克舍更热烈地工作，兵士的妻子华尔华拉爱了耶戈尔，也参加进来，老人库进比年轻人还更积极，他专门讲《圣经》的，竟然否定起上帝基督的存在来了。……

在农民们生活的黑暗的世界里，渐渐有火光燃烧着；这事情，那些黑暗的守卫者是看得很清楚的。斯泰尔珂夫们去告了密，在冬天，耶戈尔被捕了；不过，他播下的种子，已经像森林似的，茂密地在乡村里生长着了。

挣脱历史社会的枷锁，站起来思想、行动、战斗的农民，是这本小说里的主人翁。在书里，农民并不单是守旧的、固执的、落后的，他们也明确地信念着，深沉地思考着，真挚地爱着的。

当兵士格纳陀伊听见财主库齐马骂他"祖国的叛逆者"的时候，他立刻发狂一样地跳出来，挥着拳回答他——"住嘴！祖国。究竟是谁的呵？你这狗东西，以为你就是我的祖国吗？我这个士兵，就为了你这样的强盗而劳苦的呵。你是大家的敌人。……你们蚀害了真理，强夺了土地，灭亡了人类！"

靠讲《圣经》吃饭的老人库进在深深的思考过后，他断然地推翻了正教的"信仰"和上帝。他说：信仰——这是拜金的信仰，完全靠在戈贝克上面，蜡烛和衬衣上面的。上帝——每一个民族都有自己的上帝，可是，只有"使人类幸福的才真正是正神"。

像熊似的强壮的看林人达尼罗，起初他反对儿子华西里讲什么革命，后来当他觉得儿子的话是真的、对的，他也加入进来，并且把提起儿子当作他的欢喜和夸耀；他见过华西里的同志们，他赞美他们说："好人出来了，没有什么可说的！土地倘若生出了那样的东西，那么归根结蒂，土地是好的东西呵，是强的东西呵。你以为对吗！"

当格纳陀伊骂库齐马的时候，农民们热烈地围绕住他，他仰起头来叫骂，帽子落在地上了。一个穷老婆婆，拉吉普华，划着十字，弯身给他拾起来，亲切地拂去帽子上的尘埃，站在他的后面。他嚷叫着，她始终站在他的背后，探着头，黑黑的嘴唇抖动着，两手拿着帽子，直到巡查带走他的时候。……

这样执着、这样朴素的农民的故事，读起来像一篇诗。

小说是根据一个革命工作者的札记写的，好些地方还留着革命工作者理知的分析的痕迹；但是，高尔基让书里的人们在斗争的漩涡里站立起来。这样，达绥庚的坚强和明智，是在革命意志的火花下燃烧着的，鲁莽的胡闹的兵士格纳陀伊，是在反抗的热情中间跑到财主的窗子底下去叫骂的，狡猾的精明的老人库进，是从深深仇恨里走了出来的……

这是俄国革命史上一页农民斗争的诗话。在中文译本里，雪峰先生也是以他的战斗者的气质，对农民的爱，投影在这上面的。

在小说的结尾，高尔基写革命者耶戈尔被捕之后，兵士押着他在风雪的路上走着。他想到这个夏天里人民力量的成长，他的心愉快地、辉耀地燃烧起来了，他想"向着四方，突破风雪迷漫的沉重的昏暗喊道：'伟大的俄罗斯人民呵，节日到了。亲爱的人民呵，复活节到了！'"

全本的书，像在风雪中迸出的火花，燃烧起来了。

一九四七年八月

旗
——读法捷耶夫的《青年近卫军》

> 走出破大门，望见邻家：
> 他们大花园里，有许多好花。
> 用尽小心机，得了一朵百合；
> 又白又光明，像才下的雪。
>
> ——鲁迅：《他们的花园》（《集外集》）

一

《青年近卫军》——法捷耶夫的这部大作品，是用一个女孩子和一棵百合花开头的：

> 不，你可得看看，华丽雅，这是什么样的奇迹！真美……正像是雕像——但是用的是多么奇异的材料做的呵！她可不是大理石的，不是白石膏的，而是活的，但是多么的冷！这是多么精细、美妙的作品，——人的手无论如何都做不出来这个样子。看罢，她站在水里，纯洁、端正、冷静……而她照在水里的这个影子，——甚至于难说，她们中间哪一个更美。而颜色呢？看罢，看罢，她可不是白的，就说她是白的，可是有多少

样的色彩——淡黄色的、淡玫瑰色的,那么一种天蓝色的,而在内里,带着这种光泽,她是珍珠一样的,真是灿烂夺目,——在人间连这种颜色连这种名字也没有的!……

当我读了这一段的时候,我就想到普希金的一首诗《玫瑰》:

哪里是我们的玫瑰,
我的朋友们?
玫瑰凋谢了,
早晨的孩子。
不要说:
青春就是这样萎谢的!
不要说:
人生的欢乐就是这个样子!
对花说罢:
别了,可怜!
把开着的百合花
指给我们看罢。

普希金的这首诗,是看了甫雅柴姆斯基的一首诗《给朋友们》写的。甫雅柴姆斯基在诗里把玫瑰比做青春的象征,说玫瑰"早晨盛开自己的美丽",但是"到了晚上的时候,美丽的花就凋谢了"。普希金不同意这个悲观的说法,他把青春比做百合花,他说玫瑰谢了,百合花正在开着。在诗的传说里,百合花是永不凋谢的美和生命力的象征。反抗黑暗的旧世界的诗人,都爱这一种坚强的生命的花。

现在，在法捷耶夫的书里，又写到了百合花。这个百合花，在我读了全本书之后，我觉得，正可以说是一个象征，不，应该说是形象。——它不仅是邬丽亚一个人的形象，而且是这本书里所有青年们的生命的形象。

这是奥列格的仁慈、真挚、威严、坚强的生命的形象。这是邬丽亚的深沉、热烈、果敢、刚强的生命的形象。这是万尼亚的冷静、深思、执着、坚定的生命的形象。这是谢廖士卡的强烈、机敏、神速、勇猛的生命的形象。这是刘勃卡的天真、机智、热烈、勇敢的生命的形象。

这也是青年近卫军里别的五十一个遇害的青年的生命的形象。他们为了社会主义祖国，为了苏联的人民，献出了自己，和法西斯作决死的斗争。

这些青年们，他们中间顶大的只有十九岁，有的还在中学里读书，有的刚刚毕业出来，他们各人都有美丽的理想，在苏联的社会主义社会里，在这些青年们前面本来是"开阔的满浴阳光的""灿烂的草原"和"灿烂的希望"。但是现在，"笔直地向他们开来了漆成蛙色的绿色坦克"，德国法西斯发动了进攻。他们的家乡，克拉斯诺顿，矿工们亲手建立起来的城，大队的德军像蛇一样地蜿蜒而来，占领了它。在他们的家里，在地板洗得发光，窗台上放着花，桌上铺着花台布的屋子里，在长着素馨、丁香的院子，交荫着金合欢、小枫树、白杨、苹果树的花园里，现在冲进来法西斯匪徒，他们霸占了房屋，砍掉花和树，大吃大喝大闹，杀人，抢劫，侮辱妇女……

这些青年们，眼看着这一切，心里怀着铁的痛苦，火的愤怒，他们哀痛祖国的灾难,人民的惨死,战士的被杀,亲人的受辱,他们的血里沸腾着对反抗对战斗的剧烈的渴望,他们起来了,行动,斗争!先是没有组织的、自发的、个别的行动,然后组织了起来,成立了青年近卫军。

每个加入青年近卫军的青年,都庄重地宣读这样的誓言:"我,×××·×××,在加入青年近卫军的时候,对着自己的战友,对着亲爱的多苦多难的土地,对着全体人民,庄重宣誓:绝对执行组织的任何任务;对有关我在青年近卫军里的工作的一切严守秘密。我誓必绝不宽恕地为被焚毁的,被破坏的城市与乡村,为我们人民的血,为英勇矿工的殉难复仇。如果为了这一复仇而需要我的生命,我就献出它,决没有一分钟的动摇。如果我在枪刺的威胁下或是由于胆怯而破坏这神圣的誓言,那么让我的名字、我的亲人永远受骂,而我自己则受我同伴的严峻之手的惩罚。以血还血,以死还死!"

青年们保持着这个神圣的誓言,坚强不屈地进行对德国法西斯的斗争。他们是年轻的,几几乎还是孩子,他们是这样的良善、真挚、忠诚、仁爱、热烈、英勇、坚强、崇高;他们全心地为祖国为人民献出自己的生命。他们的生命形象,纯极了,真极了,也美极了,好像是花,洁白的,但不是没有色彩、光辉的,但不是柔弱的浮华,他们不是早晨开了晚上谢了的玫瑰,而是百合花的永不凋谢的生命。

这样的纯真的生命,强有力的崇高的灵魂,在苏联的国土上,在没有剥削阶级的社会里生长起来的"新的、美的、强的、善的人类",是一种完全新的人,新的人类。这种新人的生命,在保卫苏维埃国土和法西斯主义作斗争的火焰里,现出耀目的光华和全部的伟大。他们是新的战斗英雄,人类历史上前所未有的英雄。

人类的历史从一九一七年开始了新纪元。在以前，在古代，阶级社会初形成的时期，有过一部歌唱战斗英雄的史诗，那就是荷马的《伊里亚德》；不过，那所歌唱的，是阶级社会的统治者的伟大，奴隶主的战斗和英勇。现在，在社会主义苏维埃繁荣强大，社会主义的新人已经出现，他们将消灭一切阶级社会，改造世界的时代，这部写新人类的战斗英雄的书——《青年近卫军》，正是一部新的史诗，新人类的《伊里亚德》。

二

《青年近卫军》是用史诗的幅度写出来的。小说的内容，并不仅仅地只限于青年们，也并不仅仅地只限于青年们的战斗。

《青年近卫军》一共五十四章，前面的三十四章，主要的是写战争形势的发展，克拉斯诺顿矿区和城的历史，党地下工作人员的活动，还写青年们的家庭、生活，他们的性格、思想、情感。到了后二十章，才集中笔力写他们的战斗——青年近卫军的行动。法捷耶夫为什么要把画幅扩展得这样广大？画面交织得这样庞杂？为什么这样做？

这正是史诗的幅度，史诗所需要的阔度和深度。

在小说里，诗人万尼亚这样沉思地谈到写作的问题："如果我们生出来是过的整整几代优秀的人们所梦想并且为之斗争过的生活，那我们就能够，就有权写各种我们借以生活的事物，这全是重要的，不会再现的。"（第九章）

是的，万尼亚他们在社会主义苏维埃国土上的生活，它是全新的，它也是"不会再现的"，它具有"重要的"现实的意义，也具有

"重要的"历史的意义。而小说,如果要充分表现出他们战斗的伟大的意义,就必须从他们生活的画幅开始;因为战斗的根种在生活里面。

这样,小说第一章一开头,写一群年轻的姑娘在小河边上游玩;在战斗的场面前面,首先展开"青春和它的健康与生活的喜悦,和它的天真的善良的利己思想,它的爱情以及对于未来的梦想"。这引申到诗的深处,扩大了诗的远景,同时丰富了诗的内容,使战斗的生命放出光彩。

这样,在全部小说里面,法捷耶夫在叙述了城的历史,在画出了"和城一同成长起来的"青年们的生命形象之后,才把他们带进行动的中心——战斗。而他们的战斗,从最初起,到最后止,都和整个的战争形势关联着,和党地下工作人员联系着。——这样,小的战斗和大的战斗会合起来,小的生命和大的生命会合起来,个人和历史会合起来,完成了诗。

当然,法捷耶夫所完成的诗,和荷马的诗有本质的差异。

荷马史诗里的英雄,是统治者,奴隶主的代表,他们的美在他们的勇武——武艺或是谋略,怎样更勇敢更高强地征服敌手,成为最强的统治者,奴役别人的首领。自然,在这些英雄形象里也有正直、忠诚、仁义的美德,不过那是和统治者的利益一致的美德,和奴隶主的勇武强暴相结合,而且为它所支配的美德。

法捷耶夫史诗里的英雄是全新的人,社会主义社会的人。他们是在苏维埃社会里长大的,他们从来没有有过压迫奴役别人的思想。他们爱人,爱生活,他们想的是全人类的解放、自由和幸福。当华丽雅眼睛里涌出眼泪,说:"过去我们生活得多好呵。"邬丽亚就回答:"全世界上的人都能够生活得好的,只要他们愿望,只要他们懂

得!"(第一章)

这些年轻的英雄们,他们对人的生命有新的看法。那个像长着翅膀的野鸟一样的姑娘邬丽亚,在她的日记簿里记着奥斯特洛夫斯基的话:"人最宝贵的东西——是生命。它的被赋予人只有一次,需要这样度过它,使在无目的地度过的年月中没有磨折人的苦痛,使那为卑鄙和平庸的过去而感觉到的羞耻不起燃烧。"(第二十七章)

他们的生命充满了活力,沸腾着向上向前的愿望,他们每一个人都有未来的理想,都梦想完成"丰功伟绩",但是,那不是牺牲别人来完成自己的"丰功伟绩",而是献出自己为人类的幸福做有益的事情,那"不是冷酷的、自私的,而是白洁无瑕的强烈气质的梦想"(第十一章)。

那个从小就在困苦里,像草原上的野草一样的生长起来的谢廖士卡,从小就有一颗老鹰的心,他向往在海洋上在沙漠里探险的英雄,他崇拜在战争里完成了伟大事业的英雄,他羡慕征服北极的英雄,他渴望着做一番丰功伟绩,使他这个普通共青团员的名字,能和历史上伟大的名字并列。当他做着这些天真的梦想的时候,突然地打来了德国人。他的耳朵里响着德国摩托车队的轧轧声,他在深蓝的天空的背景上看见那些戴着大得奇怪的眼镜的德国摩托驾驶兵,于是"他突然明白,童年的幽静的纯洁的感觉,这些早年的,不再重现的幸福的呼吸已经永远不会再来了"。可是他,并没有失望和落胆,他这时候感到:"一会儿他的心又痛苦又甜蜜地被钳制着,一会儿整个身体又涨满了在他血液里沸腾的对战斗的剧烈渴望。"(第十五章)于是他放弃了丰功伟绩的梦想,他做一个平平常常的战斗员。他隐藏伤兵,烧德军司令部,他亲手吊死卖国贼福明,他把红旗挂在城中最高的屋顶上,他放火烧了德国人的职业介绍所。最后他越过战线，又引导红军部队反攻过来……他的战斗一直进行到他最后呼吸停止的时候。英勇地、真诚地、坚强地、卓越地克服一切艰难困苦，他做了一个青年所能做的保卫社会主义祖国的战斗。

同样，那个个子长长的，略略有点驼背，爱好诗，在学校里被同学叫做教授的万尼亚，在难民队伍的洪流里走着，毫不垂头丧气，他"在草原上举着步，充满勇气和灿烂的希望"，一面和他的好友淑拉·阿鲁秋仰茨谈论未来职业的问题，做律师、教师，还是作家。万尼亚含着笑说："我也许还会同你争一下，如果我不清楚争论这个题目——做什么人——简直是无益的、愚蠢的，得做一个受教育的人，知道自己的事业的人，喜欢劳动的人，可是如果你同时还有诗人的才能，那么它会把自己发挥出来的。"（第九章）

做一个什么人，做一桩什么事业，不是为了要成功一个什么伟人或者成就一桩大业，而是为了社会的幸福和人民的幸福。反过来，为了社会和人民的幸福，什么人什么事，也都可以做、应当做的。正是这样，诗人万尼亚后来放下了诗集，做了青年近卫军的战斗员。

淑拉显然是同意万尼亚的话的，后来当他们被德国坦克包围了的时候，淑拉立刻高声地嚷道："吃人的东西！难道我们的人民能够同他们妥协吗？是不是？我们的人民，正像从前在那些被德国人包围的地方一样，一定会拿起武器的。……我们青年应当来一个登记——先弄清楚，然后再把所有没有走的人，登记起来，以后就立即同地下组织保持联络。……"（第十九章）而在他加入青年近卫军之后，当杜尔根尼奇问他去不去参加吊死福明，淑拉"立即坚决地"作了肯定的回答。因为，"他不仅是出于正义感和纪律感而去做这桩事情，而且他的崇高的、道德的责任感已这样地变成了意志力，使他的手都不会发抖"（第三十六章）。

面对着残酷的敌人，不能"平平庸庸地生活下去"，"要斗争"（像那个病在床上的伏洛佳·奥西摩兴说的）——这已经成为青年们一般的生活观念了。

这也就是说，那种为社会为人民而斗争的"道德责任感"，已经深深生根在他们的内心，成为他们精神和情感的中枢、生命力量的泉源了。在这些青年们内心的深处，有全新的人的品质在放着光辉。

奥列格正是这样，在逃难的路上，衷心地爱上了邬丽亚，也爱上了华尔柯。这是一种内心的感应，一种本质的契合，"那一对事业的非常渴望，发挥整个自己的愿望，插入人家的生活，插入他们的活动——目的是在这活动中加进一种自己的，更完善的、转动较快的、充满新内容的东西——的愿望，这还没有完全考虑过的，但是却笼罩着他整个身体并构成他气质的基础的精神力量攫住了奥列格"（第十章）。

邬丽亚正是这样，在她的日记簿上记下了"符合她的精神状态的"莱蒙托夫的话："什么东西能够对抗人的坚强意志呢？意志包含整个的灵魂，要——就是说憎恨、爱、怜惜、高兴、生活；一句话，意志乃是每一个人的精神力量，是创立或是破坏某些东西的自由憧憬，是从无中创造奇迹的创造力……"（第二十七章）

万尼亚正是这样，在克拉华吻了他之后，他不但没有被爱火烧得软化下去，反而更坚强起来，增加了工作的力量和信心。"那像灰烬下面的煤炭一样在心里微炽着的灵感，现在就像火焰一样照亮了他的不寻常的脸孔，……他周围所发生的一切已经吓不倒他，因为对他说来已经没有什么不可能的事情了。他不仅能够遣散伏洛佳·奥西摩兴，而且能够遣散整个城市——连妇孺和老者，连所有他们的财产。"（第九章）

刘勃卡正是这样，当她听见父亲被炸死的消息，并没有痛哭流涕，她的脸变灰白了，仿佛凝住了一般，她一声不响，只"在她的大嘴的宽弛的角落里形成像母亲那样的苦褶"；她更勇敢更坚决地进行对法西斯的斗争。她担任青年近卫军和伏罗希洛夫格勒地下工作总部的联络员，穿着彩色缤纷的花衣服，坐着德国军官的汽车跑来跑去，传达消息和命令；她利用女艺人的名义，在德国军官里面活动，"她怀着舍身的勇毅和无忧无虑的心情在深渊的边缘上转动，面露童稚的笑容，眯起蓝色的眼睛有时显出了峻厉的神色"（第四十九章）。

谢廖士卡正是这样，在汽车开往刑场的路上，他自己受了重刑，没有力量逃走，他用牙齿去咬开柯伐廖夫的绳索，"谢廖士卡是这样无力，以致好几次仰靠到卡车壁上，额上蒸出汗珠。但是他这样地斗争着，仿佛他是为自己的自由斗争一般"。终于结解开了，柯伐廖夫跳下车去跳走了。于是他"怀着难以形容的胜利感细声叫道：'走了！……走了！……'接着用最可怕的，只要是他知道的字眼咒骂着。但是这些咒骂的话现在在他嘴里响起来已经成为神圣的誓约了"（第五十三章）。

并且也正因为这样，谢廖士卡在他回家后第一个斗争行动——隐藏伤兵的计划被接受了之后，他"像子弹一样奔出医院"，心里充满了"一种说不出的欣喜，为自己为人类的骄矜之感，以及要行动的非常渴望"；他激动地望着他的朋友维奇卡·鲁基杨庆珂说："这才是人，这才是人！"（第十三章）

这里，年轻的战士给"人"下了明确的定义。法捷耶夫在他诗里所写的，就是这样的"人"。

这样的"人"，不但在他们英勇的战斗里，就在他们平常的思想、梦想、理解、情感、整个的生活里,也显出人的纯真和高贵,庄严和伟大。

这是"新的,最年青一代的人"。

"似乎,最难以联结在一起的素质——梦想和现实,幻想和实际,对善良的热爱和无情,宽宏大量和清醒的计算,对世间乐事的热爱和自我克制,——这些似乎是难以连结起来的素质在一起就创造了这一代的独一无二的面貌。"(第十九章)

这就是法捷耶夫史诗的英雄的美。

索菲亚·聂尔斯在《法捷耶夫和他的新作〈青年近卫军〉》里告诉我们,在一九三七年冬天,莫斯科苏联作家协会全体大会上,在辩论苏联文学和艺术问题中间,法捷耶夫读了莱奥那多·达·文西的《绘画论》:

> 历史题材的绘画必须鼓舞起观画者的行动,类似引起描绘历史题材的那种行动。

法捷耶夫在他的史诗里就这样地做了。他不仅画了人物的行动、斗争,还"鼓舞起观画者的行动",他打开人物内心的、精神和灵魂的秘密的门,表露出历史上前所未有的,人的美的素质。正是由于这些素质,法捷耶夫的史诗达到前所未有的美学的高度。

三

《青年近卫军》的故事是一桩真实的事情,书里的青年也都是真实的人物。正因为是真的人,并且是一群孩子,他们的斗争才越可贵，他们是真实的英雄。这样真实的英雄的诗，具有世界性和永久性，超越一切经过想象的虚构的，绘写英雄人物的小说。

社会主义社会的完成，在人类历史上是划时代的，社会主义社会的新人的出现，在人类历史上也是划时代的，而且是空前的第一次。

这些青年们的美的素质、高贵的素质，只有在社会主义社会里，在无私的和谐的社会关系里，在自由的幸福的社会环境里，在灿烂的阳光和美丽的土地里，才能萌芽生长。

邬丽亚在她的日记簿的第一页上记着波米亚洛夫斯基的话：

> 在人的一生中有一个他的精神命运视之转移的时期，他的精神发展的转捩点就在这时完成。据说，这一转捩点仅在青年时到来。这是不确实的；对许多人说来，它是在最玫瑰色的童年时到来。

（第二十七章）

邬丽亚和千千万万苏联的青年，他们从诞生的一天起，就过的新社会的日子。他们的性格、精神、思想、素质，不是在战争时期才产生的，那是从他们童年的时候就在形成了；从他们的祖国社会主义的苏联，从他们的故乡克拉斯诺顿城开始建设的时候，就开始成长了。

在小说里，在德国人还没有到克拉斯诺顿的那一天，谢廖士卡在黎明的时候去到草原上面：

> 黎明的时候谢廖士卡就到了城外的草原上。太阳在红灰色的雾幕后面升起，大大的，滚圆的，可以望着它。过了一会见

它的边缘在雾幕上露出，溶解，于是千万滴露珠就各以各的色彩在草原上迸发开来，各处突现在草原上的暗色的圆锥形运煤台被染成了玫瑰色。一切都苏生了，都在四周闪着光辉，谢廖士卡觉得自己这样，好像自己是一只被放入游戏场的胶质球。

（第十五章）

在生活里，也正是这样的，在苏联的自由幸福的社会里，在社会主义的光明灿烂的太阳底下，任何一个生命的"胶质球"，都不能不受到感应、熏染、变化，而现出光辉来的。

青年们里最年长的十九岁的万尼亚，带有"潜藏的，眼看就要爆发的灵感"的诗人，他唱出心灵里的思想（第九章）：

> 不，我们既不苦闷也不悲伤，
> 生活的道路不使我们忧愁，
> 我们不知道变节的情感
> 不，它不会使我们的胸中不安。

> 汹涌地涛涛地奔流着
> 幸福的青春的岁月，
> 纷飞的蜂拥的幻想
> 充满了我们的心。

> 我们不晓得厌世，
> 不晓得阴郁的苦痛
> 无谓的年青的怀疑

和内心的空虚。
世界的快乐诱惑着我们,
我们无畏地向前远眺
未来的公社的峰巅
在那里号召着的地方。

这些在孩子们心灵里生下根的素质,在青年们身上表露出来的情感、思想、品格,是在社会主义苏维埃社会的土壤空气和阳光里萌发的幼芽。一定的社会决定一定的人的素质,在孩子的身上,那是在洁白的纸上写下的字。因此,法捷耶夫的英雄们虽然只是一些青年和孩子,可是,社会主义社会的素质,最真、最纯,也最深刻、最鲜明地,表现在他的史诗里了。

荷马在他的诗里,把属于人的伟大,给了天上的神。法捷耶夫不但写了人的英勇的战斗,还写出人的伟大的思想和灵魂。他的书里展开许多"古代大悲剧都要为之失色的场面"(第七章法捷耶夫的话),满是斗争、仇恨、悲痛,可是却活跃着崇高的美丽的生命,充满了爱和阳光。

青年们里最年轻的一个女孩,刘霞(伏洛佳·奥西摩兴的妹妹),她看见焚烧德军司令部的大火,她感到"有一种洗涤灵魂的东西,有一种崇高和非常的东西,在这一高腾的、狂烈的、胜利的火焰里面。刘霞目不转睛地望着它,自己也给那远远的反光照亮了"(第十七章)。在法捷耶夫的书里烧着的火,它就这样地照亮了书里的人物和书的读者。

在书里,法捷耶夫画出苏维埃国土上的英雄人物,他还在人物的身上具现出社会和历史的巨大面貌,具现出社会和历史的精神形象，他在最高的政治规范里达到最高的美学规范。

可是，在社会里也在历史上，新的人物，尤其是英雄人物，不是突然平空产生的，他是社会和历史的发展的产物。在艺术上，表现社会和历史中的新人，也不能片断地割裂生命成长的线索，当作什么突然出现的东西来表现。

这样，法捷耶夫在书里必然地要把画幅更大地展开，展开到新人底更远更广的历史背景，更高更深的精神源流，展开到青年们的领导者和养育者，建设社会主义和领导反法西斯战争的共产党员。

《青年近卫军》的前半部，当前线大撤退，青年们纷纷逃难的时候，斗争就在进行，斗争的中心人物是党的地下工作者马特维·康斯坦丁诺维奇·苏尔迦，和游击队的领导者伊凡·费陀洛维奇·普洛庆柯。苏尔迦被德国法西斯捕住，遭受了许多酷刑，最后遇害了。法捷耶夫把笔力集中在他的身上，刻画了青年们的前一代，年青的一代战士的形象。

"马特维·苏尔迦，或者是柯斯吉叶维奇，像大家更常叫他的一样——这在乌克兰话里就表示他的父名康斯坦丁诺维奇——是一个四十五岁光景的汉子，身子结实，肩头有力浑圆，黧黑而坚毅的脸孔线条分明，脸上毛孔上带着稀疏的黑斑——这是职业的痕迹；它们永留在做矿工或是铸钢工人做了很久的人的脸上。……他的头发剪得短短的，从帽子下面突现出他的强有力的头顶，它的坚实的骨头是常人少有的，他的眼睛也像是牛眼一样。"（第七章）这样的苏尔迦，完全是一个钢铁铸出来的人。

当战争爆发了之后，他用坚毅的工作精神负担起"战争所付托在他肩上的一切"，在超人的紧张里进行增加生产供应前线，搬运工业到东方去，撤退机关和团体等等的工作。他和他的同志们，"他们做着这种工作,忘记了他们可能有自己的生活,……不论日夜的任何时间都可以使他们站到自己的岗位。如果已经不能从别人身上挤出力气和精力,他们就一次又一次地从自己的精神与肉体力量中把这挤出来"。

当德军的包围圈愈收愈紧,而他临时被派留下来做地下工作的时候,他面对着工作的困难和危险、不周密的布置、生疏的情况,却在脸上"耀出了充满活动精力的表情",充满信心地说:"当然,我们对付得了!"(第七章)

他被捕之后,德国法西斯用酷刑拷打他,脸破碎了,一只眼睛流血,一双手打坏了,他仍然坚强不屈地和他们斗争,他忍受住了这个肉体上的苦痛。当他想到,也许这时候,"德国人在什么地方同样地拷打着他的妻子、他的孩子,由于他苏尔迦的原故",而他已经没有搭救他们的任何希望了;他苦恼着,但是,他也忍受住了这个精神上的磨难。"但是比肉体痛苦和这一精神磨难更为可怕地燃烧着柯斯吉叶维奇的,是他未曾履行自己的职责就陷入了敌人的手中,和这是他自己的过失这事情的意识。""他不仅自己失败而且还损害了整个事业的意识比任何别的痛苦更可怕地和痛心地磨折着柯斯吉叶维奇的灵魂。"(第二十四章)

他,在长久的可怕的磨难中,在难以忍耐的痛苦中,"他的精神生活却怀着愈来愈大的紧张力量和深度展开了。像所有的伟大而纯洁的人对着死神的脸一般,他现在也怀着极度的、透明的清晰性,怀着非常的真实力量看见了自己,看见了整个自己的生活"(第二十八章)。

他在牢狱里,会到了相别多年的老同志华尔柯,克拉斯诺顿第一矿场的主任。他们都受了重刑,知道死亡就在他们面前,但是他们忘记了自己的命运，倾心地检讨他们所完成了的革命建设的工作。在谈话中间，苏尔迦激动地说："可是世界上最宝贵的东西，值得为之生活、劳动和牺牲的东西——却是我们的人。人！世界上有没有比我们的人更为美丽的东西？……"

最后，他幸福地说了："……我永远觉得骄傲，因为命运之神判定我，一个普通工人，在我们的共产党里走完自己的生命之路，同列宁和斯大林这样的人一起走完，因为我们替人家打开了通往幸福生活的路……"

而华尔柯庄严地说了："让上帝赐幸福给我们的人吧，他们在我们死后还是活着的！"（第三十章）

苏尔迦和华尔柯，他们两个人，"都不年轻，身材都不高，双肩很阔，并排站着，就像森林空地中央的两株兄弟橄树一般"。他们就这样坚强地、庄严地并肩站在法西斯刽子手面前，英勇地冲去向他们搏斗；他们就这样坚强地、庄严地并肩走上刑场，在敌人的枪刺下高呼"指示给人以正义之路的伟大的共产党万岁！"在活活埋死他们的土坑里歌唱：

> 起来，饥寒交迫的奴隶，
> 起来，全世界的罪人……

苏尔迦和华尔柯，这两个人实质上也是"新人"。虽然他们在旧社会里生长大的，不过他们是受了革命思想的洗礼，在革命斗争的熔炉里锻炼过来的人。人——永远是法捷耶夫的诗的主题，而"新人"，一直是他在诗里倾了全力向往追求的形象。在他第一部大作《毁灭》里，他就写了一个前一代的"新人"——莱奋生。

莱奋生在和美谛克谈过话之后，想到美谛克的"孱弱""懒惰""无志气"，他想："几万万人从太古以来，活在宽缓的怠惰的太阳下，住在污秽和穷困中，用着洪水以前的木犁耕田，信着恶意而昏愚的上帝，只在这样的地面上，这穷愚的部分中，才也能生长这种懒惰的、没志气的人物，这不结子的空花……"

于是——"莱奋生满心不安了，因为他的所想，是他所能想的最深刻、最重要的事，——在克服这些一切的缺陷的穷困中，就有着他自己的生活的根本底意义，倘若他那里没有强大的、别的什么希望也不能比拟的，那对于新的、美的、强的、善的人类的渴望，莱奋生便是一个别的人了。但当几万万人被逼得只好过着这样原始的、可怜的、无意义的、穷困的生活之间，又怎能谈得到新的、美的人类呢？"（《毁灭》第二部五）

为了这种"新的、美的人类"的诞生，在革命战争里，莱奋生献出自己的生命，在反动军队的重重包围里领导游击队战斗。在革命胜利之后，在社会主义的建设里，莱奋生一定也会献出自己的生命，进行建设工业，组织集体农庄，为社会主义的胜利而斗争。这就是苏尔迦和华尔柯所做的工作。莱奋生，其实也就是革命战争时期的苏尔迦和华尔柯。

莱奋生、苏尔迦、华尔柯，还有那个和她的孩子捆在一起被活埋了的女地下工作党员，穿暗红色衣服的符陀文柯，还有其他许多人们，他们，正像瞿秋白（J. K.）在给鲁迅的信里说的，是"新的整个人类的先辈"（《二心集·关于翻译的通信》）。在他们的斗争里，在他们的建设里，实现了新社会，在他们的领导下，在他们的养育下，产生了新人。而这"新的、美的、强的、善的人类"，跟着他们起来，和敌人作英勇的战斗。

于是，紧接着苏尔迦和华尔柯的遇害（第三十一章），立即青年们就宣读青年近卫军的誓词（第三十二章），立即青年们就和普洛庆柯取得联系，开始青年近卫军的坚强勇猛的斗争。

青年们不但在战斗里，像他们的先辈那样坚强和勇猛，就在死亡的面前，也像他们的先辈那样伟大和庄严。

那是奥列格，那个身材高大，两肩宽阔，头发浅色，脸孔颧骨很高，眼睛年青，清新，闪露着力量的青年，他在各方面都很像苏尔迦和华尔柯，正是一棵年青的"槲树"。他领导青年近卫军进行斗争。他在被捕之后，像苏尔迦和华尔柯一样，镇定地、严峻地、光荣地面向着死亡。他对着法西斯匪徒们宣布他们注定了的命运（第五十三章）。

那是邬丽亚，那个高高的，拖着两根沉重的、乌黑的辫子，两只大大的深黑的眼睛迸发出强烈的、有力的光辉的姑娘，《青年近卫军》的故事，从她和一朵百合花开始，百合花"正配合她的眼睛和头发"，也配合她的生命和灵魂。她正是那个从容就义的符陀文柯的后一辈。当德国宪兵来捕她的时候，她用沉重的声音唱着歌：

　　……耸立起严峻的复仇者，
　　他会比我们更强大……

她的大姊这时奔来给她报信。

"'瞧，还是避他们一下。'邬丽亚脸色不变，声音镇定地说，一面走到门口，不慌不忙地穿上大衣，披上头巾。但这时她已经听到沉重的皮鞋在台阶上的咯咯声，就略微仰向遮着冬衣的花帷幕，转过脸来向着门。

"这样，母亲就一辈子记住她，在这显露出这脸孔的侧面的花帷幕的背景上，鼻翼抖动着，长长的、半垂的睫毛仿佛在企图熄灭从她眼睛里射出来的火光，戴着的白头巾还没有扎好，垂在她的双肩上。"——这时候进来了警察局长和宪兵分队长（第四十八章）。

她的母亲永远记得她的这个样子，个个人都将永远记得她的这个样子，这是钢铁铸出来的人的形象。她，坚强无畏的邬丽亚，德国法西斯用尽了刑罚都不能屈服她，在她的背上烙下了一颗五角星——红色的星。在邬丽亚之后，站着千千万万这样英勇崇高的灵魂，她是一面旗，带有五角红星的旗，"苏维埃联邦人"的旗，这旗在暴风烈火中飞扬招展，号召千千万万的青年前进，号召千千万万的战士前进。

一九四八年二月至一九五〇年二月

四

坚持"脚踏实地"的战斗

一个新文学运动

在这个人民解放战争里，多少年来被统治阶级像牛马一样驱使压榨的人民，现在翻身站起来了。他们认识了自己的力量，认识了他们是新中国的主人和创造者，他们用排山倒海的力量，击毁旧势力的抵抗，推倒旧政治制度的残骸，建设新中国的新社会。

今天，进行创造新中国的战斗的人民，他们不但在建设新政治和新经济，同时也在建设新文学和新艺术。

这个新文学和新艺术，就是直接在人民中间，以人民做读者，以人民的生活做题材，以人民的愿望、爱好、情绪做对象来创作。这样的作品，我们今天看到的，秧歌剧是一个形式，年画窗花的木刻又是一种，板话等又是一种，各种真实的故事、英雄的传说又是一种。

在这样的创作里，文艺的大众化，诗与现实的结合，与人民结合，这些人民艺术的创作原则，今天已经得到了实践。这个实践不但把文学从知识阶层狭小的圈子里解放出来，而且使它从内容到形式起了一个大变化。

中国的新文学从五四的时代开始，但是那是以知识分子为主体开始的。后来的革命文学，怀抱着为人民战斗的意旨，原则上以现实生活做题材,以科学思想作指导,不过在实践里也还没有能脱离知识分子的圈子。革命文学不但以知识分子做主要的读者,以外国文学做主要的范本;在作者本身方面,依然存在着不少小资产阶层的气息、爱好、作风,乃至于情绪、意识。环境迫害束缚作者,断绝作者和人民的接触,作者也只蹲在那个黑暗的角落里,没有冲出来突破重围的力量。

今天,这种新文学、新艺术是"从人民中间来,到人民中间去"的。创作这种作品,不但要求作者深知人民的生活和情感,而且要求作者克服自己的旧气息的根底,向人民学习,追求广大的强有力的人民性的艺术,来表现他所要写的人民。在这一个克服、学习、追求的过程里,作者和他的艺术也将冲破旧的圈子和气氛,得到新的生命。

今天看到的解放区的作品,虽然还很粗朴简略,没有达到深广的高度,也有些还要改进的地方;但是,它所表现的强壮的力量、真实的生命,决不是脱离了生活的作者,拿生活的碎屑当作现实,拿文字的技巧掩盖空虚、苍白的凝固了的作品所能比的。新的艺术的鲜明的光辉和内容,说明只有人民和生活才是艺术生命的泉源。生根在广大的土地和人民中间的新文学创作,它在内容、形式、结构、语言,各方面所酝酿的新的变化,将要产生脱离欧化,真正中国气派、中国作风的文学,人民的文学。

在中国文学史上,这是一个新的划时代的运动。

枯黄的花草

在今天革命战争的大风暴里,我们感到非解放区许多作者的作品是落后了。可是，在这个新艺术的光辉之下，我们更感到要提出一个问题：是不是今天的作品在趋向衰落的方向？

好像是在一九四三年，中国木刻在苏联开过一次展览会。苏联的木刻家参观过之后，曾经有过一次座谈会，把他们的集体批评，由苏沃罗夫执笔，写了一封信给中国的木刻家。信里除了批评个别的作者和作品之外，整个地说来，他们很佩服中国作家优秀的技巧、精美的画面，尤其是套色的木刻，不过他们觉得学习欧洲艺术的地方太多，表现中国自己艺术的特点很少，他们提出一个意见，希望中国作家能在木刻艺术"民族特点"方面有更大的深入的成就。

这一个客观的正确的意见，不独对木刻作家是宝贵的，就是对文学作家也是宝贵的。因为在文学方面的情形也是如此。我们欧化得太多，中国气息太少。我们自己蹲在欧化的知识阶层的小圈子里，并不觉得怎样，可是在旁边的人，一眼就看了出来，这到了人民大众的跟前，一下子也就显露出来的。

这一个意见的内涵，显然决不仅仅指形式或是技巧，而是指整个作品的内容、风格、气氛。这里正提示我们深入现实深入人民的重大的课题。实在，今天的创作，形式上的远离了人民，首先也是由于内容上远离人民和生活而来的。

今天的时代，这是一个空前未有的大时代。人民的强大的力量在成长前进，旧势力在动摇、挣扎、崩溃。黎明和黑暗交战着，雷电交闪着，大地震动着，革命的大风暴在奔驰前进。这一个伟大的时代，可是，在非解放区文学作品里表现得非常不够。这固然由于环境的迫害，使作者没有畅言的自由，但是我们也不能不承认一个事实，就是许多作者游离了现实。作者浮游在生活的表面上，也浮游在创作的表面上，只有拿表象的生活枝叶、空虚的精神影像来代替深刻的典型的现实和人物，拿机械的公式教条来代替能够显示历史和社会动向的人生。这样的创作，很难突入现实的深处和战斗的中心。文学的作品，当它离开了现实的土壤，只靠知识阶层的微温的理想、情感，以及外国搬来的文学技巧来培养的时候，不论在外表上有些什么成就，在实质上只能是枯黄的温室里的花草。这在真正的大太阳光下面，在真实的战斗里面，就不得不失掉了颜色。自然更经不起历史和时代的风雨，也不会被人民所喜爱了。

散漫的阵线

文学，和其他的部门一样，必须要和现实结合，和战斗结合。

现实主义的路，并不只是一条认识现实或者表现现实的路，它包含着变革现实的意旨。他要求为人民事业献身的意志，科学的辩证的思维，艺术的创造的力量，面临现实战斗。在本质上，这是一条战斗的路。

游离了现实战斗的文学，知识分子个人主义就要侵入，旧的气息、情绪就会滋长起来，作者就容易停滞、凝固、庸俗、衰落。例如作者中间的自我满足、自我尊大、自我放任的倾向，使革命作者的自我批判、自我学习的精神、前进追求的勇气，都失去了。甚至有的作者，到今天还没有一个完整的科学理论基础，也没有严肃地进行实践的决心。这样，在文化思想上，或者理论批评上有一个问题讨论了，不仅是浮浅地片面地去了解它，而且是形式地懈惰地去实践它的。作者既不能正视现实，也不能正视思想问题、文艺问题。

例如现实主义的艺术要求创造"典型环境中的典型人物"，这要求深入生活和艺术，完成艰苦的概括的雕塑。但是，在对于艺术创作没有严肃的实践的作者,这只是被当做一个时髦的口号而已。而且因为脱离了生活实践的原故,根本上也没有力量去创造这样的人物。于是这个要求被减削掉了一半,只剩下"典型人物"四个大字。这个脱离了"典型环境"(社会生活)的"典型人物",这个没有根的人物,就只有寄生在公式教条上面,听任剪刀浆糊的摆布,成了枯槁的纸人了。后来有人提到形象化。是的,这是因为没有"形象化"的原故。于是讲技巧,弄形象,在这枯槁的纸人身上做了许多涂脂抹粉的工作,甚至把弗罗贝尔、左拉捧出来做大师,恰恰走了和现实主义创作艺术分离的方向。

例如,看到公式教条主义的缺点,提出反公式教条的论点,这原是希望战斗实践能够更有效更活跃地进行,更深刻地理解融会科学的思想原则,创作更有力的深度的艺术。可是结果,有的作者连仅有的一些科学思想也抛弃了,只剩下自己的主观认识来驰骋应战。可是这种主观认识,却是在观念论的思想教育中形成长大的;于是结果就是自动解除了新思想的武装,做了唯心论的俘虏。而自己却以为是凌空一跃,跳出了公式教条,得到了最新的思想方法和创作艺术。

创作的实践是这样理解和进行的。甚至于,在理论和批评方面,也表现着同样的情形。

今天,写理论批评的作者,如果连最基本的科学思想都没有建立,只是凭着一些"革命""人民"的名词,一点浮浅的概念,一套半唯物半唯心的逻辑,小资产阶级的意识观念,就这样地从事理论批评,这不仅使理论批评降低了水准,而且混乱了观点,损伤了它的意义。

作者远离着人民,脱离了生活,抛弃了思想,失去了集体,奔忙着个人的生活利益,这种纯粹知识分子个人主义的生活,又怎么会不滋生出这样的果实?

例如,北方的"年画""窗花"一类的木刻,原是人民生活的赞美,健康的劳动的诗,而到了南方有的作者手里,就变成了一种病态的、市民生活的装饰画,弄得人不像人,物不像物,人物都成了玩偶和玩具。而对于这样歪曲游离现实的作品,许多人认为新奇,许多刊物刊载,甚至选作封面,大受欢迎,这是"新的"艺术。这种现象说明了今天文学理解脱离了战斗实践,一般的无原则的混乱的情形,说明了没有被克服的旧艺术观念的复兴,说明了散漫的个人主义生活造成的结果。

要有一个"实践运动"

今天,由于现实战斗情势的迫切和作家阵线的散乱,为了清除旧的负累,开展新的道路,文学工作者需要从思想、生活,到工作,作一个澈底的检讨和革新,文学工作者需要有一个实践运动。

我们都知道,对于一个人民的文学工作者,思想是首先重要的;没有科学的思想就不能有正确的行动,也不能清除知识分子的根——旧的气息、情绪、意识。思想的光引导作者深入现实,走向人民。我们都知道生活是一个熔炉,生活实践可以增强革命思想的坚度和战斗精神的旺盛,同时,艺术生命也只有在这个熔炉里才能锻炼成形。我们都知道创作方法是创作的指针,只有从革命的现实主义的路,才能走到深广的艺术,和人民会合。但是我们很少严肃地逐一地去实践它们。这些原则的实践关联着根本的问题,这是一个艰苦的战斗和克服。今天的思想运动就要求这些原则的严格的实践——这不是一个纸上空谈的"运动",而是脚踏实地的"实践"。

文学运动不是形式上的运动。一个作者,如果自己旧的负累和弱点依然存在,自己无心也无力去革除它,却来打起新的旗号,高唱新的艺术,这固然可以得到一些力量,可是,有一个陈旧的内心灵魂存在,这种"新"也只能做些新的形式上的事物罢了。比如山歌,这是质朴的人民的诗,它是可以而且应该发展的,可是,如果不能深入人民的生活和情绪,感动他们影响他们,只是从形式上去模仿迎合小市民的趣味,那只是庸俗的小调的革"新"而已。同样的,文学工作者如果不能革"新"自己,深入现实,就是和人民在一起,写的是人民的生活战斗,说的是人民的土话俗语,结果也脱不了公式主义形式主义的老套,这我们在有的作品里不难看到他的痕迹。

今天的新文学运动不仅仅是一个形式、语言、技巧上的革新运动,主要的有决定意义的因素,还是内容。希腊史诗的形式已经过去两三千年,可是我们仍然爱读,仍然被它感动;今天的秧歌剧里,也采用了一些欧洲文学创作的表现方法。形式并不是作家和人民中间不能沟通的永久的障碍(自然,在目前是一个障碍)。人民是智慧的,有接受力,有创造力,也有判断力的。新文学如果没有真实的深刻动人的内容,只是空洞的形式上的新文学,新的公式教条,人民也不会喜爱它的。

今天知识作者的革命文学,也只有在革新自己,深入现实之后,才能突破懈惰迟滞的状态和欧化的圈子,创造新的艺术。我们今天不能再关在房间里或是跳到半空中去创造,必须走到人民中间去"脚踏实地"地创造。只有从这个路走去,才能和人民的新文学运动的主流相会合。

革命要求人民的战士脚踏实地，作艰苦的战斗，革命的现实主义也要求人民的作者如此。

人民的作者必须坚持这个战斗。

一九四八年五月

台湾文学的方向

正如台湾的前途和祖国的前途不可分地联系着，台湾的文学的方向也和祖国的文学的方向不可分地联系着。

台湾曾经受过日本帝国主义者五十多年的统治，在经济结构和文化形态上，都留着这种帝国主义统治的痕迹。在文学思想上，正也是同样的情形。日本帝国主义者在实行政治上的专制政策、经济上的压榨政策同时，也实行在文学上的麻醉政策。

文学是反映现实人生的镜子，可是，如果真的把台湾的现实反映出来，这也就是照出帝国主义者狰狞的面目。帝国主义者是狼，可是他要装出一副慈善的样子，并且还要使台湾人民忘记他是狼，以便柔顺地听他宰割。于是他就传播美的文学，爱的文学，浪漫的文学，苦闷的文学，幽默和趣味的文学；把文学作者送进象牙之塔里去，远离现实的污浊的尘世，做美和爱的梦，享受忧郁、伤感、迷惘、陶醉的乐趣，忘记掉不幸的人生，残酷的现实，还有只狼。

于是，我们看到许多爱情的歌，忧伤的诗，怨艾的叹息，微温的情调，歌咏风、花、海、月、梦、幻想之类的作品；可是，在作者的身边，就是黑暗的夜和张开血腥大口的狼。

这样的歌、诗、文学，和现实是不相合的，这样的歌、诗、文学里的境界，是个人的幻想中的感受，在现实中是不存在的，也是多数人民不了解的。所以这样的歌、诗、文学，不能感动人民，不能得到多数的读者，也不能有伟大的艺术价值。

伟大的文学是多数人民的文学，不是少数个人的文学，这是从产生了文学以来就如此的。

莎士比亚在《汉姆莱特》里告诉我们："自有戏剧以来，它的目的始终是做一面反映人生的镜子。"（三幕二场）莎士比亚的戏剧的伟大，并不像有些人所说的，是因为他写了什么抽象的永恒的主题，如性爱、嫉妒之类等等。而是因为他写了当时英国社会里的人和社会，反映了现实人生，他的新的思想才有了血肉，才放出光辉。

中国的鲁迅，也是为人生而文学，写了现实的人和人生，方才成功伟大的人民的作家。

有一位台湾的朋友说，台湾在热带的南方，天性热烈，所以爱好意大利似的浪漫的热情的文学，不大习惯莎士比亚似的深思的理性的作品。

其实，这并不完全是先天的天性，主要是由于后天的习惯，在帝国主义者压迫之下形成的习惯，一个文化上精神上的牢笼。习惯于呻吟，低语，漫步，消沉的生活和幻想；而不习惯于呐喊，放歌，迈进，战斗的思想和创作。

在文学上，在人类工作的一切领域，热情和理性并不冲突。热情实际上可以分做两种，正如浪漫主义可以分做两种一样。一种是"消极的浪漫主义——粉饰现实，努力使人与现实妥协，或使人逃开现实"，使人躲进内心世界，沉溺在"人生命运之谜"，爱，死，这些思想里去。另一种是"积极的浪漫主义"，"则企图强固人们对生活的意志，在人们心中唤醒对现实一切压迫的反抗心"（高尔基：《我的文学修养》）。

消极的热情是空虚的、怯弱的，没有火也没有光的。只有积极的热情，和理性结合，和现实人生的认识结合，和现实战斗要求结合的热情，才是有血肉的，充沛青春力量的。我们今天要求的是这种理性的积极的热情。

说到意大利文学，我们不会忘记，意大利那许许多多空虚的消极的浪漫的作品，在文学史上，在文化史上，只是一大堆废纸，没有任何价值。意大利文学上的巨人是但丁，但丁的《神曲》，正是写的当时意大利的现实人生。正如拉发格说的，当时的但丁如果"对于广大的社会生活不关心，更不参加当时的政治战斗，而能够写出他的《神曲》——那简直是不能够想象的事情"。正是因为他深入现实，表现现实，方才成为一个结束中世纪开始新时代的，划时代的巨人。

在莎士比亚深思的作品里，也正充盈着热情。英国热情的诗人雪莱，他也歌唱过"云""夜""西风""云雀"，乃至神话里的人物"普罗米修斯"；可是，这里面的热情多深沉，呼声多勇敢，意境多崇高，这是因为它们是深深地经过理性接触现实人生发出的歌唱。这样的歌唱是诗的生命和铁的现实相碰击发出的火光，生命的火是不朽的，于是这火光永远地燃烧着。

面对现实，深入现实，表现现实——现实主义，只有从这个路走去，才能创作多数人民的文学，伟大的文学，这才是我们的方向。

一九四九年四月十日